KB234796

경제민주화

분배
친화적 성장은
가능한가

경제민주화 분배 친화적 성장은 가능한가

발 행 일	2012년 10월 8일 초판 인쇄
	2012년 10월 15일 초판 발행

엮 은 이	유종일
펴 낸 이	양미자
펴 낸 곳	도서출판 모티브북
등 록	제313-2004-00084호
주 소	서울 마포구 연남로 30, 106동 507호
전 화	02) 3141-6921
전 송	02) 3141-5822
이 메 일	motivebook@naver.com

값 15,000원

ISBN 978-89-91195-52-3 93320
정치경영연구소©

정치경영연구소 기획총서 02

경제민주화
분배 친화적 성장은 가능한가

유종일 엮음

모티브북

| 차례 |

경제민주화와 분배 친화적 성장

요즘 시대의 화두는 단연 경제민주화다. 경제민주화가 포괄하는 내용은 광범위하고 저마다 경제민주화의 개념을 다르게 사용하기도 한다. 하지만 분배 정의를 세우자는 것이 핵심적인 내용이라는 것은 아무도 부인하지 않을 것이다. 최근 발표된 연구에 의하면 우리나라의 행복지수가 OECD 34개국 중 32위라고 한다(이내찬, 2012). 1인당 국민소득은 25위지만 성장의 과실이 고르게 분배되지 않기 때문이다. 비정규직에 대한 차별이 심하고 노동시장의 불평등이 극심해서 저임금 노동자의 비중이 OECD에서 가장 높다(OECD, 2012). 노인 빈곤율과 자살률도 압도적인 1위를 차지하고 있다. 이런 까닭에 국민들은 성장일변도 정책에 회의를 느끼고 분배 정의의 필요성을 강하게 느끼고 있다. 눈에 보이는 재벌의 횡포와 더불어 악화하는 소득불평등 문제는 경제민주화가 시대적 화두가 된 배경이다.

한편 경제민주화를 추진하고 분배 정의를 추구하면 과연 경제 성장은 잘 될 수 있을까 하는 의구심이 존재한다. 경제민주화를 반대하는 세력은 이러한 의구심을 증폭시킴으로써 경제민주화 노력을 좌초시키고자 한다. 그러나 경제민주화는 원론적으로도 그렇고 역사적 경험으로도 경제 성장에 도움이 된다(유종일, 2011). 첫째, 독점을 규제하고 경제적 약자의 교섭력을 강화하는 등, 공정한 경쟁을 보장하는 것은 효율적 자원배분의 전제조건일뿐더러 모든 경제주체들에게 경쟁에 참여하려는 의욕을 불러일으키는 기능을 한다. 둘째, 저소득층의 소득안정이나 이들의 자녀에 대한 보육, 교육훈련의 사회적인 제공 및 공공보건 등은 인적자원의 질을 제고하여 경제 성장에 기여할 수 있다. 셋째, 복지국가의 발달은 자동안정화 기능으로 경제를 안정시키고, 변화에 따르는 리스크를 감수하고 도전하려는 의욕을 고취하는 효과도 발휘한다. 경제민주화가 진전되었던 전후 '자본주의의 황금시대'에 서구 선진국들이 역사상 가장 높은 고도성장을 실현한 데에는 이런 이유들도 작용했다.

하지만 여전히 의구심은 남는다. 박정희 시대부터 귀에 따갑도록 들어온 '선 성장 후 분배론'의 망령이 우리 곁을 떠나지 않고 있기 때문이다. '선 성장 후 분배론'에는 두 가지 해석이 존재하는데, 한 가지는 완전한 엉터리 논리이고 다른 한 가지는 경제개발 초기에만 제한적으로 적용될 수 있는 논리로서 한국 경제의 현 단계에서는 시대착오적인 논리다. 엉터리 논리는, 흔히 '파이를 먼저 키워서 나누어 먹어야 한다'는 것인데, 보수 언론과 보수 논객들이 입버릇처럼 하는 얘기다. 그런데 파이는 먹고 나면 없어지지만 분배된 소득은 소비와 저축으로 다시 국민경제의 순환구조로 되돌아오기 때문에 타당성이 전혀 없는 엉터리 비유에 불과하다. 일말의 타당성을 가지는 두 번째 논리는 저축과 투자에 관한 것이다. 대중에게 고르게 분배되는 소득은 거의 다 소비되고, 소득이 소수에게, 특히 기업소득으로 집중되었을 때 저축과 투자를 늘릴 수 있다는 것이다. 이것이 바로 고전파 경제학에서 분배와 성장의 상충관계를 설정한 논리이다. 이러한 가설은 여러 가지 가정 위에 성립하는데 대체로 경제개발 초기에는 그러한 가정이 타당할 수도 있으나 경제가 성숙한 후에는 타당성을 잃는다. 경제가 성숙해짐에 따라 한편에서는 유효수요가 다른 한편에서는 인적자본과 혁신이 중요해지는데, 불평등한 소득 분배는 이러한 요인을 저해하기 때문이다.

유효수요의 부족이 성장의 발목을 잡는 상황에서는 소득 분배를 더욱 고르게 하는 것이 성장에 도움이 된다. 유효수요가 부족할 때는 저축이 줄어들고 소비수요가 늘어날수록 경제 성장률이 증가한다. 따라서 소비성향이 높은 저소득층과 근로계층에 더 많은 소득이 분배될 때 경제가 더 잘 성장한다는 것이다. 인적자본의 축적과 소득 분배의 관계는 자명하다. 돈이 없어 공부를 못하는 경우, 또는 공부를 더 하기보다는 빨리 직업세계로 나가는 경우가 많이 발생할수록 인적자본 축적은 감소한다. 마지막으로 혁신은 두 가지 측면에서 소득 분배와 관련된다. 방금 살펴본 인적자본 축적이 혁신할 수 있는 능력과 관련된다는 점이 한 가지이고, 혁신은 일정하게 모험적인 행위라는 점이 다른 한 가지이다. 불평등한 사회, 실패가 곧 비참한 나락으로 연결되는 사회에서는 대다수 사람들이 모험을 회피하려고 한다. 분배가 고르고 사회안전망이 잘 갖추어지면 좀 더 용이하게 모험을 감행할 수 있다.

'선 성장 후 분배론'의 망령을 몰아냈다고 해서 문제가 다 해결되는 것은 아니다. 분배의 중요성을 인정한다고 해서 곧 성장을 반대하거나 경시한다는 것은 아니다. 단지 성장을 위해 분배를 희생해야 한다는 주장을 폐기한 것일 따름이다. 분배에 바탕을 둔 성장, 성장은 하면서 분배가 잘되게 하는 것은 구체적인 정책설계를 통해서 달성해야 할 과제로 남는다. 성장을 추구하되 그것이 분배 친화적인 성장이 되도록 하려면 어떤 정책들이 필요한가? 또 분배를 개선하기 위해 어떤 정책과 어떤 방법을 사용하는 것이 성장 친화적인가? 경제민주화 담론이 보다 큰 설득력을 지니고 현실에 뿌리내리기 위해서는 구체적 정책들에 관한 정교한 논의가 매우 필요하다. 이 책은 바로 이러한 문제의식에서 나온 것이다.

이 책의 문제의식을 분배 친화적 성장이라고 해도 좋고 성장 친화적 분배라고 해도 좋다. 양쪽의 강조점은 조금씩 다를 수 있겠지만 서로 맞물려야 효과를 낼 수 있기 때문에 어차피 구체적 정책설계에서는 마찬가지가 될 것이다. 기껏 분배 친화적 성장정책을 만들어놓고 성장을 저해하는 분배정책을 함께 집행한다면 정책들의 상호모순과 충돌로 인하여 정책이 제대로 작동하지 못할 것임은 자명하다. 성장 친화적 분배정책과 분배를 희생하는 성장정책을 함께 집행하는 것도 마찬가지다. 분배 친화적 성장과 성장 친화적 분배가 서로 맞물리는 것이 바로 성장과 분배의 선순환이다. 여기서는 성장을 위해서는 분배를 희생해야 한다는 구시대적 성장 담론에 대한 대안임을 강조하기 위하여 분배 친화적 성장을 내세웠다.

이 책은 크게 세 부분으로 구성되어 있다. 제1부 분배 친화적 성장 담론에는 이 문제와 관련된 이론적 고찰과 역사적 성찰을 담고 있다. 제2부 분배 친화적 성장을 위한 경제정책에는 고용정책, 기업정책, 산업정책에 관한 논의를 담고, 제3부 분배 친화적 성장을 위한 사회정책은 소득보장 정책과 사회서비스 정책에 관한 논의를 담았다.

제1부를 시작하는 유종일의 "성장과 분배의 선순환"은 우선 왜 분배 정의가 중요한지, 그리고 분배 정의의 기준은 무엇인지 살펴본다. 그리고 분배와 성장 사이의 관계에 대한 이론적 검토와 경험적 분석을 통해 성장과 분배의 선순환을 이루기 위한 조건들을 규

명한다. 마지막으로 한국 경제에서 그러한 선순환 구조를 만들기 위한 전략적 정책과제를 제시한다.

먼저 분배 정의가 필요한 까닭으로서 분배가 사회 정의라는 면 외에도 매우 중요한 사회적 기능을 수행한다는 것을 지적한다. 그 한 측면이 행복 혹은 삶의 질에 관한 것이다. 한 사회의 평균적인 소득수준이 일정 수준을 넘으면 소득의 증가보다는 분배의 형평성이 행복도를 증진시킨다. 행복감을 결정하는 데 절대적 소비수준보다 상대적 비교가 큰 영향을 미치기 때문이다. 최근에는 삶의 질을 측정하는 수많은 사회지표가 소득불평등도와 밀접한 상관관계를 지니고 있음이 밝혀지고 있다. 분배는 또한 민주주의 발전에도 중요한 함의를 지닌다. 만약 시장경제의 결과가 소수 엘리트에 의한 부의 독점으로 나타나면, 이들 엘리트가 특권 계급화하여 민주주의의 발달을 저지하거나 민주주의를 왜곡시킬 가능성이 높기 때문이다.

다음으로 유종일은 분배 정의의 기준으로서 롤스와 센의 진보적 자유주의 철학을 논의하고, 이러한 기준이 시장경제의 소득 분배에 대해 가지는 함의를 살펴본다. 진보적 자유주의의 출발점은 도덕적 평등, 즉 사람은 각자 개성이 있고 서로 다르지만 누구나 존엄한 인간으로서 똑같이 존중받아야 한다는 것이다. 진보적 자유주의 전통의 분배 정의론에 입각해서 볼 때 일반적으로 시장경제는 지나친 불평등을 낳고, 따라서 국가의 개입에 의한 소득의 재분배가 필요하다. 특히 인적자본에 대한 투자가 각 개인의 책임으로 돌려지면 부의 대물림이 강화될 뿐만 아니라 사회적으로 효율적인 인적자본 투자가 달성될 수 없기 때문에 이를 공공재정이 감당하는 것이 중요하다.

이어지는 내용은 경제 성장과 분배의 관계에 대한 이론과 역사적 경험에 관한 폭넓은 검토이다. 분배가 경제 성장에 미치는 영향과 관련하여 자본축적을 통한 경로, 유인구조를 통한 경로, 정책형성을 통한 경로 등으로 나누어 다양한 이론을 살펴본다. 유종일의 결론은 선험적인 이론만으로는 분배가 경제 성장에 어떠한 영향을 미치는지 결정할 수 없으며 각각의 경로에 관한 구체적인 실증적 규명이 필요하다고 본다. 그러나 대체로 경제개발 초기를 예외로 하고 분배가 평등할수록 성장에도 긍정적인 영향을 미친다는 이론이 우세하다고 한다. 소득 분배가 성장에 미치는 영향을 긴 역사의 흐름 속에서 파악해보거나 초기의 소득 분배가 이후의 경제 성장에 어떠한 영향을 주었는지에 관한 실증분석을 살펴보더라도 대체로 동일한 결론에 이르게 된다.

성장과 분배 사이의 인과관계는 분배에서 성장으로만 영향이 가는 것이 아니라 성장에서 분배로도 영향이 간다. 경제 성장의 유형에 따라 성장 과정에서 분배가 불변, 악화, 개선의 양상을 보일 수 있다. 쿠즈네츠는 서구의 근대적 성장 경험에 대한 역사적인 연구에 의하면 근대적 경제 성장의 초기에는 소득 분배가 악화되는 경향이 있고, 경제 성장이 일정한 단계를 넘어서면 성장과 함께 분배가 개선되는 경향이 있다고 한다. 하지만 1980년대 이후 영미권 국가들에서는 다시 불평등이 크게 증가하였다. 이러한 서구의 경험이 개발도상국에까지 일반화되는 것은 아니고 나라마다, 시기마다 다른 양상이 나타난다. 한국의 경우에는 경제개발 초기에 토지개혁 등 역사적 조건과 노동집약적 수출산업의 고도성장에 따른 낙수효과(trickle-down effect)로 인하여 비교적 소득 분배가 양호했다. 하지만 1980년대 말에 이르면 자본축적의 조건이 변화하면서 고도성장기가 종언을 고하고 제조업 부문 고용비중의 감소와 재벌대기업들에 의한 시장지배력 강화가 진전되면서 양극화 경향이 대두했고, 외환위기 이후 구조조정과 신자유주의적 정책 도입으로 양극화가 심화되었다.

유종일은 이상의 이론적 검토와 경험적 분석을 토대로 한국 경제에서 성장과 분배의 선순환 구조를 만들기 위한 전략을 도출한다. 여기서 성장 친화적 재분배 전략과 분배 친화적 성장 전략이 맞물려 돌아가는 것이 중요하다. 성장 친화적 재분배란 성장에 도움을 주거나 적어도 장애를 주지 않는 재분배를 말하고, 분배 친화적 성장은 성장 과정에서 불평등이 감소하는 유형의 성장을 말한다. 분배 친화적 성장은 시장소득 분배 자체를 개선하는 것이어서 재분배 전략에 비해 더욱 효율적이고 효과적일 수 있으나 정책의 효과가 나타나는 데 훨씬 많은 시간이 소요된다. 따라서 성장 친화적 재분배 전략과 분배 친화적 성장 전략을 동시에 추진하면서 이 둘이 상승작용을 일으키도록 하는 것이 바람직하다. 이러한 관점에서 유종일은 성장 친화적 재분배 전략으로서 인적자본 투자 전략과 내수확대 전략, 그리고 분배 친화적 성장 전략으로서 고용창출형 성장 전략, 대-중소기업 동반성장 전략, 지역균형발전 전략 등 5대 전략을 제시한다.

다음은 이정우의 "노무현 정부의 동반성장론을 어떻게 볼까" 이다. 분배 친화적 성장을 이루어보겠다는 문제의식과 구상을 지녔던 노무현 정부의 경험을 돌아봄으로써 미래를 위한 정책적 시사점을 얻기 위한 글이다. 그는 노무현 정부의 경제철학이 성장과 분배의 조화를 추구한 중도진보 노선이었다고 주장한다. 박정희 정권 이래 성장지상주의에 깊이 매몰돼 있었던 역대 정권과는 달리 성장과 분배가 동행하는 이른바 '동반성장론'을 제시했으며, 실제로 복지예산을 파격적으로 늘였다는 점을 높이 평가하고 있다.

이정우는 또한 노무현 정부가 시장과 국가의 조화를 추구했다고 주장한다. 과거 박정희 시대는 시장의 기능이 무시되고 국가가 극단적으로 경제에 깊이 개입해서 관치경제, 관치금융의 폐단이 심각했다. 1997년 외환위기를 맞으면서 미국과 IMF는 한국 정부에 관치경제를 청산하고 시장경제를 도입할 것을 강력히 요구했다. 말하자면 영미식 시장만능주의를 받아들이라는 것이다. 외환위기를 벗어나야 한다는 절박함에 몰린 김대중 정부는 이 요구를 무비판적으로 수용했다. 시장만능주의가 판을 치게 됐고, 민영화, 구조조정, 정리해고, 노동시장 유연화, 비정규직 양산, 양극화 등은 그 결과였다. 이정우의 견해로는 노무현 정부는 시장만능주의의 폐해를 직시하고 시장과 국가의 적절한 역할분담을 추구했다. 더 이상의 민영화를 거부했으며, 필요할 때는 국가가 적극 나서는 모습을 보였다. 불완전하지만 비정규직 입법도 서둘렀다.

이러한 두 가지 점에서 노무현 정부는 시장만능주의, 성장지상주의를 넘어서서 진보적 자유주의에 가까운 노선을 걸었다는 것이 이정우의 판단이다. 그럼에도 불구하고 노무현 정부하에서 양극화는 해소되지 않았고 오히려 악화되었다. 경제 성장 측면에서도 어려움을 겪었다. 보수 쪽에서는 이를 근거로 진보는 경제운영에 무능하다고 공격했다. 노무현 정부 내내 보수 언론은 정부가 분배, 복지에 치중해서 성장의 발목을 잡았다고 비난을 퍼부었다. 왜 이런 결과가 나왔을까? 이 문제에 관한 답은 앞으로 진보 정권이 경제정책을 펴나가는 데 매우 중요한 참고사항이 될 것이다.

이정우의 답은 김대중 정부가 물려준 3대 거품의 붕괴다. 벤처 거품, 카드 거품, 그리고 부동산 거품의 붕괴 과정에서 저성장, 양극화 문제가 비롯되었다는 것이다. 하루 빨리 IMF 신탁통치를 벗어나야겠다는 조급증에 사로잡힌 김대중 정부가 거품을 조장한 것이 문제였고, 또한 근시안적인 경제관료에게 경제 전권을 맡긴 책임도 크다는 것이다. 노무현 대통령은 세 가지 큰 거품이 꺼지는 과정에서도 편법과 '인위적 경기부양'을 자제하고 장기적 시각에서 문제를 풀려고 노력했고, 그 결과 비록 경제성과는 나빴고 민심은 이반되었으나 당장 눈앞의 지표에 연연하지 않고 장기적 관점에서 경제를 운영한 점은 언젠가 제대로 평가받을 날이 올 것이라는 것이 이정우의 주장이다.

홍종학은 "세계화와 분배 친화적 개방 정책"이라는 글에서 성장과 분배에 미치는 세계화의 영향을 개괄하고 분배 친화적 개방 정책의 필요성을 역설하고 있다. 그는 정보통신과 운송수단의 비약적 발전으로 전 세계의 상품과 서비스 시장이 통합되어 세계 어느 곳과도 쉽게 경제적 거래를 할 수 있게 된 현상이 바로 세계화라고 정의하고, 이 세계화는 양날의 칼임을 강조한다. 시장통합의 효과는 마치 경부고속도로나 KTX의 개통이 경제 성장에 기여했지만 지역 상권을 위축시키는 부작용을 가져온 것과 같이 승자독식 사회를 가져온다는 것이다.

나아가 홍종학은 승자독식의 경제는 경제 위기를 낳는다고 주장한다. 실제로 많은 경제학자들이 2008년 이후 경제 위기를 20세기 후반에 전개된 '2차 세계화의 결과'라고 평가한다. 19세기 말~20세기 초의 1차 세계화 시기에는, 무역과 금융거래 증가로 경제가 빠르게 성장하는 듯 보였다. 그러나 증폭되는 국가 간 갈등 해소에 실패한 결과 대공황과 전쟁이라는 비극을 초래했다. 이렇게 1·2차 세계화는 경제문제를 해결하기 위해서 성장만 추구하다가는 결국 더 큰 위기를 맞게 된다는 뼈아픈 교훈을 남겼다.

세계화는 특히 기술발전과 결합하여 오늘날 승자독식 사회를 만들어냈다. 자동화, 로봇 등 기술이 발달하면서 미숙련 노동력은 기계로 대체된 반면 숙련 노동자는 생산성이 향상돼 임금이 상승했다. 노동자 사이에 임금격차가 심화된 것이다. 특히 중국을 포함한 개발도상국이 저임금 노동자를 무제한적으로 공급하면서 선진국의 중소기업과 미숙련 노동자에게 타격을 가했다. 중국은 거대한 내수시장을 갖춘데다가 첨단기술력까지 습득해 조선, 자동차 부문 등에서 한국의 주요 경쟁국으로 부상하고 있다.

홍종학은 1929년 대공황과 2008년 경제 위기에 관한 비교연구에서 밝혀진 한 가지 공통점에 주목한다. 보수주의 정부가 집권하면 경쟁력을 제고한다는 구실하에 친기업적 정책을 추구하고, 그 결과 경제 위기를 불러왔다는 것이다. 보수주의는 소득불평등을 악화시키고 양극화로 인한 사회적 갈등을 깊게 했다. 레이건은 1920년대 멜런식 부자감세와 규제 철폐를 주축으로 한 '레이거노믹스'를 관철시켰다. 레이거노믹스는 금융시장의 방만한 운영과 M&A 열풍을 불러왔고, 금융자본가들이 부를 축적하는 동안 노동자들은 희생을 강요당했다.

홍종학은 지금이 바로 사고의 혁명적 전환이 필요한 시점이라고 주장한다. 세계화의 부작용을 해결하려면 분배 친화적 개방 정책을 적극적으로 펼쳐야 한다는 것이다. 재벌 중심의 불균형 성장은 지난 금융위기 이후 사실상 사망선고를 받았다. 경제가 성장하면 그 과실이 고루 돌아간다는 낙수효과는 더 이상 작동하지 않는다. 그런데도 이명박 정부는 낙수효과를 공언하며 부자감세, 규제완화, 저금리 고환율 정책을 고집했고 중산층과 서민의 살림살이는 더욱

팍팍해졌다. 국민 다수에게 혜택이 돌아가도록 제도적 장치를 보완하여 분배 친화적 개방을 하는 것만이 지속 가능한 번영과 성장을 담보하는 경제 전략이다.

홍종학은 분배 친화적 개방을 위해서는 소수 수출 대기업에 대한 특혜를 철폐하고 정부의 손길이 필요한 부분에 지원을 집중해야 한다고 주장한다. 또한 개방과 동시에 복지와 사회적 통합을 강화하고 노동과 교육의 중요성을 깨달아야 한다고 지적한다. 바로 이러한 방향에서 구체적인 정책 대안을 모색하는 것이 제2부와 제3부의 내용이다.

제2부의 첫 번째는, 전병유의 "분배 친화적 성장을 위한 고용정책"이다. 분배 친화적 성장을 위해서는 노동시장에서의 양극화를 해소하는 것이 무엇보다 중요한바, 전병유는 노동시장 양극화의 양상과 그 원인을 분석하는 데서 출발한다. 우리나라에서 노동시장에서의 양극화는 부문 간 격차의 확대와 높은 고용불안 심리로 나타나고 있다. 노동시장에서의 격차는 주로 대·중·소기업 간 격차와 정규직-비정규직 간 격차로 나타나고 있으며, 일을 해도 빈곤에서 탈출하지 못하는 근로빈곤은 상당 부분 이러한 격차의 결과이다. 노동시장의 격차는 생산물시장에서의 격차의 반영이며 교육이나 복지에도 커다란 영향을 미친다. 또한 과도한 격차는 시장과 정부의 실패를 초래한다. 과도한 비정규직 비율은 이미 개별기업의 효율성을 저해하고 있고, 정부의 적극적 노동시장 정책은 과도한 격차 구조하에서는 제대로 작동하지 않기 때문이다.

전병유는 또한 외환위기 이후 세계 최고 수준으로 높아진 고용불안 심리의 해소 없이는 분배 친화적 성장을 위한 사회적 교환과 타협이 불가능하다고 지적한다. 아울러 고용의 양과 질이 취약해지고 있다는 점, 숙련에 기반을 두지 않는 생산시스템으로 고착화되고 있다는 점도 우리나라 노동시장의 구조적 문제다. 따라서 분배 친화적 성장을 위해서는 노동시장에서의 격차 구조를 완화하고, 고용불안을 낮추며 고용불안에 대한 사회적 보호시스템을 구축하고, 고용의 양과 질을 높여야 한다는 것이다.

우리나라의 분배 친화형 고용정책은 단순히 서구식의 유연안전성 모델을 추구하는 것이 되어서는 안 된다는 것이 전병유의 주장이다. 고용정책이 분배 친화적인 성장모델 구축에 기여하는 방향으로 설계되기 위해서는 혁신, 개혁, 사회적 보호의 개념하에 생산물시장과 노동시장을 재구성해야 한다고 주장한다. '혁신주도 성장', '공정한 시장', 그리고 '효과적 재분배'를 결합하는 한국형 모델이 필요하다는 것이다. 재벌-대기업의 생산력에만 의존하지 않고 혁신에 기초한 다양한 성장 거점들이 창출될 수 있는 혁신형 성장모델을 통해 고용잠재력을 확충하고, 생산물시장 개혁을 통해 노동시장에서의 격차 축소의 기반을 확충하며, 정교한 재분배 정책 수립을 통해 사회적 보호 기능을 강화하는 전략이다. 사회정책의 경우 사회적 보호 정책은 시장의 정비·개혁과 함께 가야 하고, 따라서 시장 정비와 규제를 위한 국가 능력을 강화하는 것이 필요하다. 즉, 고용형태가 과도하게 비정규직화되는 경로를 차단하는 규제시스템을 구축하는 것, 전근대적인 노동시장 요소가 남아 있는 영역에 대한 개혁 플랜(근로기준과 최저임금의 준수, 고용중개시장의 근대화)을 만드는 것, 민간 주도 사회보험-사회서비스 시장에 대한 규제·제도화 시스템을 구축하는 것 등이 필요하다.

이러한 전략을 실현하기 위한 고용정책의 중요한 과제로 전병유는 여러 가지 구체적인 정책과제를 제시하고 있다. 비정규직화를 차단하기 위한 규제의 체계화와 차별시정 제도의 효과성을 제고하는 것, 최저임금과 근로기준의 준수 및 고용중개시장의 근대화 등 막다른 일자리에 대한 제도를 강화하는 것, 사회적 보호에서의 사각지대를 줄이고 고용안전망의 수준을 높이는 것, 비정규직과 막다른 일자리 근로자의 조직화를 촉진하는 것 등이다.

전병유가 지적하듯이 노동시장에서의 양극화는 기업의 양극화와 밀접하게 관련되어 있다. 김상조는 "분배 친화적 성장을 위한 기업 정책"에서 양극화 현상의 근본 원인은 기업의 양극화에 있다고 진단한다. 기업의 양극화란 한편에는 글로벌 기업으로 성장한 재벌계 대기업이 있는 반면, 다른 한편에는 불공정한 하도급 거래 관계하에서 생존조차 장담하기 어려운 중소기업들이 존재하는 양상을 말한다. 기업규모별 양극화 현상이 치유되지 않는 한 비정규직 노동자와 영세 자영업자의 문제 역시 해결의 실마리를 찾을 수 없을 것이며, 이 모든 부담을 복지 정책이 짊어질 수도 없다는 것이 김상조의 진단이다.

GDP 대비 자산 비중 그리고 설비투자 점유 비중 등을 기준으로 볼 때 최근 30대 재벌의 경제력 집중 정도는 외환위기 직전의 수준에 이르렀다. 30대 재벌의 절반 이상이 구조조정 과정을 거쳤고, 생존한 재벌 중에서도 다수가 계열에서 분리되었음을 감안하면, 재벌의 경제력 집중 현상은 외환위기 이전 수준을 능가한다고 볼 수 있다. 재벌의 경제력 집중은 경제 영역을 넘어 정치·사회·문화·이데올로기 영역으로까지 확장되어 그야말로 민주주의에 대한 위협이 되고 있다.

반면, 중소기업은 영세화와 양극화의 함정에서 벗어나지 못하고 있다. 중소기업을 세분해보면, 1990년대 이후 영세기업의 비중이 급격히 증가한 반면 소기업과 중기업은 오히려 감소하고 있다. 그 결과 대기업과의 생산성 격차는 계속 확대되고 있으며, 심지어 최근에는 중견기업의 생산성도 대기업의 절반에 불과한 실정이다. 중소기업의 영세화와 양극화 배경에는 세계화의 영향도 있지만, 그보다는 불공정 하도급 거래 관행이 보다 중요한 요인으로 작용하였다는 것이 김상조의 판단이다.

김상조는 이러한 기업규모별 양극화 현상을 극복하기 위한 기업정책의 기본 원칙으로 다음 세 가지를 제시한다. 첫째, 낙수효과의 허구적 신화를 극복하여야 한다. '대기업의 선도적 성장의 과실이 중소기업과 서민으로까지 확산되도록 한다'는 2007년 이명박 후보의 대선공약집에 있는 슬로건은 21세기 한국 경제에서는 더 이상 작동하지 않는다. 둘째, 법 집행의 엄정성과 공정성을 확립하여야 한다. 재벌정책도, 하도급 거래 공정화 정책도, 법치주의의 확립 없이는 성공할 수 없다. 새로운 법제도의 도입에 못지않게 중요한 것이 법제도의 집행 과정에 대한 신뢰를 구축하는 것이다. 셋째, 경제현실에 부합하는 새로운 법제도의 틀을 확립하여야 한다.

김상조는 특히 기업집단법의 제정이라는 획기적인 재벌규제 정책의 변화를 주장한다. 재벌은 하나의 기업이 아니라 다수의 계열사로 이루어진 기업집단이므로, 기업집단의 실체를 인정하고 그에 상응하는 의무와 책임을 부여하는 기업집단법 제정이 필요하다는 것이다. 또한 하도급 거래는 협상력의 격차가 존재하는 불평등 계약이므로, 이의 근본적인 시정을 위해서는 협상력 격차 해소가 중요하다고 지적한다. 그 구체적인 방법으로서 중소기업 상호 간의 수평적 네트워크를 활성화하는 것이 중요하고, 이를 위해서는 일정한 조건하에서 담합 규제의 예외를 인정하는 등 새로운 접근방법이 필요하다는 견해를 피력하고 있다.

정준호의 "분배 친화적 성장을 위한 생산-복지체제와 신산업정책의 모색" 은 생산과 복지 간의 연계 고리를 산업화 전략과 숙련체제와의 연관성에서 찾는 자본주의 다양성 논의에서 출발한다. 숙련체제는 고용관련 복지체제와 제도적 보완성으로 연계된다는 것이다. 정준호는 우선 2000년대 이후 한국의 생산-복지체제를 OECD 국가와 상호 비교한다. 한국은 일본과 함께 기업특수적인 숙련형성 기반의 생산-복지체제 유형에 속한다. 그러나 일본과는 달리 가공형보다는 조립형 산업화의 특성이 더욱 부각된다. 이러한 점에 착안하여 한국의 산업화에 대한 숙련 절약적인 조립형 성장 전략의 가설을 집중적으로 검토한다. 이는 대기업의 대규모 투자에 따른 규모의 경제를 향유하는 전략이기 때문에 이러한 모형에서는 중간숙련 기반이 협소하고, 중소기업의 역량이 제한되어, 고용창출의 가능성이 제약받을 수 있다.

이러한 가설에 대한 실증분석 결과는 2000년대 이후 한국의 성장경로는 복선형 산업화보다는 숙련 절약적인 조립형 산업화를 따르고 있다는 것을 보여주고 있다. 대·중·소기업 간 격차의 심화, 고용창출의 제약, 대외 취약성의 심화, 산업연관 고리의 약화 등은 이를 반영하는 사례들이다. 즉, 양극화는 산업화 전략의 특성에서 비롯된 것이라고 할 수 있으며, 따라서 분배 친화적 성장을 위해서는 산업정책의 혁신이 요구된다.

정준호는 신산업 정책의 가능성을 모색하기 위하여 (신)폴라니적인 관점에서 경제에 대한 새로운 논의를 개관하고 신산업 정책의 방향과 시사점을 도출하고 있다. 이는 경제에 대한 다원성과 시장과 보호라는 이중운동의 논점을 활용하여 신산업 정책의 가능성을 탐색하는 것이다. (신)폴라니적인 시각은 경제의 다원성, 생태계로서의 경제에 대한 인식, 특히 시장과 보호의 이중운동의 개념에 주목한다. 이러한 관점에서 산업정책은 시장과 보호 사이의 이중운동을 이어주는 정책개입으로 이해할 수 있다. 그리고 네트워크 실패라는 개념에 의거하면 대·중·소기업 동반성장은 신뢰 회복과 격차해소가 이루어져야 가능하다. 이를 위해서는 공정거래 기반의 강화라는 시장 친화적인 정책뿐만 아니라, 중소기업 영역의 보호와 규제의 강화 등과 같이 기존의 경로에서 이탈할 수 있는 대책이 요구된다. 또한 생산자로서 경제적 참여를 확대하기 위해 리스크를 사회적으로 공유할 수 있는 연성제약에 대한 검토가 필요하다. 이를 통해 대기업에 장기적으로 대항할 수 있는 혁신중소기업과 사회적 기업의 진지를 구축하는 것이 필요하다.

이러한 관점에서 정준호는 몇 가지 폭넓은 변화의 필요성을 역설한다. 첫째, 국가의 역할에 대한 인식의 전환이다. 추격을 위한 성장 강화적 기제 창출의 설계자로서가 아니라 기술혁신의 촉진자 또는 중재자로서 국가 역할의 변화가 필요하고, 이는 각종 이해관계자와의 소통을 통해 경제활동의 사회적 착근성을 강화할 필요가 있다는 것이다. 둘째, 산업정책이 성장 강화적인 기제뿐만 아니라 복지 강화적인 기제로 작동하기 위해서는 현장노동이 혁신의 동력으로 참여할 수 있는 공간의 확보가 필요하다. 셋째, 사적 자본에 대한 민주적 규율이 정착되어야 한다. 마지막으로, 대외적 개방의 속도 조절, 보조금과 세금, 규제 등을 통한 보호를 통해 기존 산업경로와의 불연속성을 확보할 필요가 있다. 이를 통해 시장과 보호라는 폴라니의 이중운동이 갖는 의미를 산업정책에 구현하는 것이다.

제3부는 분배 친화적 성장을 위한 사회정책을 다루고 있다. 먼저

이태수의 "분배 친화적 성장을 위한 사회보장제도의 구축방안" 은 보편주의에 입각한 사회보장제도 확충의 필요성을 역설한다.

김대중, 노무현 두 정부하에서 시작된 국가복지의 적극적 확대가 비로소 한국 사회를 복지국가의 초기 단계에 이르게 했지만 여전히 그 기반이나 주체적 역량은 미비하여 복지국가로서의 한국 복지체제는 매우 불안한 면모를 보이고 있다는 것이 이태수의 판단이다. 복지국가에 대한 사회적 요구가 드높은 지금 복지국가를 전개함에 있어 분배와 성장의 상호관계를 어떻게 조정할 것인가, 그리고 그에 부응하는 구체적인 복지정책은 무엇인가 하는 것이 이태수의 문제의식이다.

이러한 문제에 답하기 위해 이태수는 복지정책의 경제적 효과에 관한 기존의 연구를 검토하는 데서 출발한다. 먼저 복지정책이 경제 성장에 어떤 영향을 미치는지에 관한 다양한 연구들을 살펴보고, 나라마다 시기마다의 각기 상황과 여건에 따라 긍정적 관계와 부정적 관계가 다 나타나고 있음을 보여준다. 따라서 현재 한국의 사회경제적 상황 아래서 분배의 개선이 경제 성장을 촉진하는 효과를 나타낼 수 있도록 사전 조건들을 확보하는 것이 매우 중요하다고 지적한다. 복지정책이 분배에 미치는 영향은 일반적으로 긍정적이다. 하지만 개별 프로그램에 따라서는 소득재분배의 효과가 상대적으로 크거나 작을 수도 있고, 심지어 역진적일 가능성도 있다. 개별 프로그램 차원이 아닌 복지체제 차원에서 중요한 점은 소위 '재분배의 역설(the paradox of redistribution)' 이다. 보편주의에 입각한 복지국가는 잔여주의에 기초한 복지국가에 비하여 복지재원의 규모와 지출 범위가 크고 넓어, 빈곤계층에게만 제한적이고 소극적으로 운영하는 복지국가에 비하여 소득재분배 효과가 더 크게 나타난다는 것이다.

이태수는 분배 친화적이고 성장을 촉진하는 방향으로 사회보장 제도를 발전시키기 위해서는 보편주의에 기초한 복지국가를 지향하는 것이 바람직하다고 주장한다. '재분배의 역설'을 이론적 근거로 삼고, 또한 한국 사회의 양극화 심화와 사회통합의 저해, 성장 잠재력의 저하 등 복지 부실로 인해 일어나고 있는 위기의 징조를 현실적 근거로 하여 이러한 결론을 도출하는 것이다. 구체적으로는 무상교육의 실현, 실질적 무상보육의 실시, 사회적 일자리 확대를 통한 여성과 청년 고용 확대, 노인의 건강, 여가, 일자리 보장, 공공 임대주택의 확충, 건강보험 보장성의 확대, 사회보험의 강화, 아동수당제의 도입, 사회복지전달체계의 혁신, 조세정의의 확립 등을 주요 정책과제로 제시하고 있다.

마지막으로 남찬섭은 "분배 친화적 성장을 위한 사회서비스 정책"에서 사회서비스의 제도화 필요성을 역설하고 있다. 남찬섭에 의하면 한국 사회에서 저출산·고령화는 이미 1990년대 초부터 나타나기 시작했고 그에 따라 사회서비스가 확대됐지만 보다 본격적인 노력은 참여정부에서 시도되었다. 참여정부의 사회서비스 확대 시도는 주로 일자리창출론과 사회투자론에 의해 정당화되었다. 일자리창출론과 사회투자론은 한국 사회에서 언제나 후순위로 간주해오던 사회서비스를 중요한 사회제도로 승격시키는 데 크게 기여하였을 뿐만 아니라 사회서비스가 한국 사회의 성장과 분배에 중요한 기여를 할 수 있다는 점에 대한 사회적 합의를 형성하는 데에도 일정하게 기여했다.

하지만 일자리 창출은 사회서비스의 본질적 목적이라 하기는 어렵다. 또한 사회투자론에서 말하는 인적자본 투자도 사회서비스의 일부 속성이기는 하지만 본질적인 속성이라고 하기는 어렵다. 이런 점에서 일자리 창출이나 사회투자의 관점에서 사회서비스를 접근 하는 것은 그것이 나름의 의미를 가짐에도 불구하고 하나의 제도로 서 사회서비스가 본질적으로 가지고 있는 특성을 구현하는 데에는 한계를 갖는다. 더욱이 사회서비스의 규모 자체가 과거와 비교할 수 없을 정도로 커진 현재의 상황에서는 일자리창출론과 사회투자 론처럼 사회서비스가 사회의 다른 부문에 기여할 수 있는 점을 강 조하는 것 못지않게 사회가 사회서비스에 투입한 자원이 사회서비 스 내에서 적절히 배분될 수 있도록 하나의 독립적인 제도로서 접 근하는 것이 대단히 중요해졌다.

남찬섭은 그간 사회서비스에 대해서 그 제도적 구조를 합리화하 는 노력이 상대적으로 소홀했음을 지적하고 있다. 참여정부에서 사 회서비스 지방이양 단행 등 다양한 노력이 경주된 것은 사실이지만, 한국의 사회서비스에 과거부터 존재해온 비합리적인 제도적 구조 는 지방이양이나 그 이후의 여러 노력에도 불구하고 근본적으로는 변화하지 않았다는 것이다. 최근에 시도되고 있는 사회복지통합관 리망이 현금급여와 관련해서는 상당히 중요한 변화를 초래하고 있 지만 사회서비스와 관련해서는 그 효과가 회의적이라는 것이 남찬 섭의 판단이다. 특히 아직까지 한국 사회서비스에서는 욕구를 객관 적으로 평가하고, 이렇게 평가된 욕구를 자원과 연결하는 서비스 조정체계가 적절히 제도화되어 있지 않아 사회서비스의 효과를 크 게 저해하고 있다. 게다가 지방이양 이후 지방이양된 서비스와 중 앙집중화된 서비스 간에 새로운 분절이 나타남에 따라 서비스 조정 체계를 제도화할 필요성은 빠르게 증가하고 있다.

한국 사회는 저출산·고령화 등으로 사회서비스 욕구가 지속적으로 증가할 것이며 이에 따라 사회서비스의 공급량 확충도 필요하지만 동시에 사회서비스가 욕구의 적재적소에 배분되어 그 목적을 적절히 달성토록 효과성을 제고하여야 한다. 이를 위해서는 사회서비스의 제도화가 중요하고, 특히 조정역할의 제도화가 시급하다는 것이 남찬섭의 주장이다. 이와 관련하여 사회서비스 욕구는 단지 경제적 기준만의 적용만으로 판단할 수 없다는 사실을 인식하는 것이 중요하다. 사회서비스 욕구는 비물질적 욕구이기 때문에 그 수급자격의 결정 역시 비물질적 기준에 의해 판단될 필요가 있기 때문이다. 이것이 가능하려면 법적 권한과 책임, 그리고 조직적 능력이 보장되어야 한다. 또한 조정역할을 제도화함에 있어서는 중앙정부 차원에서 행정안전부와 복지부로 이원화된 구조와 지방이양 이후 나타난 분절된 서비스 전달체계의 구조, 그리고 경직적이고 통제우선적인 재정체계의 개혁문제도 함께 고려할 필요가 있다고 남찬섭은 지적한다.

이 책이 스스로 제기한 문제에 얼마나 완결성 있는 답을 제공하고 있는지에 관해서는 독자들이 판단할 일이다. 어쨌든 필자는 편저자로서 스스로의 부족함에 관한 솔직한 고백을 하고자 한다. 원고들을 꼼꼼하게 챙기고, 각 장 사이에 일관성을 유지하면서 상호보완성을 이끌어내는 일을 제대로 하지 못했다. 독자들에게 내놓기 전에 더 공을 들이고 원고의 완성도를 높이는 것이 마땅한 도리인 줄 알지만 국가의 미래운명을 좌우하는 대선정국이 목전에 있다는 특수한 사정 때문에 불가피하게 출판을 서두르게 되었다. 이 책은 분배 친화적 성장이라는 한국 사회가 당면한 핵심적 과제에 관한 정책적 고민을 담고 있기 때문에 대선정국에서 활발하게 전개될 정책논의에 일조할 수 있으리라는 소박한 기대를 한다.

하지만 몇 가지 이 책의 미진한 점들을 언급하는 것이 독자에 대한 최소한의 예의가 아닐까 한다. 먼저 노무현 정부의 동반성장 노력이 양극화의 심화를 막지 못한 이유에 관한 이정우의 주장은 앞으로 좀 더 정밀하게 검증되어야 할 것이다. 양극화의 심화가 어디까지 거품붕괴의 결과였는지, 다른 경제정책이나 환경요인의 영향은 없었는지 밝혀야 할 일이다. 또한 이정우는 보수의 비판에 대한 반론에 치중하면서 진보진영의 비판에 대해서는 침묵하고 있다. 노무현 정부가 이상주의적 경제철학과는 별도로 실제 정책에 있어서는 경제관료와 재벌의 영향력 때문에 과도하게 시장주의로 흐르고 말았다는 것이 진보진영의 평가다. 성장지상주의와 시장만능주의를 넘어서는 동반성장의 이상과 과도한 시장주의 정책 추진이라는 모순된 현실을 노무현 대통령은 스스로 "좌파 신자유주의"라는 용어로 표현했으며, "권력은 시장에 넘어갔다"고 선언하기도 했다. 재벌에 대한 규제완화와 한미 FTA의 무리한 추진 등 왜 노무현 정부가 과도한 시장주의 정책을 추진하였는지 규명하는 것은 향후 진보적 정권을 위한 중요한 교훈이 될 것이다(유종일, 2006).

고용정책에 관한 전병유의 논의는 매우 충실하지만 한 가지 중요한 문제가 간략하게 취급되어 있다. 노동시간 단축 문제가 바로 그것이다. OECD 최장의 노동시간을 자랑하는 한국에서 노동시간 단축은 삶의 질을 위해서도 중요하거니와 양질의 고용을 창출하는 데에도 큰 기여를 할 수 있는 방법이다. 특히 2008년 글로벌 금융위기 이후 독일의 경험은 노동시간 단축의 효과성을 시사하고 있다(Hill, 2011). 수출의존도가 높은 독일 경제는 위기 이후 연평균 성장률이 미국 못지않게 저조했지만 대량실업에 시달려온 미국과는 달리 실업률이 오히려 감소하는 등 노동시장 성과가 뛰어나다. 민주통합당

대선후보 경선에 나섰던 손학규가 "저녁이 있는 삶" 이라는 선거슬 로건을 내세워 많은 공감대를 불러일으켰다는 사실은 노동시간 단축이 사회적 의제로 설정되기에 충분한 상황임을 보여주고 있다. 한국 노동시장의 상황과 고용관행 등을 고려하여 노동시간 단축 정책의 가능성과 효과를 따져보고 구체적 실현방법을 구상하는 것은 매우 중요한 일이다.

사회정책 논의에서도 아쉬움은 남아 있다. 이태수가 제안하는 보편주의적 사회보장정책에 관해서는 구체적인 예산소요 추정치와 이에 따른 재원마련 방안이 필요할 것이다. 이제 이 문제는 더 이상 방향성의 문제가 아니라 눈앞에 닥친 실행과제이기 때문이다. 구체적인 수치를 바탕으로 경제 성장이나 소득 분배에 대한 효과를 추정해보는 것도 필요한 일이다. 남찬섭이 제시하는 정책 대안의 핵심은 사회서비스 조정역할의 제도화인데 이를 위한 구체적 방안은 논의하지 않고 있다. 수급자격 결정에 관한 재량권, 중앙정부 차원에서 행정안전부와 복지부로 이원화된 구조와 지방이양 이후 나타난 분절된 서비스 전달체계의 구조개혁, 그리고 경직적이고 통제 우선적인 재정체계의 개혁 등 방향만 언급하고 구체적인 정책설계와 실시 방안은 논외로 하고 있어서 아쉽다. 여러 가지 부족한 점에도 불구하고 모쪼록 본서가 한국 사회의 미래 진로와 관련한 공론의 장에서 작은 기여나마 할 수 있기를 바라는 바이다.

끝으로, 부족하나마 이 책이 나오기까지 수고해 주신 분들께 감사의 말씀을 드리고 싶다. 이 책은 한림국제대학원대학교 정치경영연구소와 한국미래발전연구원이 "진보적 자유주의와 분배 친화적 경제 성장" 이라는 주제로 공동 주최한 제3회 〈대안담론포럼〉의 발제문들을 수정, 보완하여 엮은 것이다. 포럼이 열릴 수 있도록 앞장서 수고해 주신 당시의 한림대학교 이영선 총장님, 정치경영연구소의 최태욱 소장님, 그리고 한국미래발전연구원의 김용익 원장님께 감사드린다. 또한 포럼의 토론자로 참여해 주신 분들께도 이 자리를 빌어 감사의 마음을 전한다. 그 분들의 열정적인 조언과 비판이 포럼과 이 책의 질을 크게 높여 주었다. 포럼 개최와 책 출간에 이르기까지 전 과정의 실무책임으로 최선을 다한 정치경영연구소의 김경미 연구원의 수고에도 감사하지 않을 수 없다. 마지막으로 이 책을 발행해준 모티브북의 양미자 대표께 특별한 감사의 말을 드린다. 출판계의 불황으로 편서를 맡는다는 게 쉽지 않았을 텐데도 흔쾌히 이 책의 원고를 받아주었다. 부디 많은 분들이 이 책을 읽어 출판에 관여한 모두가 즐겁고 행복해지기를 바란다.

연구자들을 대표하여 유종일

■ 참고문헌

유종일. 2006. “참여정부의 ‘좌파 신자유주의’ 경제정책”, 『창작과 비평』
　　133호, 가을.
유종일. 2011. “경제민주화 : 개념, 역사, 전략”, 경제민주화특별위원회
　　주최 심포지움 발표논문.
이내찬. 2012. “OECD국가 삶의 질 구조에 관한 연구”, 『보건사회연구』
　　32권 2호, 여름.
OECD. 2012. *2012 Employment Outlook*.
Steven Hill. 2011. “Amazing Germany’s Declining Unemployment:
　　How Do They Do It?” *Washington Monthly*, November.

1

분배 친화적 성장

성장과 분배의 선순환[1]

_유종일

1970년대에 박정희 대통령은 1인당 국민소득 천 달러를 경제 성장의 목표로 제시했다. 김영삼 대통령은 1만 달러를 내세웠고, 노무현 대통령은 2만 달러를 내세웠다. 이명박 대통령은 그 유명한 747 공약을 통해 4만 달러를 약속했다. 이명박 대통령의 747 공약은 허황된 것임이 드러났지만, 앞서의 목표들은 모두 목표 기간 내에 달성되었다. 이러한 고도성장을 통해 한국은 세계 최빈국의 대열에서 부자클럽이라는 OECD 회원국까지 되었다. 그런데 과연 삶의 질은 나아졌는가? 과연 우리들은 더 행복해졌는가? 어린이와 청소년의 행복도는 OECD 최하위이고, 자살률은 OECD 최고다. 특히 노인들의 자살률은 OECD 평균의 무려 5배가 넘는다. 비정규직 비중이

---

[1] 이 글과 거의 동일한 내용이 졸저 『유종일의 진보경제학』에 "분배의 경제학"이라는 제목으로 수록되었음을 밝힌다.

OECD 최고이며, 역시 OECD 최고인 사교육비 부담 때문에 등골이 휜다. 소득 대비 집값이 너무 높아 저축해서 집을 사는 건 꿈도 못 꾼다. 우리는 도대체 무엇을 위해 그토록 경제 성장에 목을 맸단 말인가?

문제는 분배다. 경제 성장의 혜택이 고르게 분배되지 않기 때문에, 혜택이 소수 특권집단에 집중되고 대다수 국민을 외면하기 때문에 경제 성장에도 불구하고 삶의 질이 향상되지 않고 있다. 기업소득과 개인소득 사이의 괴리는 증대하고 있다. 기업소득은 크게 증가해도 개인소득은 소폭증가에 그치는 현상이 지속되고 있다. 기업 중에서도 특히 대기업의 당기순이익은 엄청난 증가세를 보이고 있는 반면, 개인소득에서도 실질임금은 최근 수년간 하락하기까지 하였다. 노동시장의 문제도 심각하다. 정규직과 비정규직 사이의 임금격차, 대기업과 중소기업 사이의 임금격차는 날로 커지고 있다. 국제노동기구에 의하면 우리나라의 저임금 근로자 비중이 25.6%에 이르러 주요국 중 가장 높다고 한다(ILO, 2011). 소득 분배의 양극화는 다양한 지표로 확인된다. 통계청 자료에 의하면 상대적 빈곤율은 1997년 8.7%에서 2010년에는 14.9%로 크게 증가했다. 또한 같은 기간에 5분위 배율은 3.97에서 6.02까지 증가했으며, 지니계수는 0.264에서 0.315까지 증가하였다.

이러한 분배의 양극화 현상은 이미 1990년대 초반에 시작되었고, 외환위기 이후에 가속하였고, 지금까지 지속되고 있다. 이 사실만 보더라도 양극화 현상이 경기변동적(cyclical) 요인보다는 추세적(secular), 구조적(structural) 요인에 의해 일어나는 것임을 알 수 있다. 소득 분배의 불평등은 삶의 질을 저하시키고, 사회적 갈등을 조장할뿐더러, 경제 성장에도 장애가 되고 있다. 이명박 정부는 성장

이 최선의 분배정책이며, 분배를 강조하는 정책은 성장을 저해한다
는 성장우선론에 입각해서 부자감세나 규제완화 등의 정책을 추진
했지만, 그 결과는 참담하다. 성장도 신통치 않았거니와 분배는 갈
수록 악화되고 있다. 뒤늦게 동반성장이니, 공생발전이니 외치면서
사후약방문에 분주한 모습이지만, 그나마도 구호에 그치는 경우가
많고 실효성 있는 정책은 찾아보기 힘들다.

분배 문제를 해결하는 것이 한국 경제가 전진하기 위해서 가장
중요한 선결과제가 되었다. 물론 분배를 개선하기 위해서 사용할
수 있는 정책은 다양하지만 중요한 것은 분배와 성장 사이의 선순
환 관계를 형성하는 것이다. 이를 성장 친화적인 분배정책과 분배
친화적인 성장정책을 추진함으로써 달성할 수 있다는 것이 이 글의
핵심적인 주장이다. 아래에서는 우선 분배의 사회적 기능과 분배
정의의 기준을 살펴본 후, 분배와 성장 사이의 관계에 대한 이론적
검토와 경험적 분석을 통해 성장과 분배의 선순환을 이룩하기 위한
조건들을 규명한다. 마지막으로 한국 경제에서 그러한 선순환 구조
를 만들기 위한 다섯 가지 전략적 정책과제를 제시한다.

1. 왜 분배 정의인가? - 분배의 사회적 기능

분배와 행복

경제학에서는 전통적으로 소득수준의 향상을 삶의 질 향상을 가
져오는 가장 결정적인 요인으로 간주해왔다. 근대 경제학은 공리주
의에 입각한 효용극대화 가정에서 출발하며, 효용은 소비의 함수이

고 소비는 소득이 있어야 하는 것이다. 따라서 근대 경제학에 의하면 소득의 증가, 곧 경제 성장이 효용을 증대하고 행복도를 높이는 첩경이다.[2] 이를 반영하여 대부분의 국가들은 경제 성장을 핵심적인 국가목표로 설정하고 있다.

실제로 각국의 행복도를 비교해보면 소득수준이 증가함에 따라 행복도가 상승하는 것을 확인할 수 있다. 그러나 1인당 국민소득이 일정한 수준을 넘어서면 더 이상의 소득증가가 행복도나 삶의 질 향상에 거의 영향을 미치지 못한다는 것이 밝혀졌다. 이러한 분기점이 되는 소득수준을 이스털린은 7천 달러, 레이아드는 1만 5천 달러, 그리고 윌킨슨과 피켓은 2만 달러로 각각 제시하고 있다(Easterlin, 1974; Layard, 2005; Wilkinson and Pickett, 2010). 각각의 주장이 제기된 시점이 달라서 소득 액수에 큰 차이가 나타나지만, 그동안의 물가상승을 고려하면 사실 엇비슷한 실질소득 수준을 가리키고 있다.

일정 수준 이상의 소득증가가 행복도를 증가시키지 않는 까닭에 관해서는 여러 가지 가설이 존재하지만 가장 중요한 것은 적응효과(adaptation)다. 기본적 필요와 욕구가 충족된 이후에는 소비증가에 의한 행복감은 일시적으로 존재할 뿐이고 이내 새로운 소비수준에 적응이 되면서 사라진다는 것이다. 부유한 국가들을 비교해보면 소득의 증가가 아닌 분배의 형평성(낮은 불평등도)이 행복도를 증진시킨다는 결과가 나온다. 행복감을 결정하는 데 절대적인 소비수준

---

2) 최근 경제학에서는 행복에 관한 연구가 활발하다(Frey and Stutzer, 2002). 행복은 주로 심리학자의 연구대상이었는데, 경제학자들도 여기에 관심을 가지게 되었다. 근대 경제학의 철학적 기초인 공리주의의 모토는 "최대 다수의 최대 행복"이다. 이런 면에서 경제학이 행복을 연구해야 한다는 것이고, 또한 주관적 행복은 복지(well-being)의 중요한 요소라고 볼 수도 있다.

보다 상대적 비교가 큰 영향을 미치기 때문이다(Layard, 2005).

최근에는 삶의 질을 측정하는 수많은 사회지표가 소득불평등도와 밀접한 상관관계를 지닌다는 주장들이 제기되고 있다. 대표적인 예로, 윌킨슨과 피켓은 국가들 사이의 비교나 미국과 캐나다의 경우 주들 사이의 비교를 통해서 각종 사회지표와 불평등도의 높은 상관관계를 보여주고 있다(Wilkinson and Pickett, 2010). 사회지표로는 사회적 신뢰의 수준, 정신병, 기대수명, 유아사망률, 비만율, 교육수준, 10대 임신, 살인, 수감률, 사회적 이동성 등을 분석하는데 한결같이 불평등이 낮을수록 삶의 질은 높은 것으로 나온다. 더욱 놀라운 사실은 불평등도가 낮을수록 저소득층의 삶의 질이 높고 평균적인 삶의 질도 높을뿐더러 심지어 고소득층의 삶의 질까지 더 높아진다는 것이다. 예를 들어 정신병발생률, 비만율, 수감률 등은 불평등이 높으면 모든 소득계층에서 더욱 높은 것으로 나왔다.

소득 분배의 불평등을 축소하는 것이 행복도나 삶의 질을 향상하는 열쇠가 되는 이유에 대해서는 아직 충분한 연구가 되어있지 않다. 개인의 심리상태와 사회구조 사이의 상호작용에 그 원인이 있을 것이다. 윌킨슨과 피켓에 따르면 불안, 자존감 결여, 스트레스 등이 부유한 나라들에서 증가하고 있으며 불평등이 높을수록 이런 문제가 심하다고 한다.

분배와 민주주의

만약 시장경제의 결과가 소수 엘리트에 의한 부의 독점으로 나타나면, 민주주의를 위협할 것이다. 부를 독점한 소수 엘리트가 특권계급화하여 민주주의의 발달을 저지하거나 민주주의를 왜곡시킬 가능성이 높다. 경제적 불평등을 제한하고 축소하는 것은 민주주의의 발달을 위해 필요하다. 솔트의 22개 국가를 대상으로 한 실증연구에 따르면 일반적으로 소득불평등이 높아지면 최상위 엘리트층을 제외한 나머지 대중의 정치참여가 저하된다고 한다(Solt, 2008). 엘리트층은 우월한 자원을 동원하여 자신의 이해관계를 관철시키고 정치적 논의의 의제를 선정하는 데도 막대한 영향력을 행사하며, 결과적으로 저소득층은 정치참여가 무의미하다고 느끼게 되어 투표율이나 정치적 논쟁에 대한 참여 등이 저조해진다는 것이다. 한마디로 경제력 집중은 권력의 집중을 낳고 민주주의를 위협한다.

미국 경제의 최근 모습이 이러한 문제를 잘 드러내고 있다. 1980년대 이후 미국 경제에서 최상위 계층으로 소득과 부의 집중이 일어난 것은 잘 알려진 사실이다. 최근에는 상위 1%가 전체 소득의 24%가량을 가져가고, 그중에서도 최상위 0.1%가 전체 소득의 10% 가량을 가져갈 정도로 분배는 악화되었다. 이것은 과거 대공황 이전 강도귀족(Robber Baron)의 시대 혹은 약탈자본주의 시대에 버금가는 극심한 불평등이다. 이렇게 불평등이 심화된 원인에 관해서는 무수한 논의가 있지만 가장 유력한 가설은 소위 기업정치(corporatocracy)이다. 1980년대 이래 전개된 신자유주의 시대에는 정치에 대한 대기업의 영향력이 대폭 강화되어 정부 정책과 사회문화 전반에 걸쳐 다양한 변화를 가져왔고 이것이 분배의 악화로 귀결되었다는 것이다(Noah, 2010; Ferguson, 2011).

이렇게 경제력이 집중된 결과 민주주의가 후퇴하는 현상이 나타났다. 크루그먼은 "만약 이 나라에 미국 정부를 소유할 수 있을 만큼의 부자들이 있다면 그들은 실제로 정부를 손아귀에 넣을 것이다"라고 한 1913년 우드로 윌슨 대통령의 말을 인용하면서 최근에도 미국의 소득불평등 심화가 정치의 부패와 타락으로 이어지고 있다고 주장한다(Krugman, 2007). 엄청난 고액연봉을 받는 헤지펀드 매니저들의 대부분의 소득을 최고세율이 35%인 소득세가 아니라 15%의 세율이 적용되는 자본이득세에 따라 과세되도록 한 2007년 법안을 하나의 예로 들고 있다. 클린턴 정부의 노동부장관을 지낸 라이시도 기업의 영향력 확대로 자본주의는 강화되고 민주주의는 위축되었다고 지적한다(Reich, 2007). IMF 부총재를 지낸 사이먼 존슨도 금융위기와 구제금융 사태를 보면서 월가의 금융자본이 미국 정치를 좌지우지하는 "조용한 쿠데타(quiet coup)"가 일어나 "월가-워싱턴 유착(Wall Street-Washington Corridor)"이 형성되었다고 주장한다(Johnson, 2009).

우리나라의 경우도 기업정치, 금권정치의 문제는 심각하다. 재벌의 성장 과정이 정경유착으로 얼룩져 있다. 김대중 정부는 민주주의와 시장경제의 병행발전을 주창하면서 정경유착의 종언을 고했지만, 그것으로 재벌의 과도한 영향력이 차단된 것은 아니었다. 최고 권력층과 재벌총수가 직접 뇌물과 특혜를 주고받는 적나라한 정경유착은 억제되었지만 정부와 사회에 대한 재벌의 영향력은 오히려 과거보다 더욱 확대되고 있다. 행정부의 정책결정과 입법부의 입법활동, 사법부의 법집행에 이르기까지 재벌의 힘이 과도하게 미치고 있으며, 언론을 비롯해서 학계와 문화계에 이르기까지 막강한 영향력을 과시하고 있다. 소위 '현대공화국'이니 '삼성공화국'이니 하는 말이 나올 정도가 되었다. 단적으로 '삼성 X파일 사건'과 김용철 변호사의 폭로는 재벌이 민주주의를 어떻게 공중 납치하여 왜곡하는지 보여주었다.

2. 어떤 분배 정의인가?–진보적 자유주의 시각

도덕적 평등과 진보적 자유주의

분배 정의는 아리스토텔레스 이후에 정치철학 혹은 도덕철학의 중심적 주제였다. 분배 정의의 핵심은 평등이다. 단순평등이든 비례적 평등이든 평등이 출발점이다. 어떠한 형태의 차등을 정당화할 때에도 그 출발점에서는 무엇인가에 관해서는 평등을 가정한다. 그런데 평등이라 할 때, 무엇의 평등을 이루어야 하는가에 관해서는 다양한 견해가 존재한다.

서양철학에서는 계몽주의의 천부인권사상 이래 모든 인간의 존엄성은 평등하게 존중되어야 한다는 명제가 확립되었고, 이러한 평등사상은 프랑스혁명 이래 민주정치의 핵심적 가치가 되었다. 이를 도덕적 평등(moral equality)이라고 한다. 자유주의적 전통에서 인간의 존엄성은 개인의 선호 및 선택과 그에 따른 책임의 영역이 존재함을 의미한다. 따라서 사후적, 혹은 결과의 평등보다 사전적, 혹은 기회의 평등을 강조하게 된다.

한편 공리주의(utilitarianism)는 모든 사람의 선호와 이익을 동일하게 취급한다는 면에서 도덕적 평등을 구체화하는 하나의 접근법으로 이해될 수 있다. 그러나 도덕과 정의의 기준에 의해 용납하기 어려운 선호와 이익(예를 들어 타인의 권리를 해치거나 특별히 많은 자원을 필요로 하는 선호)의 존재에 관해 공리주의는 적절한 답을 제공하지 못한다. 따라서 공리주의는 모든 개인에 대한 동일한 존중이라는 도덕적 평등을 올바르게 구현하는 접근법이라고 보기 어렵다.

이러한 공리주의의 문제를 극복하기 위해서 롤스(Rawls, 1971)와 드워킨(Dworkin, 1977) 등은 자원의 평등(equality of resources)을 주장한다. 이들은 개인이 자신의 결정과 행동에 대해서는 책임을 져야 하지만 인종, 성, 유산, 지능, 가정환경 등 자신의 통제를 벗어난 변수들에 의해 발생하는 불평등은 부당하다고 본다. 롤스는 이런 자의적인(arbitrary) 요인들의 영향을 제거하기 위해서는 모든 개인이 "기본적 재화"에 대한 동일한 기대치를 가지도록 해야 한다고 주장한다. 물론 이 동일한 기대치는 사전적 평등이고 각자의 결정과 행위에 따른 사후적 불평등은 용인된다.

진보적 자유주의 전통의 출발점은 위에서 언급한 도덕적 평등이다.[3] 사람은 각자 개성이 있고 서로 다르지만 누구나 존엄한 인간으로서 똑같이 존중받아야 한다는 것이다. 게다가 존엄한 인간이 누려야 할 가장 기본적인 것은 자유이다. 자유를 최대한 평등하게 누리는 것, 이것이 진보적 자유주의의 이상이다.

현대의 진보적 자유주의 사상에서 가장 큰 봉우리는 아무래도 존 롤스다. 롤스는 고전적인 저작이 된 그의 『정의론』에서 정의의 두 가지 원칙을 제시한다. 첫째 원칙은 "각 개인은 다른 사람의 자유와 양립하는 범위 내에서 가장 광범위한 기본적 자유(basic liberty)를 누릴 동등한 권리가 있다"는 원칙이다. 여기서 말하는 기본적 자유란 투표권, 언론의 자유, 집회와 결사의 자유, 양심의 자유, 인신의 자유, 소비재에 대한 사유재산권 등의 정치적 자유를 일컫는다. 생

---

[3] 진보적 자유주의란 모든 사람이 자유를 평등하게 누리는 것을 지향하는 이념을 일컫는다. 자유지상주의 혹은 경제적 자유주의와는 달리 평등의 가치를 위해 경제적 자유를 일정하게 제한할 수 있다고 믿는 정치적 자유주의가 곧 진보적 자유주의이다(최태욱, 2011).

산수단에 대한 사유재산권이나 자유방임적 계약의 자유 등은 기본적 자유에 해당하지 않는다. 이 첫 번째 원칙은 두 번째 원칙에 우선하는 절대적인 원칙이다.

두 번째 원칙은 경제적 불평등에 관한 것으로서 다음의 두 가지 원칙에 따라 경제적 불평등을 허용한다. 하나는 사회 최약자에게 이익이 되는 경우에 한해서 불평등을 허용한다는 그 유명한 차등원칙(the difference principle)이다. 또 하나는 공직을 비롯한 선호하는 직위에 관해서는 모든 사람에게 공정한 기회가 보장되어야 한다는 것이다. 여기서 기회균등이라 함은 단순히 누구나 지원할 수 있다는 것이 아니라 모두가 그 자리에 필요한 능력을 획득할 적절한 기회를 가진다는 것을 의미한다. 예를 들어 어느 누구라도 만약 법관이 되고 싶다면 로스쿨에 다닐 기회와 자원이 주어져야 하고, 로스쿨의 선발시험을 준비하기 위한 사전 교육과정을 이수할 기회와 자원이 주어져야 한다는 것이다. 롤스는 이러한 원칙들은 원초적 평등의 상태에서, 즉 자신의 사회적 지위가 어떻게 될지 모르는 "무지의 장막(veil of ignorance)" 뒤에서 선택할 경우 이성적인 인간이 선택할 가장 합리적인 대안이라고 주장한다.

센의 정의론과 그 함의

분배 정의에 관한 논의에서 노벨상에 빛나는 경제학자로서 정치철학 분야에서도 많은 업적을 이룩한 아마르티야 센(Amartya Sen)의 이론을 빼놓을 수는 없다. 센은 그의 정치철학 연구와 방대한 경제학 연구를 집대성해서 내놓은 『정의의 개념』에서 롤스의 진보적 자유주의 전통을 계승하면서도 이를 극복하기 위한 비판적 성찰을 전개한다(Sen, 2009). 그의 비판은 크게 두 가지다. 하나는 자원, 혹은 기본적 재화를 분배 정의의 기준으로 삼는 것에 관해서다. 센은 기본적 재화의 분배만이 아니라 각 개인이 얼마나 효과적으로 그 재화를 이용해서 삶을 영위하고 자신의 목적을 달성할 수 있는지를 함께 고려해야 한다고 주장한다. 예를 들어 장애인의 경우 이동권을 보장하기 위한 배려가 별도로 필요하다는 것이다. 이는 그가 후생경제학과 사회선택이론을 연구하면서 개발한 역량접근법(capability approach)의 입장에서 분배 정의를 바라보기 때문이다. 선호나 주관적 이익은 물론이고 소득이나 재화와 같은 기준보다도 삶을 영위하는 역량을 기준으로 분배나 복지의 문제를 판단해야 한다는 것이다. 역량이란, 구체적으로 말하자면 영양 상태와 건강, 교육 수준과 기대수명, 이동권, 남부끄럽지 않게 사회생활을 할 수 있는 능력 등을 의미하는 것이다. 센의 두 번째 주요 비판은 롤스 이론의 형식주의다. 롤스의『정의론』은 정의로운 사회제도에 관한 매우 정치한 논리와 모형으로 치달았다. 이에 대해 센은 완벽한 제도란 없고 중요한 것은 개인들의 구체적인 삶으로 나타나는 사회적 결과를 평가하는 것이라는 입장이다. 따라서 그는 정의를 추구하는 과정에서 이성과 민주주의의 역할을 강조한다.

포괄적인 정치적 자유의 보장을 절대적 전제로 하여 실질적인 기회의 평등을 주장하며 경제적 불평등은 사회 최약자에게 이익이 되는 한 용인한다는 롤스의『정의론』은 진보적 자유주의의 입장을 매우 훌륭하게 이론화한 것이다. 센의 비판은 롤스의 부정이 아니라 비판적 계승이다. 단, 고담준론에 치우친 철학자가 아닌 현실문제를 가지고 씨름하는 경제학자로서 롤스의 사상을 현실에 적용하려 할 때 수정하고 보완해야 할 점들을 지적한 것이다. 한국적 맥락에서 센의 논점은 특히 시사하는 바가 크다.

　최근 우리 사회에서 복지 논의가 활발해지면서 일각에서 복지보다 정의가 우선이라는 주장이 제기되고 있다(김대호, 2010). 복지 이전에 시장과 사회의 불공정을 개선하는 것이 더욱 급선무라는 것이다. 재분배 이전에 시장소득의 분배 자체를 개선해야 한다는 주장도 같은 맥락에서 제기된다. 필자도 과거에 이와 같은 주장을 제기한바 있다(유종일, 2006). 정의우선론은 분명 원칙적으로 타당한 논리이다. 하지만 현실적인 정책구상의 차원에서는 정의우선론을 고집하는 것은 올바른 태도가 아니다. 무엇보다 정의의 실현은 어렵다는 것이다. 인류사회는 끊임없이 정의를 추구해왔지만 아직도 현실은 불의하기 이를 데 없다. 물론 핵심적인 불의의 구조를 개혁함으로써 획기적인 진전을 이룰 수도 있다. 하지만 현실에서 불의는 쉽게 사라지지 않고 또 다른 형태로 부활하기 십상이다. 쉽게 되지 않는다고 포기하자는 것은 결코 아니다. 단지 정의의 실현은 장기적 과제라는 것, 꾸준히 추진해나감으로써 점진적인 진보를 이룰 수 있을 따름이라는 점을 망각해서는 안 된다는 것이다. 공정한 시장, 동반성장을 위한 경제구조 개혁이라는 것도 마찬가지로 다면적인 접근과 상당한 시간을 요하는 문제다. 반면에 복지는 정치적 의지만 있으면 비교적 쉽게 실현할 수 있다. 법을 만들고, 세금을 걷고, 정책을 집행하면 되는 것이다. 따라서 정의우선론을 시간적으로 정의실현부터 먼저하고 복지를 추구해야 한다고 보는 것은 매우 잘못된 사고방식이다. 그보다는 복지확대를 하면서 끊임없이 정의를 향해 나가야 할 것이다. 센이 완벽하게 정의를 구현하는 사회제도(social institutions)에 대한 연구에 몰두하기보다는 삶의 현실 또는 사회적 결과(social outcomes)에 더 관심을 갖자고 주장하는 것을 이러한 맥락에서 이해할 수 있을 것이다.

한국 사회는 복지확대의 방향과 관련해서도 선택의 기로에 서 있다. 소득보장에 치중할 것인가, 혹은 사회서비스 제공에 치중할 것인가의 문제이다. 전통적인 사회보장 정책은 소득보장을 중심으로 구축되었다. 그런데 노무현 정부의 복지정책과 구상에 상당 부분 반영되었고 또한 박근혜의 복지구상에도 반영되어 있는 사회투자론에서는 보육·교육·의료 등 사회서비스를 강조한다(김원섭, 2011; 김연명, 2011). 기본적 재화의 분배를 기준으로 하는 롤스의 접근법이 소득보장론에 해당한다면 실질적인 삶의 역량을 강조하는 센의 접근법은 사회투자론과 유사하다고 볼 수도 있을 것이다. 그러나 한국의 현실은 광범위한 사각지대의 존재와 낮은 혜택 수준 탓에 기본적인 소득보장이 매우 부실한 형편이다. 이런 상황에서 소득보장 문제를 뒷전으로 하고 사회서비스를 앞세우는 것은 잘못된 일이다. 기본적인 소득보장을 이룬 토대 위에서 사회서비스 확대를 도모해야 옳을 것이다. 센의 주장도 소득이나 기본적 재화만으로 동일한 역량을 보장할 수 없으므로 역량의 관점에서 추가적인 고려를 해야 한다는 것이지 기본적 재화의 분배는 중요하지 않다는 것이 아니다. 그의 역량 이론은 소득보장 위에 추가로 사회서비스가 필요하다는 뜻으로 해석되어야 마땅하다.

3. 분배 정의와 시장경제

시장경제 이론과 분배 정의

자유지상주의 입장에서 보면 사적재산권과 계약의 자유, 즉 경제적 자유주의에 기초한 자유방임적인 시장경제에 입각한 소득과 부의 분배는 그것이 아무리 불평등하다고 하더라도 정당한 것이다. 누구에게나 경쟁의 기회가 평등하게 주어진 상황 아래서 자발적인 거래는 원천적으로 등가교환인 것이고, 따라서 이에 기초한 자유시장경제의 분배는 정당하다는 것이다. 일반적인 거래뿐 아니라 상속이나 증여의 경우도 주는 사람은 상대방에게서 동일한 가치의 기쁨을 얻기 때문에 주는 것으로 간주한다.

그러나 이러한 견해에는 심각한 문제점들이 존재한다. 소위 '시장의 실패'로 인하여 시장거래가 공정한 등가교환이 되지 못할 수도 있다는 점이다. 첫째, 시장에서 독점적 혹은 지배적 힘을 가진 경제주체들이 경쟁을 제한하는 행위를 할 경우 부당한 독점가격을 취하게 되고 거래상대방은 그만큼 가치를 빼앗긴다. 자금력, 정보력, 교섭력, 로비능력 등 여러 가지 힘의 불균형을 토대로 경쟁의 왜곡 혹은 착취(일방에게만 유리한 거래)가 발생하는 경우도 마찬가지다. 둘째, 시장의 실패로 인한 양적 할당(rationing)도 기회의 평등과 등가교환을 파괴하는 원인이 된다. 정상적인 시장경제의 상품시장에서는 양적 할당이 흔히 발생하지 않지만, 노동시장과 금융시장에서는 일상적으로 존재한다. 효율임금에 의한 일자리할당(그리고 그 결과로서 비자발적 실업)과 정보비대칭에 의한 신용할당이 그것이다. 이러한 경우에 시장에서 배제된 자들, 즉 비자발적 실업자와 금융소외자들은 자발적인 거래의 기회마저 박탈당하는 것이다.

　설사 위와 같은 시장의 실패가 없는 완벽한 시장경제가 존재한다고 하더라도 진보적 자유주의의의 관점에서 보면 완벽한 시장경제의 분배도 정의로운 분배와는 거리가 멀다. 두 가지 이유에서다. 첫째, 진보적 자유주의가 말하는 기회의 평등은 단순히 경쟁의 문이 누구에게나 열려있다는 형식적 평등이 아니다. 경쟁을 준비할 수 있는 여건이 누구에게나 제공되어야 한다는 실질적인 기회의 평등이다. 자유방임적 시장경제에서는 태어난 환경에 따라 경쟁을 준비하는 여건이 큰 편차를 보이게 된다. 실질적인 기회가 불평등하다면 그 결과로 나타나는 불평등은 정의로운 것이 아니다. 둘째, 본인의 노력이나 스스로 계발한 능력과는 무관하게 금전적 혹은 유전적 유산이나 사회적 지위 그리고 운 등의 자의적 변수에 의해 초래되는 불평등은 정의롭지 못하다. 시장경제에서 소득과 부의 차이는 대체로 네 가지 요인에 의해 비롯된다. 본인의 능력과 노력, 운, 그리고 상속받은 재산 등이다.[4] 일반적으로 본인의 능력과 노력에 의한 차이는 상당 부분 정당한 것으로 받아들인다. 운 또한 소득과 부의 편차를 유발하는데 중요한 요인인데 운에 의한 부는 정당성이 조금 떨어진다고 하겠다. 하지만 운은 대개 본인의 선택과 연관되어 작용하기 때문에 운에 따른 차이도 비교적 용인하는 편이다. 하지만 부의 대물림에 의한 편차에 대해서는 본인의 선택이나 노력이 전혀 작용하지 않은 것이라는 점에서 정당성을 인정하기 어렵다.

　이러한 까닭으로 진보적 자유주의의 입장에서는 일반적으로 시

---

[4]　사실 능력도 상당 부분 타고난 것이기 때문에 능력주의도 올바른 분배 정의는 되지 못한다는 것이 진보적 자유주의의 입장이다. 그러나 이런 식으로 하면 노력을 하는 것도 타고난 성격이나 양육환경 등 본인의 선택과는 관계 없이 결정된 것이라고 볼 수 있기 때문에 너무 극단적으로 가면 곤란하다.

장경제에서 나타나는 일차적 분배(시장소득 분배)의 불평등이 분배정의가 허용하는 불평등보다 훨씬 크고, 따라서 국가의 개입에 의한 소득의 재분배가 필요하다고 본다. 특히 인적자본에 대한 투자가 각 개인의 책임으로 돌려지면 부의 대물림이 강화될 뿐만 아니라 사회적으로 효율적인 인적자본 투자가 달성될 수 없다. 따라서 보육 및 교육과 건강에 대한 지출은 개인소득에서 감당하지 않고 공공재정이 감당하는 것이 당연한 것이다.

현실 시장경제의 분배

시장경제는 자원을 잘되는 쪽으로 집중시킴으로써 '부익부 빈익빈'에 의한 분배의 양극화를 초래하는 경향이 있다. 반면에, 특정한 자산이나 노동에 대한 보상이 높아지면 공급이 팽창하여 보상이 내려가고, 보상이 낮아지면 수요가 팽창하여 보상이 높아지는 식으로 마치 물이 '높은 데서 낮은 데로' 흐르듯이 평준화를 이루는 경향 또한 존재한다. 고임금 지역에서 저임금 지역으로 공장이전이 일어나는 것이 비근한 예다. 그렇기 때문에 시장경제가 원리상 분배를 특정한 방향으로 규정짓는다고 말하기 어렵다. 그런데 현실의 시장경제는 추상적으로 존재하는 것이 아니라 역사적으로 존재하는 것으로서 제반 역사적 조건에 따라 분배의 향배가 결정된다.

첫째, 토지와 자본 등을 비롯한 자산의 분배가 역사적으로 어떻게 형성되었느냐가 중요하다. 소수 특권계급에 의한 부의 집중이 역사적 유산으로 내려온 경우와 중농계층이 발달한 경우가 다를 것이다. 우리나라처럼 토지개혁이 실시되어 자산분배의 형평성이 크게 제고되는 경우도 있다. 공교육에 대한 투자로 평등한 교육기회를 제공하는 것은 인적자본의 분배를 고르게 하는 데 결정적인 중요성을 가진다.

둘째, 현대의 시장경제가 대부분 그런 것처럼 자본주의로 구현될 경우 자본주의의 속성에 따르는 양극화의 경향성이 나타난다. 마르크스는 자본의 집중화 경향과 아울러 노동계급의 빈곤화 경향을 예측했는데, 전자는 대체로 현실화되었으나 후자는 대체로 빗나간 예측이 되었다. 자본주의가 발달한 선진국에서는 산업예비군의 소멸, 대중민주주의의 발전에 따른 사회복지의 발달, 그리고 노동조합의 강화 등에 따라 노동생산성 증가에 상응하는 실질임금의 상승이 이루어지게 되었다. 하지만 지난 30년간 미국의 예에서 보듯이 재분배정책과 노동조합이 후퇴하면 실질임금의 정체가 나타날 수도 있다. 제3세계에 저임금 노동력이 거의 무한정으로 존재하기 때문이다.

셋째, 시장경제는 단순히 시장논리로만 움직이는 것은 아니다. 정치를 떠난 교과서에 나오는 모형과도 같은 시장이란 현실에는 존재하지 않는다. 정치권력의 성격에 따라 분배가 많은 영향을 받는 것은 불문가지다. 최근 한국이나 미국에서 본 바와 같이 재계나 금융계의 소수 엘리트에 의해 정치권력이 상당 부분 포획되는 경우 부의 집중이 일어나는 것은 당연한 결과다. 반대로 북구를 위시한 사회민주주의 체제에서는 시장경제라고 하더라도 노동자권력이 정부에 많은 영향을 미치기 때문에 강력한 재분배에 의해 불평등이 줄어든다. 시장경제 혹은 자본주의에도 제도적 특성에 따라 다양한 종류가 있다(Hall and Soskice, 2001). 그 결과 시장경제하의 소득분배도 천차만별이다. 지니(GINI)계수로 특정한 불평등도가 0.3 이하인 매우 평등한 시장경제도 존재하고, 반대로 0.4 혹은 0.5를 상회하는 매우 불평등한 시장경제도 존재한다.

4. 소득 분배는 경제 성장에 어떤 영향을 미치는가?

소득 분배와 자본축적

분배가 경제 성장에 미치는 영향에 관한 고전적인 논의들은, 소득 분배가 자본축적에 영향을 미쳐 결국 경제 성장에 영향을 주게 되는 경로에 주목한다. 여기서 소득 분배는 통상 기능적 소득 분배, 즉 임금 몫과 이윤 몫 사이의 분배를 지칭한다. 하지만 임금 몫의 증가는 일반적으로 가구별 소득 분배의 불평등도를 낮추는 경향이 있으므로, 간접적으로는 가구별 소득 분배와 자본축적의 관계에 관한 이론으로 볼 수도 있다.

자본주의에 비판적이었던 마르크스나 케인스가 분배와 성장 간의 상충이론을 전개한 것은 자연스러운 일이었다. 마르크스는 고전적인 생계비 임금 가설에 따라 임금은 모두 소비되고, 저축은 이윤에서 나온다고 보았다. 이 논리에 따르면 노동시장이 포화상태에 이르러 임금이 상승하게 되면 이윤 몫이 줄어들어 자본축적이 저하되고 따라서 경제 성장이 떨어진다. 반대로 임금하락, 즉 분배의 악화는 자본축적과 성장을 증가시키는 역할을 한다. 케인스 또한 『평화의 경제적 귀결』이라는 저서에서 자본주의의 극심한 불평등이 정당화되는 유일한 이유는 고소득을 얻는 자본가들이 이를 소비하기보다는 저축하고 투자하여 성장을 가져오기 때문이라고 주장하였다(Keynes, 1995). 이러한 인식이 칼도어 등 여러 케인스 학파의 학자들에 의해 발전되었다(Kaldor, 1957). 이윤 몫이 높으면 고소득자의 소득이 커져서 저축이 증가한다기보다는 개인에 비해 기업의 저축(내부유보) 성향이 높기 때문에 저축이 증가한다는 새로운 주

장도 제기되었다(Passinetti, 1962). 이뿐만 아니라 이윤 몫의 증가
는 투자유인의 강화를 의미하기 때문에 자본축적이 가속화될 수 있
으며, 따라서 분배와 성장 간에 상충관계가 존재한다는 것이다.

이와 유사하게 임금과 소비, 이윤과 저축의 연결고리에 주목하면
서 결론은 정반대로 내리는 이론이 바로 저소비이론(underconsump-
tionist theory)이다.[5] 이들에 따르면 이윤 몫의 증가, 즉 분배의 악
화가 저축률의 증가를 가져오지만 그것은 바로 소비수요의 하락을
의미하기 때문에 유효수요의 부족과 공급과잉으로 나타나고, 이는
곧 투자를 저하시켜 성장을 떨어뜨린다는 것이다. 이는 곧 케인스
가 말한 '절약의 역설(paradox of thrift)' 을 동태적인 이론으로 전환
시킨 것이라 할 수 있다. 스타인들이나 스위지는 이러한 이론에 입
각하여 현대의 독점자본주의가 이윤 몫을 증가시키고, 이는 결국
자본가들에게 성장률 저하라는 부메랑이 되어 돌아올 것이라고 주
장하였다.

솔로가 개발한 신고전파의 성장론에서는 분배가 중요한 변수로
취급되지는 않는다(Solow, 1956). 그러나 정상상태(steady state)에
이르는 과정에서는 저축률이 성장률을 결정하는 주요 변수이고, 저
축률은 소득 분배의 영향을 받게 된다. 단지, 마르크스나 케인스주
의 전통에서는 기능적 소득 분배에 주목하지만, 신고전파는 소득의
원천과 상관없이 상대적 소득수준과 저축률의 관계에 주목한다. 일
반적으로 가난한 가계의 저축률은 낮고 부유한 가계의 저축률은 높
기 때문에 소득 분배가 불평등할수록 저축률과 성장률이 높아진다
는 결론이 나온다.

---

5) 이러한 이론의 대표적인 저작은 스타인들의 책이다(Steindl, 1952). 홉슨
(Hobson)과 스위지(Sweezy) 등도 유사한 주장을 펼쳤다.

소득 분배가 저축률에 대해 미치는 영향에 있어서 임금은 모두 소비되고 이윤에서만 저축이 이루어진다는 가설도, 고소득자일수록 반드시 저축 성향이 높다는 가설도 지나친 단순화임에 틀림없다. 만약 고소득 계층이 자기과시적인 사치성 소비에 몰두하는 경우에는 저축률이 높지 않을 수도 있다. 따라서 소득 분배와 저축률의 관계는 궁극적으로는 주어진 경제의 구체적 특성을 파악하는 경험적 연구에 따라서 결론을 내려야 할 문제이다. 이론적으로 제기되는 또 하나의 문제는 저축률과 성장률의 관계이다. 신고전파 이론에서처럼 완전고용을 전제로 하지 않는 한, 저축률의 증가가 반드시 투자의 증가 및 성장률의 증가로 이어진다고 볼 수는 없다. 오히려 단기적으로는 소비수요 감소에 의한 경기침체의 가능성이 있는 것이 사실이다. 장기적인 경제 성장을 다루는 데는 단기적인 수요 변동이 고려사항이 아니라는 것이 신고전파의 주장이지만, "장기는 곧 단기의 연속에 불과하다" 는 칼렉키(Kalecki)의 말을 상기한다면 성장이론에서도 결코 유효수요의 문제를 무시할 수 없다. 그러나 유효수요 이론에 입각해서 보더라도 소비수요의 감소가 반드시 투자 및 성장의 저하로 이어지는 것은 아니다. 투자에 대한 보상은 판매량와 더불어 단위당 마진에 의해서도 결정되기 때문이다 (Marglin and Bhaduri, 1990; You, 1994). 결국 기능적 소득 분배가 성장에 미치는 영향은 투자함수의 구체적인 형태에 따라 달라진다. 투자에 대한 '가속효과(accelerator effect)' 가 큰 경우에는 분배와 성장이 상호보완 관계를 이루며 반면에 '마진효과(margin effect)' 가 큰 경우에는 분배와 성장 사이에 상충관계가 형성된다.

갈러와 모아브에 의하면 소득불평등도와 경제 성장의 관계는 경제발전 단계와도 관련이 있다(Galor and Moav, 2003). 물적 자본의 축적이 주된 성장동력이 되는 경제 발전의 초기 단계에서는 소득불평등이 자본축적에 필요한 저축량의 증대를 통하여 경제 성장에 도움을 줄 수 있을지 모르나, 인적자본의 축적과 기술혁신이 주된 성장동력이 되는 단계에서는 소득불평등이 원활한 인적자본 투자를 저해하고 기술혁신 여건을 악화시켜 성장잠재력을 훼손한다는 것이다. 결론적으로 소득 분배와 자본축적의 연결고리는 각 경제에 있어서 저축함수나 투자함수의 구체적인 특성에 따라 달리 나타날 수 있고, 인적자본 축적에 미치는 영향을 통해서도 달리 나타날 수 있다. 그러므로 선험적 이론만으로 결론을 낼 수 없고 각 경제가 처한 상황과 특성을 구체적으로 파악해야 한다.

소득 분배와 유인 구조

미시경제학 이론에 의하면 개인의 의사결정은 유인 구조(structure of incentives)에 의해 결정된다. 소득 분배가 유인 구조에 영향을 미침으로써 특정한 경제적 행위를 유도하고 이로써 경제 성장에 영향을 미칠 수 있다는 논리에 입각하여 전개된 이론들을 살펴보자. 먼저 공급 중시 이론에 의하면 불평등도가 높을수록 고생산성 계층의 노동 유인이 강화되고 고소득층의 저축 및 투자 유인이 제고되어 결국 경제 성장을 촉진한다. 이 논리는 부자감세와 규제완화의 논리로 흔히 활용된다. 하지만 지나친 불평등은 시장구조의 왜곡과 함께 발생하는 경우가 많아 오히려 근로의욕 저하 등 인센티브 구조를 왜곡할 수도 있다. 보험 이론의 관점에서 보면 보수가 생산성과에 지나치게 민감하게 반응하면 불확실성이 높아지므로 위험기피적인 경제주체들의 경제활동이 위축될 수도 있다.

소득 분배와 경제 성장의 연결고리를 자본시장의 불완전성에서 찾는 이론들도 있다(Galor and Zeira, 1993; Banerjee and Newman, 1993; Aghion and Bolton, 1997). 이들은 소득 분배의 불평등이 인적·물적 자본에 대한 원활한 투자를 저해하여 경제 성장률을 낮춘다고 지적한다. 자본시장이 불완전하여 인적자본(특히 자녀의 인적자본)에 대한 투자를 담보로 차입하는 것은 사실상 불가능하므로 신용제약에 직면한 저소득층은 적정 수준의 교육투자를 실행하기 곤란하다는 것이다. 한편 인적자본 축적에 한계수익체감의 법칙이 작용하기 때문에 분배가 악화하면 저소득층의 투자감소 효과는 고소득층의 투자증가 효과를 압도하여 전반적 인적자본 투자가 감소한다는 것이다.6) 나아가 학습능력은 떨어지지만 고소득층의 자녀로 태어난 사람들에게는 과잉투자가 일어날 수 있고 학습능력은 뛰어나나 저소득층에 속한 사람에게는 과소투자가 발생하여 인적자본 투자의 효율성을 저해할 수 있다. 물적 자본의 경우에도 초기 부존자원의 분포에 불평등이 커지면 신용제약에 직면한 소규모 기업가들은 최적 수준의 투자계획을 실현시킬 수 없게 되므로 자본축적이 저해된다.

최근에는 소득불평등이 금융위기를 유발할 수 있다는 이론이 제기되고 있다. 미국이 대공황 이전에 소득 분배가 매우 불평등했으며, 지난 30년간 불평등도가 증가하여 최근에는 불평등도가 대공황 이전 수준에 버금갈 정도에 이르렀고 이어서 2008년의 글로벌 금융위기가 발발했다는 사실에 착안한 이론이다. 나아가 소득불평등도

---

6) 인적자본 축적의 한계 수익체감은 두 가지 원인에서 비롯된다. 첫째, 인간 수명은 유한하므로 교육 기간을 늘림에 따라 교육의 과실을 누릴 수 있는 기간이 체감한다. 둘째, 교육의 양에 따른 한계적 학습효과가 체감한다.

의 증가 패턴과 가계부채의 증가 패턴이 매우 흡사한 것도 이러한 이론의 근거가 되고 있다. 불평등의 증가는 고소득층의 과시적 소비와 더불어 중산층 이하의 흉내내기 소비를 초래한다. 소비자 금융의 발달로 중산층 이하 계층은 소득은 오르지 않아도 부채에 의존한 소비를 하게 된다. 이로써 소득불평등의 증가가 오히려 가계 저축을 저하시키고 가계부채를 증가시키며, 금융불안의 궁극적 원인이 된다는 것이다(Kumhof and Rancière, 2010).

소득 분배와 정책형성

소득 분배가 정치나 정책형성 과정에 영향을 미침으로써 경제 성장에 영향을 미치는 경로에 주목한 이론들도 있다. 근래에 가장 주목받고 있는 정치경제학적 접근 이론들이다. 이러한 이론들은 모두 소득불평등이 성장을 저해한다는 입장을 취한다.

소득 분배가 물가상승률에 영향을 줌으로써 경제 성장에도 영향을 끼치는 경로에 주목하는 이론으로는 갈등인플레이션 이론(conflict theory of inflation)과 사회조합주의 이론(theory of social corporatism)이 있다. 갈등인플레이션 이론은 남미에 많이 적용된 이론으로서 인플레이션을 사회 갈등의 산물로 파악한다(Rowthorn, 1977; Ros, 1989). 이에 따르면 불평등은 갈등을 심화시키고, 특히 소득에 대한 명목상의 지분요구를 증가시켜 인플레이션을 가속화한다. 결국 통화 당국은 인플레이션 억제를 위한 긴축정책을 사용할 수밖에 없고, 이로써 성장이 저하된다는 것이다. 사회조합주의 이론은 1980년대에 개발된 이론으로서 저실업-저물가를 실현한 나라들의 특징이 중앙집중적 임금교섭을 핵심적 특징으로 하는 사회조합주의 제도임에 착안하여, 중앙집중적 교섭은 노사 간의 전략적 협력을 가능하게 함으로써 물가상승을 통제할 수 있다고 주장한다(Bruno and Sachs, 1985).

자산분배가 나쁘면 소득 분배가 나빠지고 재분배에 대한 정치적 압력이 거세진다. 그런데 자산재분배는 정치적으로 어렵기 때문에 비효율적인 조세에 의한 소득재분배를 추진하여 결국 성장률의 저하를 초래한다는 주장이 있다(Alesina and Rodrik, 1994; Persson and Tabellini, 1994). 각종 조세의 왜곡 효과로 투자수익률이 저하된다는 이들의 주장과 더불어, 소득불평등도가 높아질 경우 사회·정치적 불안정성이 높아져 소유권 보장에 대한 믿음이 줄어들게 되므로 투자의 기대수익률이 하락한다는 주장도 제기되었다(Alesina and Perotti, 1996). 그러나 페로티의 실증분석에 의하면 조세 증가가 성장을 저해하는 경로는 확인되지 않으며 오히려 재분재가 성장을 촉진하는 것으로 나타난다(Perotti, 1996).

분배의 불평등은 정치적 상황에 따라 다양한 형태의 정책 왜곡을 초래하고, 그리하여 경제의 효율성과 성장을 저해한다. 가장 심각한 경우는 경제적 양극화가 특권층의 영향력을 비대화시켜 경제 전체에는 나쁘더라도 특권층에게는 유리한 정책이 추진되는 경우다. 이러한 정책 왜곡이 남미의 발전을 가로막은 결정적인 원인으로 흔히 제시되고 있다. 우리나라에서 재벌과 토건세력에게 유리한 정책들이 반복되는 것도 이러한 예로 볼 수 있다. 정책 왜곡의 한 형태가 소위 포퓰리즘이다. 높은 불평등이 저소득층을 위한 재정지출 팽창을 유발하는 한편 고소득층은 세부담 증가를 회피하는 경우 재정적자와 물가상승으로 인한 거시경제 불안이 나타난다(Sachs, 1989).

역사적 경험과 실증분석

소득 분배가 성장에 미치는 영향을 긴 역사의 흐름 속에서 파악해보고, 또한 초기의 소득 분배가 이후의 경제 성장에 어떠한 영향을 주었는지에 관한 실증분석을 소개한다.

18세기 초까지만 하더라도 북미와 중남미 간에 경제수준은 유사했다는 것이 정설이다. 그런데 오늘날 북미는 세계에서 가장 부유한 경제를 자랑하고 있는 반면 중남미는 아직도 빈곤과 빈발하는 경제 위기에 시달리고 있다. 무엇이 이러한 차이를 만들어냈을까? 과거의 통설에 의하면 북미의 경제적 성공은 영국식 법·제도의 산물이고, 중남미의 실패는 스페인식 법·제도에 기인한다고 한다. 그러나 이러한 가설은 남북전쟁 이전의 미국 남부나 자메이카 같은 경우는 영국식 법·제도에도 불구하고 중남미형 경제적 낙후를 면치 못하였다는 사실과 상충된다. 그래서 새롭게 제기된 이론은 북미와 중남미 사이의 경제적 격차 확대의 근본원인을 중남미의 양극화에서 찾고 있다(Sokoloff and Engerman, 2000). 대토지소유에 입각한 플랜테이션 농업이 발달한 지역에서는 대다수 국민들이 노예적 착취에 시달렸고, 이는 특권층에게는 한없이 좋은 제도였지만 중산층을 기반으로 제조업을 발전시킨 지역에 비해 경제 전체는 낙후되었다는 것이다. 이들 특권층은 자신들의 특권유지에만 급급했지 대중교육을 실시한다든지, 사회간접자본시설에 투자한다든지, 경제발전을 위해서는 매우 효과적이지만 노동착취에는 불리한 정책은 시행하지 않았다.

중남미뿐 아니라 대부분의 식민지에서 유사한 상황이 벌어졌고, 불행하게도 식민지에서 독립한 대다수 신생국가들은 소수 엘리트에 의해 정책이 좌우되면서 양극화된 경제구조를 그대로 유지했다.

이것이 수많은 개발도상국들이 '후발자의 이익'을 실현하지 못하고 경제적 낙후를 면치 못한 근본원인이다(Scott, 2001). 반면에 20세기 후반 동아시아 국가들이 고도성장을 할 수 있었던 중요한 원인 중의 하나가 토지개혁 등에 따른 소득 분배의 형평화였다. 일본, 한국, 대만은 사회주의 혁명이 없이 철저한 토지개혁을 한 예외적인 경우였고, 홍콩과 싱가포르는 도시국가로서 심각한 토지소유의 불평등 문제가 없었다. 싱가포르는 그나마 토지를 대부분 공공 소유로 하였다. 개혁개방 이후 급성장하고 있는 중국과 베트남은 공산혁명으로 토지문제를 해결한 경우다.

한편 1990년대 이후 다양한 실증분석은 소득 및 부의 불평등이 경제 성장에 부정적인 영향을 미친다는 사실을 입증했다. 대표적인 연구 몇 가지만 소개한다. 페르손과 타벨리니는 56개국 자료를 이용한 실증분석에서 최상위 20% 계층의 소득비중을 7%(1 표준편차) 늘릴 경우 평균성장률이 0.5% 포인트 가량 하락함을 보여주었다(Persson and Tabellini, 1994). 알레시나와 로드릭은 70개국의 자료를 이용한 분석 결과 토지소유의 지니계수를 1 표준편차만큼 늘릴 때 1인당 국민소득 증가율이 매년 0.8% 포인트 하락한다는 것을 발견했다(Alesina and Rodrik, 1994). 이외에도 소득불평등과 경제 성장 간에 음의 상관관계가 존재함을 보여주는 많은 연구들이 나왔다(Clarke, 1995; Perotti, 1996).

5. 경제 성장은 소득 분배에 어떤 영향을 미치는가?

성장의 유형과 소득 분배

경제 성장의 유형에 따라 성장 과정에서 분배가 불변, 악화, 개선의 양상을 보일 수 있다. 이를 각각 분배 중립적 성장, 양극화 성장, 분배 친화적 성장이라고 부른다. 일반적으로 고생산성 부문이나 고소득층에게 성장이 집중되는 경우에는 양극화 성장이 발생한다. 반면 저생산성 부문이나 저소득층에 성장의 혜택이 많이 가는 경우에 분배 친화적 성장이 된다. 한 예로 소득은 낮지만 평준화된 전통적인 경제에서 근대적 고생산성 부문이 점진적으로 팽창하는 경우를 생각해 볼 수 있다. 이때 성장의 초기에는 저소득 계층의 일부가 고소득층으로 전환되면서 과거에는 없던 소득불평등이 발생한다. 근대적 부문이 작을 때는 이의 팽창은 곧 고생산성 부문에 성장이 집중되는 것이므로 이 과정에서 불평등도(지니계수)가 점차 증가한다. 그러나 근대 부문이 일정한 비율을 넘어가면 고소득층이 다수가 되면서 근대 부문의 지속적인 팽창에 의한 성장은 분배 친화적으로 바뀐다. 이제는 성장의 혜택이 저소득층에게 집중되는 셈이기 때문이다. 이렇게 성장이 분배에 미치는 영향은 성장의 내용과 형태에 따라 매우 다르게 나타날 수 있다.

성장이 최선의 분배정책이라는 주장이 흔히 제기된다. 이는 곧 분배 친화적 성장을 전제로 하는 것이다. 분배 친화적 성장의 대표적인 사례는 성장이 충분한 일자리창출로 이어지는 경우다. 특히 저숙련 노동에 대한 수요가 증대되면 이들의 임금이 상승하면서 분배가 개선될 것이다. 노동집약적인 산업이 경제 성장을 견인하는 경우나 노동사용을 고취하는 방향으로 기술변화가 일어날 때 이러한 효과가 발생한다. 이와는 반대로 자본집약적인 산업의 성장 혹은 노동절약적인 기술변화 등에 의한 성장은 성장에 따른 고용창출이 미흡한 경우도 있다. 소위 '고용 없는 성장(jobless growth)'이 이루어지는 것이다. 이러한 성장은 분배를 악화시키는 양극화 성장이 된다. 성장의 유형에 따른 분배 효과를 감안하지 않고 무조건 성장이 최선의 분배정책이라는 성장우선주의에 빠지면, 분배는 오히려 악화되기 십상이다. 그럴 경우 흔히 성장을 제고한답시고 분배를 악화시키는 정책을 동원하기 때문이다.

서구의 역사적 경험

쿠즈네츠는 서구의 근대적 성장 경험에 대한 역사적인 연구에 입각해서 근대적 경제 성장의 초기에는 소득 분배가 악화되는 경향이 있고, 경제 성장이 일정한 단계를 넘어서면 성장과 함께 분배가 개선되는 경향이 있음을 발견했다(Kuznets, 1965). 이를 소위 뒤집어진 U곡선(inverted-U curve) 또는 쿠즈네츠 곡선이라고 한다. 근대화 초기에 불평등이 증가하는 까닭은 위에서 예시한 것처럼 근대부분의 초기 팽창에 따른 것이다. 이후 산업화와 도시화가 진전되면서 산업예비군이 사라지고 노동의 희소성이 증대된다. 나아가 경제발전과 함께 대중민주주의가 발전하면 분배를 개선하는 정책들이 시행된다. 특히 대중교육과 복지정책이 중요한 역할을 하며, 노동조합의 발달도 불평등 감소에 기여한다.

하지만 이러한 서구의 경험이 개발도상국에까지 일반화되는 것은 아니다(Fields, 2001). 개발도상국의 성장에 따른 분배 변화를 보면 나라마다, 시기마다 다른 양상이 나타난다. 개발도상국을 포함해서 국제비교 분석을 하면 쿠즈네츠 곡선이 흔히 나타나는 것은 사실이다. 그러나 이는 소득이 중간 수준이면서 불평등이 극심한 라틴아메리카 국가들 때문에 나타나는 착시현상이다. 소위 라틴효과(Latin effect)를 제외하고 나면 특별한 패턴을 찾기 어렵다.

대공황과 2차 대전을 겪으면서 서구 선진국들의 소득불평등이 대폭 축소되었다. 이를 대압착(the Great Compression)이라고 한다. 그러나 1980년대 이후 영미권 국가들에서는 다시 불평등이 크게 증가하였다(Atkinson et al., 2011). 2차 대전 이후 전후 복구를 마치고 1970년대 초에 경제 위기가 도래하기까지의 기간을 흔히 자본주의의 황금기라고 부른다(Marglin and Schor, 1990). 세계 경제가 다른 시기에 비해 매우 우월한 성과를 보였기 때문이다. 특히 선진국들은 경제의 3대 목표라고 일컬어지는 성장, 분배, 안정을 모두 달성하였다. 선진국들은 복지국가에 의한 소득재분배와 노동조합의 강화 등을 통해 대폭적인 빈부격차의 감소를 달성하였다. 자본주의의 황금기는 포디즘(Fordism)이라고 불리는 대량생산-대량소비 체제 위에서 성립하였다.[7] 생산체제 면에서 소품종 대량생산을 함으로써 단위 비용이 하락하여 급속한 생산성 향상을 이룰 수 있었다. 이러한 대량생산을 뒷받침한 대량소비는 분배 불평등의 축소에 의해 대중의 구매력이 꾸준히 향상되면서 이루어질 수 있었다.

황금기가 끝나고 1980년대부터 신자유주의 시대가 도래하면서 영미권 국가들을 중심으로 소득 분배가 급격히 악화되었다. 세계화

---

[7] 포드자동차 회사는 1914년에 일당 5달러라는 당시로서는 파격적으로 높은 임금을 지불하였다. 높은 임금으로 고생산성을 유도하고, 나아가 자동차를 소비할 수 있는 구매력을 갖추도록 하겠다는 계산이었다. 이러한 발상이 전체 경제의 모델로 확대된 것을 포디즘이라고 부른다.

와 기술변화의 영향도 있었지만 독일이나 프랑스 등 많은 유럽 국
가들이 분배 악화를 겪지 않은 것을 보면 그 영향은 제한적이었다.
오히려 부자감세와 규제완화 등의 정책변화, 그리고 이와 맞물린
사회적 분위기의 변화가 큰 영향을 미친 것으로 보인다. 공급 중시
경제학의 선전과는 달리 신자유주의 경제정책은 불평등의 증가와
함께 성장률 상승이 아닌 하락을 초래했다(유종일, 2007).

6. 한국 경제의 성장과 분배

고도성장과 낙수효과

한국은 과거에 개발도상국 중 비교적 소득 분배가 고른 나라에
속했다. 그 가장 큰 원인은 본격적인 경제개발이 시작되기 이전의
특수한 역사적 상황이었다. 그리고 1960년대부터 고도성장이 이루
어지면서 고용이 급속하게 확대되어 소위 성장에 따른 낙수효과
(trickle-down effect)가 작용했다.

1960년대에 고도성장을 개시하기 이전에 이미 경제 성장을 위한
대단히 유리한 여건이 마련되었고, 이러한 초기 조건은 분배의 불
평등을 낮추는 요인으로도 작용했다. 해방 후 한국 경제에서는 대
대적인 자산분배의 평등화가 이루어졌다. 토지개혁이 이루어졌으
며, 6·25동란과 이에 따른 인플레이션으로 인한 실물자산과 금융
자산의 파괴에 의한 자산의 하향평준화가 이루어졌다. 토지개혁은
많은 농민들이 자식 교육에 투자할 수 있는 여건을 마련해 주었다.
게다가 극도로 낮은 소득수준에도 불구하고 건국 초기부터 의무교

육을 실시하여 인적자본의 분배 또한 비교적 고른 편이었고, 교육 시스템은 계층 상승의 주요한 통로가 되었다.

이렇게 유리한 초기 조건하에서 1960년대의 고도성장은 실제로 동반성장의 양상을 띠었다(Ranis, 1977). 노동집약적 수출산업을 중심으로 대단히 급속한 고용창출이 이루어짐으로써 성장의 과실이 어느 정도 분배되는 효과를 가져온 것이다. 1960년대 초에 20%에 육박했던 도시지역의 실업률이 한자릿수로 떨어졌고, 도시지역 전체 고용의 3분의 2를 상회하던 비공식 부문도 반 이하로 축소되었다. 분배와 관련한 박정희 정부의 정책은 전무하다시피 했고, 오히려 급속한 자본축적을 위해 노동자와 농민을 쥐어짜는 저임금-저곡가 정책을 폈음에도 불구하고 이렇듯 동반성장이 되었다는 사실은 경제의 구조적 특성이 얼마나 중요한가를 반증하는 것이다.

1970년대에는 중화학공업화 정책에 의해 사정이 달라진다. 가용자원을 자본집약적인 중화학공업에 집중투입하면서 재벌은 고속성장을 했지만 수혜계층의 폭은 한정되었다. 투자재원 확대를 위해 인플레에 의한 강제저축이 행해짐으로써 성장의 혜택이 반감되었고, 부동산 값이 폭등하면서 자산분배의 불평등이 심화되었다. 1970년대에는 고도성장에도 불구하고 분배의 불평등이 확대되는 양극화 성장이 발생한 것이다. 양극화를 비판하는 이들에게 정부는 '선 성장 후 분배론'으로 응수했다. 1980년대에는 경제가 안정화되고 중화학공업 분야의 수출이 '3저 호황'에 이르기까지 크게 확대됨으로써 고용확대 효과에 의한 동반성장이 다시 한 번 이루어졌다.

양극화 시대의 도래

고도성장을 지속하던 한국 경제는 1980년대 말, 1990년대 초에 이르러 자본축적의 조건이 변화하면서 잠재성장률이 현저하게 하락하기 시작하였으며, 이러한 변화에 적절하게 대응하지 못한 결과 한편으로는 양극화 경향이 나타나기 시작했고, 다른 한편으로는 과잉투자와 외환위기로 이어졌다. 외환위기로 인한 구조조정과 일련의 개혁조치들은 양극화를 심화시키는 요인이 되었다. 흔히 외환위기를 양극화의 시발점으로 보고 이후 개혁과정에서 도입된 신자유주의적 정책을 양극화의 원인으로 보는 경향이 있는데, 이는 사실에 부합하지도 않을뿐더러 양극화의 구조적 원인에 대한 진단을 오도할 위험이 있다. 표1은 1980년대에 개선 추세를 보이던 여러 가지 분배 지표가 1990년대 초부터 악화하기 시작하는 것을 보여주고 있다.

고도성장기 종언의 징후는 1980년대에 비해 1990년대 전반기의 잠재성장률과 자본생산성이 급격하게 하락한 데서 확인할 수 있다. 잠재성장률 하락의 기본적인 원인은 경제발전의 자연적 귀결로서 나타난 몇 가지 현상이었다. 인구증가율이 하락하고 노동시간이 단축되면서 노동투입량의 증가율이 하락하기 시작했고, 산업화가 어느 정도 마무리되면서 선진국 기술 따라잡기에 입각한 후발국의 이익이 상당 부분 소진되었으며, 자본축적이 진행될수록 추가적인 자본투자에 대한 수확체감의 법칙이 작용하여 투자의 성장기여도가 점차 하락하였다. 나아가 이 시기에는 정치 민주화로 인하여 과거 자본축적 극대화에 입각한 고도성장을 뒷받침해주던 보완적 메커니즘이 무너지게 되었다. 자본축적 극대화는 노동탄압과 저임금

연도	지니계수	ER지수	임금지니	분위수배율(P9/1)
1982	0.3091834	0.020175		
1983	0.3094403	0.0199595		
1984	0.3110718	0.0202836		
1985	0.3114477	0.0202555	0.342	4.60
1986	0.3068946	0.0200505	0.335	4.42
1987	0.306462	0.0200332	0.330	4.29
1988	0.3021622	0.0195617	0.321	4.22
1989	0.3039297	0.0195666	0.306	4.04
1990	0.2948364	0.0190577	0.301	3.96
1991	0.2870344	0.0185794	0.296	3.91
1992	0.2836306	0.0185334	0.281	3.66
1993	0.2812496	0.0183563	0.282	3.78
1994	0.2844779	0.0185486	0.272	3.64
1995	0.2837291	0.0185809	0.273	3.67
1996	0.2907491	0.0191925	0.281	3.78
1997	0.2829933	0.0188109	0.277	3.74
1998	0.3156828	0.0210933	0.282	3.83
1999	0.3204226	0.0212075	0.286	3.86
2000	0.3169208	0.0207346	0.299	4.08
2001	0.3194654	0.0208794	0.300	4.10
2002	0.3119923	0.0204586	0.303	4.24
2003	0.305697	0.0206738	0.311	4.35
2004	0.3095864	0.0212116	0.314	4.38
2005	0.3104795	0.0211838		

출처 : 2006 KLI노동통계, 노동부

에 기초해 있었다. 그런데 노동조합이 강화되고 실질임금이 급격히 상승하면서 이윤율이 하락하였다. 또한 과거에는 급속한 투자확대에 따른 부채경영의 결과 주기적으로 금융위기가 발생할 때마다 정부의 개입으로 기업을 살렸으나, 이러한 위기해결 방식은 민주화 이후 활용이 어렵게 되었다. 이것이 결국 1997년 아시아 금융위기 당시 한국 경제가 이를 피하지 못하고 위기에 빠진 배경이다.

고도성장기의 종언과 더불어 분배구조에 변화가 발생했다. 동반성장이 끝나고 양극화 시대가 도래한 것이다. 이는 두 가지 핵심적인 구조적 변화에 기인한다. 첫째는 성장과 고용 간의 관계가 변한 것이다. 제조업 부문의 고용비중이 감소하기 시작하고 성장의 고용탄성치가 현저하게 하락하는 등 과거 핵심적인 분배의 메커니즘이었던 고용창출에 문제가 발생했다. 제조업의 고용비중이 감소하는 것은 경제발전 단계가 고도화되면 나타나는 탈산업화(de-industrialization) 현상이지만 한국의 경우에는 선진국들과는 달리 제조업의 생산비중은 줄어들지 않으면서 고용비중만 급격히 감소했다. 1980년대 후반 '3저 호황' 시기에 노동시장은 완전고용에 가까운 포화상태에 이르고 민주화에 따른 노동조합운동의 활성화로 실질임금이 급상승하고 노사 갈등이 증대함에 따라 대기업들이 자동화 설비에 과도하게 투자하거나 아웃소싱(outsourcing)을 확대하는 등 고용회피 전략을 구사한 탓이다. 대기업들의 고용회피 전략은 다른 한편 비정규직 고용의 증대를 불러왔다.

또 다른 구조변화는 재벌대기업들에 의한 시장지배력 강화다. 재벌에 의한 경제력 집중과 시장왜곡이 심화되어 고용의 절대다수를 감당하고 있는 중소기업 부문이 갈수록 피폐화됨으로써 기업의 양극화가 심화되고, 이것이 소득의 양극화로 이어지고 있는 것이다.

1980년대 후반부터 재벌에 의한 경제력 집중이 강화된 배경으로는
1980년대 초중반에 추진된 금융자유화 정책에 따른 재벌들의 제2
금융권 진출, ‘3저 호황’ 기의 중화학공업 수출증대에 따른 이익 증
가, 그리고 1990년대에 들어서 본격적으로 정책금융과 산업정책을
폐기하는 등 시장자유화 정책이 추진된 것을 들 수 있다. 시장자유
화로 과거의 통제는 사라지는데, 이미 시장에서 지배적 위치를 구
축한 재벌들에 대한 시장규율은 제대로 부여되지 않았기 때문에 이
들의 문어발식 확장과 규모확대 경쟁에 고삐가 풀린 것이다. 이로
인한 과잉투자와 부실이 외환위기의 중요한 배경이 되었다.

　1997년에 발생한 외환위기는 양극화 문제를 심화시켜 한국 경제
최대의 문제로 부각시키는 계기가 되었다. 당시에 인력조정 위주의
구조조정이 이루어지면서 금융권, 재벌기업, 공공 부문 등 소위 ‘좋
은 일자리’들이 대거 없어졌고, 예기치 않은 조기 퇴직자들이 생계
대책으로 창업에 나서면서 자영업이 급팽창하게 되었다. 자영업 부
문의 과당경쟁으로 영세 자영업자들이 빈곤화되었고, 대기업의 고
용이 감소하는 가운데 비정규직이 급격히 늘어나는 고용구조의 악
화가 진행되었다. 또한 정규직과 비정규직 사이의 임금격차는 확대
되어 갔다. 재벌의 경제력 집중 문제도 악화되었다. 위기 이후에 구
조조정을 거치면서 일시적으로 경제력 집중이 약화되었지만 다시
개혁이 후퇴하면서 경제력 집중이 재가동 되었다. 특히 이명박 정
부 아래서는 친기업정책, 규제완화의 바람을 타고 경제력 집중이
가속화되었다.

7. 성장과 분배의 선순환 구조 창출을 위한 전략

성장 친화적 재분배와 분배 친화적 성장

성장과 분배의 선순환 구조를 만들기 위해서는 성장 친화적 재분배 전략과 분배 친화적 성장 전략이 함께 추진되어야 한다. 이 둘이 맞물려 돌아갈 때 선순환 구조는 완성된다.

성장 친화적 재분배란 성장에 도움을 주거나 적어도 장애를 주지 않는 재분배를 말한다. 분배 친화적 성장은 성장과정에서 불평등이 감소하는 유형의 성장을 말한다. 분배 친화적 성장을 하면 분배는 점차 개선될 것이다. 이는 재분배와는 달리 시장소득 분배 자체를 개선하는 것이다. 따라서 분배 친화적 성장 전략은 재분배 전략에 비해 더욱 효율적이고 효과적일 수 있다. 그러나 정의가 우선이냐 복지가 우선이냐 하는 논쟁과 관련해서 보았던 것처럼, 일반적으로 분배 친화적 성장은 재분배에 비해 정책의 효과가 나타나는 데 훨씬 많은 시간이 소요되고 정책효과를 장담하기도 더욱 어렵다. 따라서 성장 친화적 재분배 전략과 분배 친화적 성장 전략을 동시에 추진하면서 이 둘이 상승작용을 일으키도록 하는 것이 바람직하다.

앞서 검토한 분배가 성장에 미치는 영향에 관한 다양한 이론들은 역사적 초기 조건으로서의 불평등의 효과를 논하는 것이어서 직접적인 정책적 함의를 가지는 것은 아니다. 물론 자산의 재분배를 통해서 초기 조건을 변경시키는 것도 가능하지만 급격한 자산재분배는 특수한 정치적 상황이 아니고서는 시행하기 어려운 정책이다. 분배의 개선을 위해 소득재분배 정책을 사용하는 경우에는 위에서 검토한 여러 이론들이 그대로 적용되지는 않는다. 하지만 몇몇 이론들은 재분배에 의한 불평등의 축소에 관해서도 뚜렷한 함의를 가지고 있다. 특히 인적자본 투자와 유효수요 이론이 여기에 해당한다. 소득재분배 혹은 복지정책은 건강과 교육수준 및 직업훈련의 향상 등 인적자본의 질을 높여서 생산성을 증가시키는 효과를 나타낼 수 있다. 예를 들어 미국의 경우 계층 간 학자금 이용 가능성을 완전히 평등하게 할 경우 장기균형 GDP 수준이 3.2% 증가할 것으로 추정되기도 했으며(Fernandez and Rogerson, 1998), GDP의 6%를 재분배(상위 30% 소득계층이 하위 70% 계층을 지원하는 방식)에 사용할 경우 주로 하위계층의 인적자본 투자의 증가에 힘입어 미국의 장기 경제 성장률이 0.5% 포인트 상승할 것이라는 추정도 제시된 바 있다(Benabou, 2002). 소득재분배는 또한 내수를 진작하여 경기를 부양하는 효과도 가질 수 있다. 추가적으로 소득재분배가 삶의 안정성을 확보해줌으로써 원만한 구조조정을 가능하게 하는 효과도 기대할 수 있다.

하지만 재분배 정책이 성장에 긍정적인 영향만을 미치는 것은 아니다. 오히려 전통적인 경제이론에서는 부정적인 영향을 강조한다. 고소득자에게 세금을 많이 걷어서 저소득층에게 혜택을 주게 되면 노력과 보상 간의 관계가 약화되는 만큼 근로의욕 저하 혹은 노동공급의 축소를 초래할 수 있다. 소위 '복지병'의 문제이다. 사회주의식으로 무조건 동일한 배급을 받는다면 열심히 일을 할 유인이 사라지고 효율성이 크게 저하될 것은 명백하다. 또한 재분배가 복지 서비스 혜택으로 이루어질 때 과소비를 유도하여 자원을 낭비할 수도 있다. 예를 들어 무상의료가 과도한 의료소비를 부추길 수 있다는 것이다. 이렇게 소득재분배가 유인체계를 왜곡함으로써 발생하는 비효율성은 구체적인 제도의 설계에 따라 그 크기가 결정된다.

세금을 걷을 때도 소득세냐, 재산세냐, 소비세냐에 따라 경제적 효과가 달라지고, 지출을 할 때도 근로유인을 유지하고 과소비를 막기 위한 제도적 장치의 존재 여부에 따라 결과가 달라진다.

따라서 경제에 대한 재분배의 총체적인 효과는 구체적인 재분배 제도를 하나하나 뜯어보아야 알 수 있는 문제이다. 최종결과는 얼마나 효율적인 제도를 설계하느냐에 달려 있다. 재분배가 활발하게 이루어지는 선진복지국가들의 경우 재분배의 성장촉진 효과는 확대하고 부정적 효과는 최소화하는 방향으로 제도가 설계되기 때문에 재분배가 전반적으로 경제 성장을 해치지 않은 것으로 평가된다(Lindert, 2004). 일부 연구에 따르면 재분배 정책이 경제 성장에 오히려 도움이 된다고 평가한다(Easterly and Rebelo, 1993; Perotti, 1996). 이들은 한계 및 평균세율, 다양한 사회보장 지출 등 재분배 정책 지표들과 경제 성장률 간에 양의 상관관계가 존재함을 보여주고 있다. 이러한 연구결과들은 적어도 현명한 제도 설계에 입각한 적절한 재분배 정책을 통해 경제 성장을 촉진할 수 있는 가능성을 보여준다.

한편 분배 친화적 성장을 가능하게 하는 가장 유력한 방법은 성장의 고용탄성치를 제고하는 것이다. 노동시장이 완전고용에 가까이 갈수록 임금소득이 증가하고 임금분포도 평등화되는 경향이 있음은 잘 알려진 사실이다. 이외에도 분배 친화적 성장을 가능케 하려면 대기업과 중소기업의 가치공유에 입각한 동반성장 체제를 확립하고, 지역균형 발전이 이루어져야 한다.

아래에서는 한국 경제에 있어서 성장과 분배의 선순환 구조를 확립하기 위한 성장 친화적 재분배 전략으로서 인적자본 투자 전략과 내수확대 전략, 그리고 분배 친화적 성장 전략으로서 고용창출형 성장 전략, 대-중소기업 동반성장 전략, 지역균형발전 전략 등 5대 전략을 제시하고자 한다.

선순환 5대 전략

▶ 인적자본 투자 전략

보육지원의 확대, 특히 믿고 맡길 수 있는 공공 보육시설의 확충은 인생의 출발 시점에서 인적자본 투자를 보다 평등하게 하는 데 기여할 것이며, 특히 출산율 제고를 위해서 필수적이다. 교육과 관련해서는 사교육비 문제, 대학등록금 문제 등으로 나타나는 교육기회 평등의 문제를 해결하는 것이 중요하며, 아울러 성적 위주의 주입식 교육은 문제해결 능력과 창의력을 기르는 고급교육으로 전환하는 것도 필요하다. 보건의료와 관련해서는 보건소의 확충 등에 의한 예방의학의 확대와 건강보험의 보장성 증대가 열쇠이다. 이러한 정책들에 관해서는 해당 분야의 전문가들에 의해 활발한 논의가 이루어지고 있으므로 이 글에서 더 자세한 논의는 생략하기로 한다.

재분배나 복지정책을 논의하면서 자주 언급되지 않지만 중요한 것이 직업능력개발 혹은 인적자원개발 정책이다. 이와 관련해서 국가책임하에 누구나 자신의 적성에 맞는 분야에서 전문직업교육을 받을 수 있도록 하고, 평생교육체제를 갖출 필요가 있다. 특별히 주안점을 두어야 할 분야들은 다음과 같다. 첫째, 고숙련 인력과 보완적인 관계를 가지면서 점진적 혁신 과정에서 핵심적인 역할을 하는 중간숙련 인력의 양성을 위해 실업교육의 개혁과 현장훈련 강화를 추진한다. 둘째, 직업능력개발의 주도권을 기업이나 정부보다는 개인이 가지도록 평생학습권을 법적인 권리로 보장하고 동시에 비정규직, 자영업자, 미취업주부 및 청년층과 같은 고용보험 사업 범위 밖에 있는 계층에 대해서는 일반회계에서 직업능력개발을 지원하여 비정규직 친화적인 전달체계를 구축한다. 셋째, 노동시장 신규 진입자 - 재직근로자 - 이직예정자 - 실직자 등의 근로생애 단계별 학습체계를 구축하여 개인의 고용 가능성과 기업의 경쟁력 강화를 확보할 수 있도록 한다. 넷째, 국가자격제도의 개편을 통해 학위와 자격의 연계시스템을 구축하는 등 학교와 직장을 연계하는 직업능력개발 정책을 추진하여 직무-숙련-능력 단위 노동시장의 확대에 기여한다.

이러한 정책을 추진함에 있어서 적절한 제도적 인프라를 확충해야 하는데, 기본적으로 공공 부문의 역할과 책임을 강화해야 한다. 즉, 교육훈련 서비스를 민간에게 위탁하는 방식보다는 공공 훈련기관이 더 적극적으로 수요자인 기업과 개인의 요구를 반영하는 방식으로 개편하는 등 정부가 스스로 책임질 수 있는 부문은 책임져주면서 훈련서비스의 기준과 질을 제고해야 한다. 업종별 숙련협의회 (Sector Council)와 같은 방식으로 직업능력개발을 위하여 산업·지역별로 초기업적인 동반관계 체제를 구축하는 것도 바람직하다.

▶ 내수확대 전략

소득재분배는 소비 성향이 낮은 계층에서 소비 성향이 높은 계층으로 소득을 이전함으로써 전체적인 소비수요를 증대시키는 효과를 갖는다. 나아가 저소득층은 고소득층이 즐기는 국외 소비나 값비싼 외제물품 소비를 하지 않기 때문에 내수진작 효과가 추가적으로 발생한다.

재분배의 내수확대 효과를 제대로 실현하기 위해서는 다른 정책들이 일관성을 유지할 필요가 있다. 예를 들어 수출산업을 위해 인위적인 고환율 정책을 실시한다면 이로 인한 내수위축 효과 때문에 재분배의 내수확대 효과는 상쇄되어버릴 것이다. 마찬가지로 경기부양을 위한 유효수요 확대 정책을 펼칠 때에도 재정투입 대비 내수확대 효과가 극대화되는 방식으로 할 필요가 있다. 감세보다 재정지출이 효과적이고, 감세도 부유층 감세보다 서민층 감세가 효과적이며, 재정지출도 토건사업위주로 하면 경기부양 효과가 제한적이라는 점들을 유의해야 할 것이다.

▶고용창출형 성장 전략

첫째, 정부의 모든 정책에 대해서 고용영향평가를 실시하고, 모든 정책이 최대한 고용 친화적으로 되도록 고용을 국정의 최우선 순위로 삼아야 한다. 이와 관련해서 가장 중요한 것은 재정이다. 먼저 고용 친화적 세제개혁이 필요하다. 매년 투자세액공제로 수조 원이 지출되고 있으나 고용에 대한 세제 지원은 미미한 수준에 그치고 있어서 사실상 기업이 자동화 설비에 투자해서 고용을 줄이는 것에 대해 막대한 재정지원을 하고 있는 형국이다. 따라서 투자세액공제를 고용세액 공제로 전환하는 등 세제의 개혁이 필요하다. 재정지출에서도 고용효과를 중요하게 고려해야 한다. 특히 고용창출이 미미한 대형토목 사업을 대폭 축소하는 대신 고용유발계수가 높은 소규모 건설투자를 확대하는 것이 바람직하다. 예를 들면 이중창 및 조명, 노후 수도관 교체 등 절전과 절수를 위한 시설개선 투자, 식품안전 관리, 석면제거, 방재시설 등 안전과 건강증진을 위한 투자, 서민주거지역 환경개선 사업 등을 우선 고려할 수 있을 것이다.

둘째, 중소·벤처기업의 활성화는 고용창출형 성장을 위한 핵심적 전략이다. 대기업은 글로벌 경영체제로 전환해 국내에서 고용을 줄이고 있는 실정임으로 대기업 위주의 성장은 '고용 없는 성장'으로 나타나고 있기 때문이다. 양질의 일자리를 많이 창출하기 위해서는 중소·벤처기업이 활성화되지 않으면 안 된다. 중소·벤처기업 육성을 시장원리에 보다 부합하는 방향으로, 시혜성 지원보다는 경쟁력을 강화하는 방향으로 개혁해야 한다. 대기업-중소기업 간 동반성장 관계의 구축도 중요한데 이는 아래에서 따로 논의할 것이다.

셋째, 사회·공공서비스 분야의 고용을 공공 부문 주도로 확대하는 전략이 요구된다. 제조업의 생산성 증가에 따른 고용감소는 불가피하므로 서비스 부문의 고용창출이 절대적으로 필요하다. 그런데 서비스 부문에서 괜찮은 일자리들을 충분히 만들지 못하면 저생산-저임금 일자리만 확대된다. OECD국가들 중 압도적으로 사회·공공서비스 부문의 고용비중이 낮은 우리 현실을 감안하면 이를 높이는 것은 대단히 유효한 고용창출 전략이 될 수 있다.[8] 이는 시장의 실패에 대한 정부의 적극적 대응이라는 관점에서 공공 부문 주도로 추진하는 것이 바람직하다. 특히 '사회적 일자리'와 같은 저임금 노동이 아닌 임금이나 안정성 면에서 괜찮은 일자리가 되어야 한다. 현 정부도 간병, 돌봄, 보육, 장기요양, 지역사회 서비스 등 사회서비스 일자리창출 방안을 발표했지만 민간주도 육성 방안이어서 고용창출의 양이나 질에 대한 보장이 없다.

넷째, 지식경제 고도화 전략 없이는 중장기적으로 경제가 지속적으로 성장할 수 없으며 따라서 괜찮은 일자리창출이 불가능하다.

---

8) 예를 들어, 보건복지 분야의 고용비중을 보면 스웨덴은 16%나 되는 데 반해 한국은 겨우 3.2%에 불과하다.

중장기적으로 경제가 지속적으로 성장하기 위해서는 지식자본과 인적자본의 향상에 의한 생산성 향상이 주된 성장동력이 되어야 한다. 교육에 대한 투자 확대와 획기적인 교육 개혁이 요구되며, 국가 혁신 시스템도 대학 개혁을 중심으로 재설계해야 한다. 모든 일자리를 최대한 지적 콘텐츠가 많이 들어가는 일자리로 만들기 위해 노력해야 한다.

다섯째, 성장의 고용탄성치를 높이기 위한 중장기적 정책이 필요하다. 그 하나는 노사관계의 개선이다. 적대적 노사관계는 기업들로 하여금 과도한 자동화 투자와 아웃소싱으로 가급적 고용을 최소화하려는 인센티브가 되고 있다. 따라서 고용창출을 위해서라도 투명경영과 상호존중의 바탕 위에서 노사가 신뢰를 쌓고 협력적 관계를 발전시켜야 한다. 아울러 점진적인 노동시간 단축도 필요하다. 지속적 기술발전과 생산성 향상은 일자리 감소를 가져오는 경향이 있어서 근로시간 단축을 통한 일자리 나누기가 요구된다. 그런데 우리나라의 연평균 노동시간은 OECD국가들 중 압도적인 1위를 차지할 정도로 길다. 삶의 질 향상을 위해서도, 고용증대를 위해서도 노동시간 단축은 긴요하다.

마지막으로, 고용의 양뿐 아니라 고용의 질을 제고하는 것도 중요하다. 비정규직 문제, 근로빈곤층 문제, 노동시장 양극화 문제가 심각하기 때문이다. 저임금 일자리를 양산하는 것은 경제의 미래를 위해서도 바람직하지 않다. 값싼 노동은 저생산성을 초래하기 때문이다. 최저임금의 인상과 비정규직 사용사유 제한, 차별철폐 및 보호강화 등이 요구된다.

분배 친화적 성장을 실현하기 위해서는 대기업과 중소기업 간의 동반성장이 필수적인 요소다. 역대정부가 중소기업 지원정책을 펼치고, 특히 참여정부와 현 정부는 상생정책을 펼치고 있지만 현실은 개선되기는커녕 날로 악화되어 가고 있다. 대기업과 중소기업 간의 생산성 격차와 임금격차가 날로 확대되고 있다. 새로운 접근법이 요구된다.

정부가 대기업들에게 상생협력을 아무리 얘기해도 큰 효과는 없다. 무슨 협약을 체결하고 상생협력을 선포해도 마찬가지다. 대-중소기업 간의 관계를 착취적 관계에서 동반성장 관계로 바꾸려면 철저한 재벌개혁이 먼저 이루어져야 하고 또한 중소기업의 협상력을 제고하지 않으면 안 된다. 재벌에 의한 경제력 집중을 막기 위한 대책 없이 대증적인 요법으로 동반성장이 이루어지기는 어렵다. 재벌소유지배구조의 개혁을 위해서 순환출자의 해소와 출자총액제한 제도의 부분적인 부활이 필요하고, 지주회사에 대한 지나친 규제완화도 교정해야 한다. 또한 '일감 몰아주기'를 비롯한 부당내부거래를 근절하기 위한 강력한 정책이 요구된다.

중소기업의 협상력 제고를 위해 가장 중요한 것은 곧 중소기업들이 단합하여 대기업과 협상하는 것이다. 협동조합이나 수급기업협의회 등에 분쟁조정 협의권이 주어져야 한다.[9] 하도급 거래 불공정 행위에 대한 징벌적 손해배상이나 하도급법 위반 업체에 대한 정부 조달계약에의 참여 제한 등의 조치도 중소기업의 협상력 제고에 도움이 될 것이다. 중소기업 적합 업종을 지정하고 이를 법으로 강제하는 것도 필요하고, 중소상인 보호를 위해 대규모 유통업체에 대

---

[9] 기존의 입법화된 분쟁조정 신청권은 실효성이 없음이 드러났다.

한 규제를 강화할 필요도 있다.

이러한 정책들은 중소기업의 경쟁력 강화 전략과 함께 추진되어야 한다. 중소기업의 역량을 강화하기 위해서는 당장 다급한 자금이나 인력을 지원하는 미봉책이 아니라 경영능력, 기술혁신 역량, 디자인과 마케팅 능력 등 근본적인 경쟁력 향상을 위한 프로그램이 필요하다. 이를 위해서는 중소기업들의 사업조합을 활성화하는 것이 매우 중요한 과제이다. 또한 지역혁신 시스템이 효과적으로 작동하도록 정비해야 할 것이고, 금융시스템을 개선하여 중소기업의 신용 접근이 용이해지도록 해야 한다. 또한 중소기업의 노동자들에게도 평생학습의 기회가 체계적으로 보장되도록 하는 것도 중요하다.

▶ **지역균형발전 전략**

수도권 집중으로 인한 국가경제의 기형적 발전을 해결하는 것도 성장과 분배의 선순환 구조를 위해서 중요하다. 지역의 잠재력을 극대화하는 방향으로 균형발전 정책을 설계하면 이것이 곧 하나의 분배 친화적 성장 전략이 될 수 있다. 실효성 있는 지역균형발전을 위해서는 각 지역의 여건을 반영하여 가장 경쟁력 있는 분야에 특화해야 하며, 중앙정부는 낙후지역에 대한 과감한 투자 인센티브를 제공하고, 지방정부는 이와 함께 지역의 자원을 동원하여 민간투자를 유치해야 할 것이다. 여기서 주의할 것은 중앙정부는 인센티브만 제공하고 지방정부와 민간기업의 투자가 이루어지도록 해야 한다는 것이다. 중앙정부가 전적으로 재정투입을 하는 사업은 지방 입장에서는 소위 '눈먼 돈'으로 여겨져서 사업의 경제성이나 환경영향 등이 고려되지 않고 무조건 유치경쟁이 일어나고 사업추진에 대한 정치적 압력이 형성됨으로써 부작용이 심각하기 때문이다.

지역균형발전을 위해 반드시 필요한 것이 지방 대학 발전이다. 지방 국립대학을 해당지역 출신에게는 무상으로 함과 아울러 과감한 재정지원으로 대학 경쟁력을 높여야 한다.[10] 각 지방의 특화산업과 연계된 학문 분야를 집중 육성하는 특성화 전략도 필요하다. 그리고 공무원을 포함한 공공 부문 채용에 지역할당제를 전면적으로 반영함으로써 지방의 인재들이 지방 대학에 진학할 강력한 유인을 제공해야 한다.

지방의 발전을 위해서는 중앙만 쳐다보는 것이 아니라 지방 스스로 기획하고 추진할 수 있는 역량을 키우도록 해야 한다. 지방 대학 발전이 도움이 될 것이다. 그러나 인재를 지방에 머물도록 하고, 지방의 역량을 강화하려면 반드시 지방분권이 획기적으로 이루어져야 한다. 지방의 재정 문제를 해결해야 하고, 교육자치를 강화하며, 사법자치까지 지방자치를 확대 실시해야 한다.

맺음말

양극화의 문제, 분배의 문제는 오랫동안 우리나라의 핵심적인 문제로 논의되어 왔다. 그러나 적절한 정책대응은 이루어지지 못했고, 상황은 악화일로를 걸어왔다. 여기에는 여러 가지 까닭이 있지만 성장과 분배에 관한 이분법적 논리가 횡행한 것이 한 몫 단단히 한 것으로 보인다. 성장과 분배는 어느 하나를 위해서는 다른 하나가

---

10) 박원순 서울시장이 서울시립대학 등록금을 반값으로 인하하는 정책을 발표하자 일각에서는 시립대학 학생의 다수가 지방출신인데 서울시 재정으로 등록금을 보조하는 것이 타당한지 문제를 제기한바 있다. 이러한 논란을 피하기 위해서라도 지역출신 학생에 대한 우대정책이 필요할 것이다.

희생되어야 하는 상충관계에 있는 것으로 파악하고, 성장과 분배 사이에서 양자택일을 강요하는 관점이 바로 그것이다. 이러한 논리는 대체로 성장우선론 혹은 선 성장 후 분배론으로 이어지게 마련이다.

그러나 위에서 살펴본 바에 의하면 성장과 분배의 관계는 이론적으로나 경험적으로나 그렇게 단순한 것이 아니고 경우에 따라 다르게 나타난다. 특히 분배가 평등할수록 성장에도 도움이 되는 다양한 경로가 존재하고, 경험적 증거를 보더라도 이러한 가능성은 충분히 입증된다. 문제는 어떠한 정책을 통해서 분배를 개선할 것인가이며, 정책을 설계하는 데 있어서 이러한 선순환 경로를 최대한 활용하는 것이 중요하다. 분배를 개선하는 방법에는 재분배를 활용하는 방법도 있고, 시장을 보다 공정하게 만드는 구조개혁의 방법도 있다.

소득재분배가 인적자본의 질을 높여 생산성 증가에 도움을 줄 수 있다는 점, 내수를 진작하여 경기를 부양하는 효과를 가질 수 있다는 점, 그리고 삶의 안정성을 확보해줌으로써 위험을 감수하는 기업가정신을 북돋울 수 있다는 점 등은 성장 친화적인 재분배를 이룩하기 위한 중요한 선순환 경로이다. 다만, 전통적인 경제이론에서 지적하다시피 소득재분배가 유인체계를 왜곡함으로써 오히려 성장을 저해하는 비효율이 발생할 가능성은 경계하고 조심해야 할 것이다. 즉 재분배의 성장촉진 효과를 확대하고 부정적 효과를 최소화하는 현명한 제도설계가 요구된다. 이와 함께 성장과정에서 불평등을 감소시키는 분배 친화적인 성장 전략을 구사해야 한다. 이는 재분배 전략보다 시간이 더 소요되는 것이기는 하지만 장기적으로는 더 효과적일 수 있다.

이 글에서 성장 친화적 재분배 전략으로서 인적자본 투자 전략과 내수확대 전략, 그리고 분배 친화적 성장 전략으로서 고용창출형 성장 전략, 대-중소기업 동반성장 전략, 지역균형발전 전략 등 한국 경제에 있어서 성장과 분배의 선순환 구조를 확립하기 위한 5대 전략을 제시하였다. 향후의 연구와 논의를 통하여 각각의 전략이 보다 정치한 정책들로 뒷받침되고, 그리하여 한국 경제에 새로운 돌파구를 열어나가는 데 보탬이 되기를 바랄 따름이다.

■ 참고문헌

김대호. 2010. "장하준·정승일의 착각 또는 헛발질", 프레시안 11.19 기사.

김원섭. 2011. "박근혜의 '한국형 복지' − 사회보장기본법개정안 검토", 정책포럼 더불어 삶 발표문.

김연명. 2011. "한국복지국가의 진로와 과제", 『계간 광장』 제10호.

유종일. 2006. "경제구조 개혁론: 양극화 극복을 위한 정책 방향", 『신 진 보 리포트』, 봄호.

최태욱 편. 2011. 『자유주의는 진보적일 수 있는가』, 후마니타스.

Aghion, P. and P. Bolton. 1997. "A Theory of Trickle-Down Growth and Development," *Review of Economic Studies* 64, 151-172.

Alesina, A. and R. Perotti. 1996. "Income Distribution, Political Instability and Investment," *European Economic Review* 40, 1202-29.

Alesina, A. and D. Rodrick. 1994. "Redistributive Politics and

Economic Growth," *Quarterly Journal of Economics,* 109, 465-490.

Atkinson, Anthony, Thomas Piketty and Emmanuel Saez. 2011. "Top Incomes in the Long Run of History," *Journal of Economic Literature,* vol. 49, no. 1, 3-71.

Banerjee, A. V. and A. F. Newman. 1993. "Occupational Choice and the Process of Development," *Journal of Political Economy* 101, 274-298.

Benabou, R. 2002. "Tax and Education Policy in a Heterogenous Agent Economy," *Econometrica* 70, 96-129.

Bruno, M. and J. Sachs. 1985. *Economics of Worldwide Stagflation,* Cambridge: Harvard University Press.

Clarke, G. R. G. 1995. "More Evidence on Income Distribution and Growth," *Journal of Development Economics* 47, 403-427.

Dworkin, Ronald. 1977. *Taking Rights Seriously,* Cambridge, MA: Harvard University Press.

Easterlin, Richard A. 1974. "Does Economic Growth Improve the Human Lot?" in Paul A. David and Melvin W. Reder, eds., *Nations and Households in Economic Growth: Essays in Honor of Moses Abramovitz,* New York: Academic Press, Inc.

Easterly, W. and S. Rebelo. 1993. "Fiscal Policy and Economic Growth: An Empirical Investigation," *Journal of Monetary Economics* 32, 417-458.

Ferguson, Thomas. 2011. "Legislators Never Bowl Alone: Big Money, Mass Media, and the Polarization of Congress," Paper presented at INET Conference.

Fernandez, R. and R. Rogerson. 1998. "Public Education and the Dynamics of Income Distribution: A Quantitative Evaluation of Education Finance Reform," *American Economic Review* 88, 813-833.

Fields, Gary. 2001. *Distribution and Development, A New Look at the Developing World.* Russel Sage Foundation, New York.

Frey, Bruno and Alois Stutzer. 2002. *Happiness and Economics*, Princeton University Press.

Galor, O. and O. Moav. 2003. "Das Human Kapital: A Theory of the Demise of the Class Structure," *mimeo*

Galor, O. and J. Zeira. 1993. "Income Distribution and Macroeconomics," *Review of Economic Studies* 60, 35-52.

Hall, Peter A. and David Soskice. 2001. *Vareities of Capitalism: The Institutional Foundations of Competitive Advantage*. Oxford University Press.

Johnson, Simon. 2009. "The Quiet Coup." *The Atlantic*. May.

Kaldor, N. 1957. "A Model of Economic Growth," *Economic Journal* vol. 67.

Keynes, John Maynard. 1995. *The Economic Consequences of the Peace*, Penguin Books.

Krugman, Paul. 2007. *The Conscience of a Liberal*. Norton.

Kumhof, Michael and Romain Rancière. 2010. "Inequality, Leverage and Crises," IMF Working Paper WP/10/268.

Kuznets, Simon. 1965. *Economic Growth and Structure: Selected Essays*. New York: Norton.

Layard, Richard. 2005. *Happiness*, London: Allen Lane.

Lindert, Peter. 2004. *Growing Public*, Cambridge University Press.

Marglin, Steven and Amit Bhaduri. 1990. "Profit Squeeze and Keynesian Theory," in S. Marglin and J. Schor eds. *The Golden Age of Capitalism*, Oxford: Clarendon Press.

Marglin, Steven and Juliet Schor eds. 1990. *The Golden Age of Capitalism*, Oxford: Clarendon Press.

Noah, Timothy. 2010. "The United States of Inequality." *Slate*. Sep. 14.

Pasinetti, L. 1962. "Rate of Profit and Income Distribution in Relation to the Rate of Economic Growth," *Review of Economic Studies*, vol. 96.

Perotti, R. 1996. "Growth, Income Distribution, and Democracy: What the Data Say," *Journal of Economic Growth* 1, 149-187.

Persson, T. and G. Tabellini. 1994. "Is Inequality Harmful for Growth?," *American Economic Review,* 84, 600-621.

Ranis, Gustav. 1977. "Development and the Distribution of Income: Some Counter-evidence," *Challenge*, September-October.

Rawls, John. 1971. *A Theory of Justice*, Cambridge, MA: Belknap Press.

Reich, Robert B. 2007. *Supercapitalism: The Transformation of Business, Democracy, and Everyday Life*. N.Y.: Alfred A. Knopf.

Ros, Jaime. 1989. "On Inertia, Social Conflict, and the Structural Analysis of Inflation," working paper 128, Kellogg Institute, University of Notre Dame.

Rowthorn, Bob. 1977. "Conflict, Inflation and Money," *Cambridge Journal of Economics*, vol. 1, no. 3.

Sachs, Jeffrey D. 1989. "Social Conflict and Populist Policies in Latin America," NBER Working Paper No. 2897

Scott, Bruce. 2001. "The Great Divide in the Global Village," *Foreign Affairs*, January/February, pp. 160-77.

Sen, Amartya. 2009. *The Idea of Justice*, Harvard University Press.

Solow, Robert. 1956. "A Contribution to the Theory of Economic Growth," *Quarterly Journal of Economics*, vol. 70, no. 1.

Solt, Frederik. 2008. "Economic Inequality and Democratic Political Engagement." *American Journal of Political Science*, Vol. 52 No. 1.

Sokoloff, Kenneth L. and Stanley L. Engerman. 2000. "History Lessons: Institutions, Factor Endowments, and Paths of Development in the New World," *Journal of Economic Perspectives,* vol. 14, no. 3.

Steindl, J. 1952. *Maturity and Stagnation in American Capitalism*, Oxford: Blackwell.

Wilkinson, Richard and Kate Pickett. 2010. *The Spirit Level: Why Greater Equality Makes Societies Stronger*, New York:

Bloomsbury Press.
You, Jong-Il. 1994. "Macroeconomic Structure, Endogenous Technical Change and Growth," *Cambridge Journal of Economics*, vol. 18, no. 2.

노무현 정부의 동반성장론을 어떻게 볼까

_이정우

1. 서론

노무현 정부 5년 내내 고요한 호수에 돌을 던지는 사람들이 많았다. 다름 아니라 성장이냐 분배냐 하는 논쟁이다. 이 논쟁은 학문적 논쟁이라기보다는 보수 측으로부터의 일방적 공격이었고, 그 공격도 이론이나 깊이 있는 연구에 바탕을 두고 객관적으로 이루어졌다기보다는 신문 사설이나 칼럼 등 가벼운 글의 형태를 띠고 나타났다. 강펀치라는 정공법이 아니고 끊임없이 여기저기 잽을 날리는 식이었다. '낙숫물이 바위를 뚫는다' 는 말이나 '가랑비에 옷 젖는 줄 모른다' 는 말이 노무현 정부에 딱 들어맞는 말이다. 노무현 정부는 쉴 새 없이 쏟아지는 잽에 적지 않은 타격을 받았다. 지금도 그런 공격을 참이라 믿고 노무현 정부가 뭔가 크게 잘못한 것으로 알고 있는 사람들이 많으니 잽의 위력에 놀라지 않을 수 없다.

노무현 정부가 들어서기 전 역대정부의 경제철학의 공통점을 들자면 성장만능주의라고 부를 수 있을 것이다. 이는 1960년대 경제개발 5개년 계획과 더불어 이 땅에 자리를 잡기 시작했다고 본다면 반세기 가까운 역사를 가지고 있다. 이 철학은 박정희부터 김영삼까지의 보수정권뿐만 아니라 최초의 진보개혁 정권으로 불린 국민의 정부에서도 공통적으로 채택된 사상이다. 이 사상의 역사가 워낙 길다 보니 우리 국민은 부지불식간에 이 사상에 깊이 빠져 있으며 엄청나게 광범위한 지지층을 갖고 있다.

얼핏 보면 경제 성장은 좋은 것이고, 경제 성장해서 뭐 나쁠 게 있느냐 싶은 생각이 들기도 한다. 박정희 정권 시절부터 정부는 '선 성장 후 분배', 즉 먼저 성장한 뒤에 분배를 해야 한다고 선전해왔기 때문에 그런 생각이 국민들 뇌리에 깊이 박혀 있다. 일단 파이를 키워 놓은 뒤에 나누어 먹자는 말은 그럴듯하게 들린다. 파이를 먼저 나누어 먹어 버리면 파이가 더 이상 커지지 않는다는 말은 일리가 있어 보이므로 우리 국민은 성장우선주의를 신봉하면서 분배우선주의는 인기영합적인 슬로건 정도로 치부하고 불신하는 경향이 있다.

또한 우리나라에서는 오래 전부터 성장과 분배를 대립적으로 놓는 이분법적 사고방식이 워낙 강하게 자리 잡아서 양자는 양립불가능이오, 반드시 하나를 선택해야 하는 것으로 간주하는 경향이 있다. 과거에 분배를 강조하면 바로 좌파, 빨갱이로 모는 극단적 반공주의가 극성을 부리다 보니 사람들은 자기보호 본능에서 분배보다는 성장을 선택하는 경향도 있다. 심지어 분배는 성장에 해롭다고 보는 사람도 많다.

그러나 실은 우리나라의 성장만능주의는 그 도가 지나쳐서 분배, 복지를 지나치게 소홀하게 했을 뿐 아니라 정작 더 이상의 성장마저도 어렵게 만드는 단계에 와 있다. 편향된 사고방식의 폐해가 이미 극에 달하고 있는 것이다. 성장만능주의가 오히려 우리를 불행하게 만들고 있다는 점, 그리고 이제는 성장을 달성하기 위해서도 분배에 신경을 써야 한다는 인식이 필요한 단계다. 이런 생각이 노무현 정부에서 추진했던 동반성장론이다. 동반성장은 노무현 대통령의 작명이다.

2. 진보적 자유주의와 동반성장

진보적 자유주의란 무엇인가? 이근식(2010)의 정의에 의하면 진보적 자유주의는 정치적으로는 자유주의를 받아들이되 경제적 자유주의는 받아들이지 않는 것이다. 진보적 자유주의의 특징은 경제적 측면에 있다. 보수 쪽에서 선호하는 경제적 자유주의는 인간의 경제활동 일체를 시장에 맡기는 것이 최선이라고 보는 사상으로서 일명 자유방임주의 혹은 시장만능주의, 시장근본주의, 자유지상주의, 신자유주의 등으로 불린다. 이들은 경제에 대한 국가의 개입을 혐오하고, 경제를 국가에 맡기는 것은 결국 시장에 맡기는 것보다 열등한 결과를 가져온다고 믿는다. 이 사상은 1980년 미국의 레이건, 영국의 대처에 의해 본격적으로 도입되었는데 그 성과에 대해서는 찬반양론이 있다. 최근에는 2008년 미국 금융위기를 가져온 범인이 바로 이 사상이라고 의심을 받게 되면서 그 위세가 현저히 약화되었다.

이에 반해 진보적 자유주의는 자유로운 자본주의 체제를 인정하되 시장경제에서 나타날 수 있는 빈부격차, 불황과 실업, 독과점의 횡포, 환경파괴 등의 문제를 정부가 개입해서 해결하려고 하는 사상이다. 과거 대공황 때 대두된 케인스주의가 대표적인 진보적 자유주의라 할 수 있다. 이 사상을 구체적으로 실현한 것이 서구 복지국가라 할 수 있는데 과거 복지국가가 갖던 일부 부작용, 즉 관료주의의 경직성이나 과도한 복지로 인한 노동의욕의 저해 같은 부작용을 극복한 합리적 복지국가를 이근식은 진보적 자유주의의 실현으로 보고 있다.

이런 관점에서 본다면 노무현 정부가 '동반성장'이란 이름 아래 추구했던 각종 경제/사회정책은 복지국가라 하기에는 턱없이 부족하지만 그래도 한국의 현실에서는 복지의 확충을 위해 상당한 노력을 기울였다는 점, 그리고 시장만능주의로 기울지 않고 국가가 적극적 역할을 하려고 했던 점에서 진보적 자유주의를 지향한 것으로 해석해도 큰 무리는 아니라고 본다.

특히 미국과 IMF가 한국에 대해 요구했던 각종 시장만능주의적 개혁－민영화, 주주자본주의의 채택, 관치경제의 청산－을 충실히 따르려고 노력했던 김대중 정부와 비교할 때 노무현 정부는 그 철학에서 상당한 차이가 있었다. 초기부터 망산업(network industries)의 민영화를 거부했고, 노동시장 유연화를 밀어붙이지 않았고, 성장일변도가 아니라 분배, 복지를 강조한 점 등은 이전 정부와 많이 달랐다. 노무현 정부는 복지 확충, 남북관계 개선이라는 두 가지 점에서는 국민의 정부 노선을 충실히 따랐으나 국민의 정부가 따랐던 시장만능주의를 맹목적으로 따르지 않았다는 점이 달랐다. 그 때문에 노무현 정부는 초기부터 좌파로 몰리기도 했다. 인수위 시

절 경제단체 한 간부는 외신 인터뷰에서 노무현 정부를 '사회주의
적'이라고 비판해서 논란을 일으키기도 했다.

보수 진영에서는 5년 내내 노무현 정부를 '분배주의', 혹은 심지어
'좌파'라고 불렀지만 이는 가당찮은 일이다. 노무현 정부는 성장을
중시하지만 분배도 무시해서는 안 된다는 인식을 갖고 있었던 점이
과거 정부와의 차이점이다. 성장과 분배는 같이 갈 수 있고, 같이
가야 한다는 관점은 경제학적으로 지극히 온당한 입장이다. 그러니
좌도 아니고 우도 아니고 구태여 분류하자면 중도노선 정도가 될
것이다. 영국의 권위 있는 『이코노미스트 Economist』는 2007년 한
국 대선 무렵 만든 특집에서 김대중, 노무현 10년간의 민주정부를
가리켜 '한국적 의미에서 진보적, 즉 종전보다 조금 덜 친기업적이
고, 조금 덜 친미적(liberal in Korean sense, namely slightly less
pro-business, and pro-American)'이라고 평했다. 이 평가가 정곡을
찌른 것으로 보인다.

그러나 박정희 이후 반세기 가까이 성장지상주의가 역대정부의
최우선 경제철학이 되고, 그런 사상이 국민들의 뇌리에 깊이 뿌리
박혀 있는 바람에 성장과 더불어 분배도 중요하다는 온당한 생각조
차 배척하고 좌파로 몰아가는 게 우리나라 언론계와 학계의 현주소
다. 그만큼 우리 사회의 사상적 스펙트럼이 심하게 보수 쪽으로 편
향돼 있다는 뜻이다.

1930년대 세계 대공황기에 자본주의가 위기에 빠졌을 때 자본주
의의 구원투수였던 케인스조차 한때 좌파로 몰린 적이 있다. 2차
대전 후 미국 경제학을 세계 정상에 올려놓는 데 크게 기여한 케인
스파 경제학자 폴 사무엘슨조차 젊은 시절에는 미국 재계로부터 좌
파라고 배척받았다고 하니 지금 생각하면 참으로 이해하기 어렵다.

　이처럼 좌파, 우파의 개념은 연기처럼 묘연한 것이다. 연암 박지원은 "이 세상에 까마귀만큼 검은 것도 없지만 빛이 비치면 황색, 녹색, 또는 비취색으로도 보인다. 물건에는 일정한 빛깔이 없는데, 내가 먼저 눈과 마음으로 정해버리고 만다"고 하면서 주관적 독단주의를 경계하였다. 맞는 말이다. 사상 스펙트럼이 오른쪽으로 편향된 사회에서는 중간노선은 곧잘 좌파로 매도되고, 그 추진 세력은 양쪽에서 협공당해 도태되기 쉽다.

　우리도 이제는 좀 성숙한 사회로 나아가야 하지 않겠는가. 성장은 물론 중요하다. 그걸 누가 부정하겠는가. 그러나 동시에 분배도 중요하며, 성장을 위해서도 지나치게 불평등한 분배가 방해가 된다는 주장은 지극히 온당하다. 성장과 분배는 동행하는 것이다. 그런 관점에서 참여정부는 '동반성장' 정책을 추진했다. 그러나 이 정도로 온건한 사상조차 한국에서는 처음 있는 일이라 온갖 오해와 중상모략이 난무했고, 참여정부의 5년 여정은 험난했다.

　역대정부는 항상 경제 성장의 극대화를 국정의 기본 목표로 내걸었고, 지금까지 한국의 성장률은 국제적으로 비교할 때 높은 편에 속한다. 세계 전체의 경제 성장률이 1970년대, 1980년대, 1990년대 각각 3.8%, 4.0%, 2.5%인데, 우리의 경제성적표를 보면 박정희 정권 9.1%, 전두환 정권 8.7%, 노태우 정권 8.3%, 김영삼 정권 7.1%, 김대중 정권 4.2%, 노무현 정권 4.3%다. 즉, 지금까지 한국의 경제 성장률은 항상 세계의 평균을 웃돌았다. 초기일수록 성장률이 높았고, 뒤로 갈수록 성장률이 떨어진 것은 경제 성장에서 발생하는 일종의 자연스런 현상으로서 한국뿐만 아니라 세계 공통의 현상이다. 학계와 언론은 걸핏하면 '경제 위기' 운운하며 비관론을 양산해냈지만 한국 경제의 실적은 그런 비관론을 비웃어왔다.

역대 정권이 성장률 극대화에 매진해왔고, 조금만 성장률이 떨어져도 경제장관을 문책, 경질하면서 성장률 제고를 독려해왔기 때문에 우리나라의 경제 성장률은 비교적 높고, 우리나라 사람들의 성장률에 대한 감각 기준 역시 대단히 높은 편이다. 조금만 성장률이 낮아져도 대통령이 참지 못하고, 장관도 참지 못하고, 우리 국민도 참지 못하는 나라가 된 것이다. 이런 국민적 조급성의 토대 위에서 걸핏하면 '경제 위기', '국정파탄' 같은 극단적 표현이 난무하는 게 우리 현실이다. 그러나 외국의 관찰자들은 빈발하는 한국 경제 '위기론'을 좀처럼 이해하기 어려울 것이다.

우리가 지난 40년간 성장만능주의에 경도되어 오로지 성장만을 향해 매진해 오는 바람에 소홀히 한 측면이 적지 않다. 과거에는 주로 자유, 인권, 환경, 물가, 균형발전 등의 가치가 무시되었다면 최근에는 분배, 복지가 주로 논의된다. 보수적 인사들은 항상 성장과 분배의 상충을 전제로 해서 주장을 펴는데, 이 전제 자체가 옳지 않다. 노무현 정부를 가리켜 분배주의, 심지어 좌파라고 공격하는 사람들은 성장만능주의의 열렬한 신봉자들인데, 이들의 주장은 너무나 극단적이어서 합리성을 찾아보기 어렵다. 경제학의 최근 연구를 보면 얼마든지 성장과 분배가 양립, 동행할 수 있음이 속속 밝혀지고 있다. 특히나 우리나라처럼 양극화가 사회 안정을 위협하고 있는 상황에서 분배를 무시하고 성장만으로 양극화를 해결할 수 있다는 보수파의 사고방식은 틀렸을 뿐 아니라 위험하기조차 하다.

3. 동반성장에 대한 반론

이른바 성장/분배를 둘러싼 논쟁 아닌 논쟁에서 노무현 정부에 쏟아진 비판은 크게 봐서 세 가지로 분류할 수 있다. 첫째, 분배에 치중하여 성장의 발목 잡았다. 둘째, 노무현 정부 때문에 분배, 빈곤이 악화되었다. 셋째, 노무현 정부는 성장, 분배라는 두 마리의 토끼를 다 놓쳤다. 이 글에서는 이 세 가지 주장의 근거를 조목조목 검토해보고 실제로 분배와 성장의 관계를 보는 정확한 관점을 제시하고자 한다.

결론부터 말하자면 이 세 가지 주장은 하나같이 근거 없는 주장이다. 억지가 통하면 진실이 죽는 법. 진실은 무엇인가? 분배가 잘돼야 성장도 잘 된다. 이 명제는 지난 10여 년간의 경제학 연구로 밝혀진 새로운 사실이다. 이런 사실을 모르고 타성적 비판을 일삼는 보수 언론과 보수 경제학자들은 스스로 무지를 드러낼 뿐이다.

오히려 참여정부는 중산층, 서민들을 위한 사회정책에 배전의 노력을 기울였지만 그것조차 불충분했기 때문에 서민들이 겪는 경제적 고통이 컸으며, 경제 성장을 끌어올리는 성과도 올리지 못한 것으로 봐야 한다. 심각한 양극화의 진행을 막기 위해서도, 성장을 촉진하기 위해서도 앞으로 보다 적극적인 사회정책이 요구된다. 아래에서 동반성장론에 대한 각종 오해를 하나씩 들여다보기로 하자.

분배가 성장의 발목 잡는다?

노무현 정부 시기 한국 경제를 둘러싼 논쟁에서 단골 메뉴로 등장한 것이 불경기, 저성장 문제였다. 보수파에서는 노무현 정부가 경제를 팽개치고 지나치게 정치에 몰입해서 경제를 망쳤다고 비난했다. 대통령에게 '경포대(경제를 포기한 대통령)' 란 별명을 지어준 보수언론도 있었다. 그러나 이건 워낙 말이 안 되니 잠깐 잡담거리로 유행하다가 지나갔고, 그보다 지속적으로 가해진 공격은 노무현 정부가 좌파적 정책을 써서 성장잠재력을 훼손했다는 비난이었다. 그런데 노무현 정부를 좌파라고 공격하는 사람들에게 좌파적 정책의 증거가 뭔지 한번 내놓아보라고 하면 내놓는 증거라는 게 겨우 과거사 정리, 동반성장, 종합부동산세, 균형발전 등이었다. 이들 정책은 좌파와도 관련이 없고, 성장잠재력 훼손을 일으키지도 않는 것들이다. 결국 무조건적 시비걸기에 불과함을 알 수 있다.

참여정부가 분배에 치중한 나머지 저성장을 가져왔다는 주장이 언론의 단골 메뉴였지만 이 주장은 전혀 근거가 없다. 이유는 두 가지다. 첫째, 참여정부는 분배에 충분히 주력하지 못했고, 둘째, 분배가 성장의 발목을 잡는다는 주장 자체가 틀렸기 때문이다.

참여정부가 분배에 주력했다기보다는 오히려 분배에 충분히 신경을 쓰지 못했기 때문에 경제 불황이 오래 갔고, 서민들의 고통이 컸다고 보는 것이 정확한 진단일 것이다. 실제로 선진국에서는 불경기가 계속되면 각종 사회보장 지출이 자동적으로 증가하여 경기 회복을 앞당기는 역할은 하는데 - 이를 경제의 자동안정장치(automatic stabilizers)라고 부른다 - 우리나라 재정에는 그런 기능이 미약하다.

모두 알다시피 우리나라는 지난 반세기 동안 성장지상주의가 지배해온 나라다. 겨우 복지의 기본 틀이나마 완성한 게 '국민의 정부' 의 업적이라 할 수 있고, 그것도 1998년 경제 위기를 맞아 미증유의 대량실업과 경제 양극화가 사회적 위기 수준에 도달하면서 비로소

가능했다. '국민의 정부'가 가장 잘한 것으로 국민의 평가를 받는 게 바로 남북화해와 복지기반 마련이라는 데는 별로 이견이 없을 것이다. 참여정부는 국민의 정부가 잘한 정책의 기조를 계승하려고 노력했다.

정부예산 중 복지예산의 증가 속도가 평균보다 빠르다는 점을 들어 참여정부가 분배에 주력한다고 주장하는 사람이 있다. 실제로 복지예산이 많이 늘긴 했다. 노무현 정부 초기에 20%에 지나지 않던 복지예산이 임기 말에 이르러서는 28%로 늘어나면서 경제예산을 추월한 것은 우리나라에서는 사상초유의 일이며 보기에 따라서는 획기적이라면 획기적일 수도 있겠다. 그러나 그 증가분 중에는 국민연금 등의 수혜자의 자연 증가에 기인하는 것이 포함되어 있으며, 정부의 적극적 의지에 의한 복지 지출의 증가는 그만큼 큰 것은 아니다.

숫자를 좀 더 들여다보자. 28%의 복지예산이라고 하는 것도 과거에 비해서는 늘어난 것이지만 다른 나라에 비하면 초라한 수준이다. 스웨덴의 학자 테르본(Therbon)에 의하면 한 나라의 복지예산이 50%를 넘을 때 비로소 그 나라는 복지국가로 분류된다. 지금 웬만한 유럽 국가들은 복지예산 비중이 50%를 넘는다. 선진국 중에서 복지가 비교적 덜 발달된 미국을 보더라도 이 비율이 50% 이상이다. 선진국 중에서는 일본만 아직 50% 미달이다. 이들 선진국의 복지예산과 비교한다면 28%라는 수준은 그저 초라할 뿐이다.

또 다른 지표를 보자. 한국의 사회지출이 늘었다고 하지만 아직 GDP 대비 8%에 불과해서 OECD 평균 20%에 비해 절반도 되지 않는다. 선진국도 과거 소득이 낮을 때는 사회지출이 낮지 않았느냐고 반론을 제기하는 사람에게는 선진국의 과거 기록을 보여줄 필요가 있다. 과거 선진국이 1만불 소득 수준일 때 이 값이 평균 15%였다는 점과 비교하면 한국의 사회지출은 여전히 낮은 수준에 머물고 있음을 알 수 있다. 한국은 OECD 회원국 중 사회예산이 경제예산보다 적은 희귀한 예에 속한다. 오죽하면 전 OECD 사무총장 도날드 존스턴은 한국을 방문할 때마다 제발 한국은 사회안전망을 갖추라고 역설했겠는가? 참고로 말하자면 존스턴은 복지 분야 출신이 아니고 캐나다 재무장관을 지낸 사람이다.

둘째로 분배가 성장의 발목을 잡는다는 이야기는 신물이 날 정도로 많이 들어 왔지만 실은 이론적, 실증적 근거가 전혀 없다. 근거 없는 주장이 너무 오랫동안 국민을 오도해왔다. 진실은 이렇다. 2차 대전 이후 한때 해로드-도마의 경제 성장 모델이 한창 인기가 있을 때 경제학 교과서에서 분배와 성장은 상충하는 것처럼 가르치기도 했다. 분배가 불평등할수록 저축, 투자가 높고, 성장이 빠르다는 가설이다. 그러나 이 가설은 정설이 아니고, 실증연구를 통해 그 타당성이 뒷받침된 적이 없다. 오히려 최근 10여 년간 이 문제를 다룬 수많은 실증연구는 압도적으로 그 반대의 사실이 진실임을 보여주고 있다. 즉, 분배가 잘된 나라일수록 성장이 빠르다는 것이다.

이들 연구는 비교적 최근에 나온 것이기 때문에 경제학자들조차 이 사실을 모르는 사람이 많다. 일부 경제학자들이 습관적으로 참여정부를 공격하는 것까지는 좋지만, 분배 때문에 성장이 안 된다는 비난을 애창곡으로 불렀으니 이는 "최근 경제학 연구를 나는 본 적이 없소" 라고 스스로 실토하는 것과 다를 바 없다. 19세기 말 경제학자 알프레드 마셜은 경제학도가 지녀야 할 태도로서 '차가운 두뇌와 따뜻한 심장' 을 요구했다. 그러나 우리나라에는 따뜻한 두뇌와 차가운 심장을 가진 경제학자들이 많아 걱정이다.

노무현 정부가 분배, 빈곤 악화시켰다?

최근 몇 년간 소득 분배, 빈곤 통계를 들면서 참여정부 이후 양극화가 더 심해지고, 서민들이 살기가 더 어려워졌다는 비판이 제기되고 있다. 그러나 한 가지 지적할 것은 이 비판과 앞의 비판─분배가 성장의 발목을 잡는다─은 양립할 수가 없다는 점이다. 만일 참여정부가 진짜로 분배와 복지에 과도한 지출을 하여 성장을 훼손할 정도였다면 이렇게 분배, 빈곤이 악화하지는 않았을 것이다. 그런데 보수 언론/학계는 양립할 수 없는 두 가지 비판을 편리한 대로 꺼내서 오늘은 이것, 내일은 저것, 마치 조자룡 헌 칼 쓰듯 한다. 비판은 좋다. 그러나 모순된 두 가지 비판을 해서는 안 된다.

어느 쪽이 진실인가? 앞서 말했듯이 참여정부는 분배, 복지에 충분히 주력하지 못했다. 그 결과 분배 악화, 빈곤 증가를 막지 못하여 가난한 사람들의 살림살이는 어렵기 짝이 없었고, 그들의 고통은 대단히 컸던 것이 사실이다. 이는 노무현 정부가 반성할 점이다.

최근 열린 노무현 정부 평가 심포지움에서 구인회는 "노무현 정부의 복지개혁의 지배적인 관심은 평등과 재분배, 사회적 연대를 높이는 데 있어서 확대된 복지정책은 복지국가의 사회정책으로서의 면모를 띄었다." (구인회, 2011, p. 242)고 인정했다. 그런 점에서 구인회의 평가는 보수파의 일방적 평가절하와는 근본적으로 다르다. 그러면서도 구인회는 "이러한 노력에도 불구하고 노무현 정부는 양극화와 고령화의 추세에 맞서 빈곤 악화와 중산층의 삶의 질의 하락을 막는 데 성공하지 못했다." (구인회, 2011, p. 243)고 결론내리고 있다. 이런 평가의 기초가 된 것은 노무현 정부 시기에 소득 분배를 나타내는 지니계수가 하락하지 않고 약간 상승했다는 점,

중위소득 50% 이하로 정의한 상대적 빈곤이 5년간 늘어났다는 점을 들고 있다.

물론 중산층, 서민에 애정을 가진 참여정부가 문제에 손을 놓고 있었던 것은 결코 아니다. 참여정부는 복지예산의 대폭 확대, 건국 후 최초의 빈곤아동 대책, 보육지원의 획기적 개선, 근로장려세제 도입 등 일을 통한 빈곤 탈출 정책, 종합부동산세 도입과 임대주택 확대를 비롯한 부동산 대책, 복지전달체계의 확충, 최저임금의 대폭 인상 등 저소득층의 삶을 개선하기 위해 많은 노력을 했던 게 사실이고, 이는 장차 제대로 평가받을 날이 올 것이다. 그러나 이런 노력에도 불구하고 거대한 양극화의 추세를 막기에는 역부족이었다. 그러니 노무현 정부의 정책 '때문에' 분배가 나빠진 게 아니고, 노무현 정부의 정책에도 '불구하고' 분배가 나빠졌다고 하는 것이 정확한 표현이다. 우리는 아래 제5절에서 왜 노무현 정부 시절 복지 확충에도 불구하고 양극화 심화를 막지 못했는지 검토할 것이다.

성장과 분배 둘 다 놓쳤다?

또 어떤 사람은 노무현 정부를 비판하기를 성장과 분배의 두 마리 토끼를 잡는다고 약속해놓고 둘 다 놓쳤다고 한다. 위에서 말했듯이 참여정부는 성장과 분배가 동행하는 것이며, 분배가 잘 되면 성장에도 도움이 된다는 인식을 갖고 있었다. 이런 철학은 과거 정부에서 볼 수 없었던 최초의 것이며, 지극히 온당한 자세다. 참여정부는 그런 정책 방향을 잡고 노력한 것이지 둘 다 잡겠다고 큰 소리 친 적은 없다. 참여정부가 약속하지도 않은 것을 내밀면서 약속을 안 지켰다고 하는 것은 무리다.

2003년 이후 성장률이 연속해서 잠재성장률 5%에 미달한 것은
사실이다. 5년간의 평균 성장률은 4.3%였다. 그러나 이것이 참여정
부의 경제정책의 실패 때문이라고 속단해서는 안 된다. 2002년 우
리 경제는 7%라는 높은 성장을 자랑했는데, 지나고 보니 그건 거품
이었다. 참여정부 5년은 국민의 정부 때 일어났던 벤처 거품, 카드
거품, 부동산 거품이라는 세 개의 큰 거품이 꺼지는 시기였다. 그
과정에서 필연적으로 발생한 불경기와 고통은 거품의 대가라고 해
야 할 것이다. 비극적인 것은 환란의 책임이 없는 애꿎은 서민들이
가장 큰 고통을 겪었다는 사실이다. 노무현 정부는 이 점에서 대단
히 곤혹스런 입장에 서 있었다. 서민들이 당장 살기가 어려우니 무
슨 말로도 위로하기 어렵고, 다른 업적을 내세워도 공허하게 들릴
뿐이었다.

이렇게 말하면 지난 정부에 책임을 넘긴다고 비난하는 사람이 있
겠지만 이건 책임 문제 이전에 사실 확인의 문제다. 현실을 있는
그대로 분석해야지 비로소 정확한 판단과 대책이 나올 수 있기 때
문이다. 이렇게 큰 세 개의 거품이 일어났다 동시에 꺼진 나라가
있는지, 그 경우 거품이 꺼지고 경제가 살아나는 데는 어느 정도
시간이 소요되는지, 이런 점에 대한 본격적 분석이 필요하다. 이 문
제는 아래 제5절에서 검토하기로 한다.

4. 참여정부의 성장정책

노무현 정부가 성장잠재력 배양에 소홀해서 저성장을 가져왔다
고 흔히 비판하지만 실제로 노무현 정부는 과거 어느 정부 못지않

게 개혁과 성장잠재력 배양을 위해 노력했다. 오히려 참여정부는 내수불황에도 불구하고 부작용이 나타날 단기적, 인위적 경기부양 정책의 유혹을 뿌리치고 줄기차게 장기적 성장잠재력 배양에 매달렸다고 해도 과언이 아니다. 노무현 대통령은 기회 있을 때마다 '인위적 경기부양'은 하지 않겠다고 선언했다. 탄핵으로 일시 정지됐던 대통령 업무를 헌재 결정으로 재개하던 날 청와대에서 있었던 대통령 기자회견에서도 '인위적 경기부양'은 하지 않겠다고 약속했다. 국민들은 '인위적 경기부양'이 무슨 말인지, 경기가 이렇게 나쁜데 왜 대통령은 경기 살리는 일을 소홀히 하는지 궁금했을 것이다. 케임브리지 대학의 장하준도 TV 토론에 나와서 불경기가 심한 상황에서 왜 케인스적 경기확장 요법을 쓰지 않느냐고 비판했다. 그 정도 상식을 몰라서가 아니다. 과거와 같이 눈앞의 성과에 연연해서 장차 부작용이 올 게 뻔한 부동산 경기 활성화 같은 단기적, 임시방편적 경기확장 대책은 쓰지 않겠다는 것이 대통령의 뜻이었다.

지속적 성장을 위해서는 개혁이 필수불가결이다. 개혁 없는 성장은 몇 발짝 못 간다. 참여정부는 부동산투기의 근절, 부패의 척결에 앞장섰다. 이런 불로소득을 배제하는 것은 지대추구사회(rent-seeking society)를 극복케 하여 사람들의 관심과 에너지를 생산적 활동으로 돌림으로써 경제 성장에 도움이 될 것이다. 부패방지위원회가 국가청렴위원회라는 이름으로 간판을 바꿔 달고 전방위로 부패 청산에 노력했다. 부패만 줄이더라도 성장률을 0.5% 포인트 높인다는 실증연구도 있다.

한국에서는 특히 부동산 투기에서 발생하는 불로소득의 규모가 가히 천문학적이며, 그 때문에 사람들의 근로의욕, 창의적 노력이 얼마나 저해되는가를 생각해본다면 부동산 대책이 성장에 얼마나 기여할지를 짐작할 수 있다. 또한 부동산 대책은 저소득층의 생활 조건 개선, 빈부격차 축소에도 결정적 요인이니 부동산 대책은 성장과 분배를 동시에 개선하는 중요한 정책이다.

혹자는 참여정부의 부동산 대책이 실패했다고 단언하는데, 이는 오진 중의 오진이다. 참여정부는 과거 어느 정부보다 적극적이고 근본적인 부동산 대책－보유세 강화, 임대주택 확대, LTV, DTI 등－을 내놓았지만 그것　때문에　가 아니라　'그럼에도 불구하고　투기를 잡는 데 힘이 부족했던 것으로 보아야 한다. 또 혹자는 참여정부의 부동산 대책이 시장원리에 어긋난다고 하지만 그것도 옳지 않다. 투기가 활개를 치면 시장은 죽는다. 시장이 제대로 작동하도록 만들기 위해서도 투기근절책은 반드시 필요하다. 과거 정부가 끊임없이 투기세력과 일본식　'건설족'　에 휘둘리면서 온탕, 냉탕을 오락가락한 실패의 역사가 있으니 부동산 문제라면 부동심(不動心)이 성공의 요체다. 참여정부 만큼 부동산 문제에 부동심을 보여준 정부는 일찍이 없었다고 해도 조금도 자만이 아니다.

앞으로 세계 경쟁에서 인간자본의 질이 승부를 가른다는 것은 이제 상식이다. 참여정부는 교육혁신과 직업훈련 강화, 인재양성 분야에도 남다른 노력을 기울였다. 그밖에 중소기업 대책, 대기업/중소기업 상생협력, 벤처 활성화 대책, 차세대 성장동력 사업, 국가혁신체계, 균형발전정책 등 참여정부가 성장잠재력 배양을 위해 쏟은 노력은 세계 어느 정부에 비해서도 손색이 없다고 본다. 그러니 참여정부가 분배에만 치중하여 성장잠재력 배양을 소홀히 했다는 비난은 별로 근거가 없다.

5. 분배 악화의 원인

노무현 정부 시기에 분배가 악화한 것도 위에서 말한 바와 같이 참여정부의 분배정책이 나름대로 노력한다고 했으나 양극화 추세를 막기에는 불충분했기 때문이라고 보는 것이 정확하다. 실제로 우리나라의 양극화 현상은 어제오늘의 일이 아니라 1990년대 중반에 이미 시작하였고, 1998년 경제 위기와 더불어 더욱 악화된 현상이다. 이 문제는 앞으로 정부가 적극적 의지를 가지고 대처하지 않으면 장차 무한한 고통을 안겨줄 사회적 질병이라는 점에 유의하지 않으면 안 된다.

양극화의 원인은 무엇인가? 우리보다 앞서 양극화를 경험한 미국으로부터 교훈을 얻을 수 있다. 미국은 1970년대 후반부터 소위 '거대한 U턴'이 일어나면서 빈부격차가 악화되기를 4반세기를 넘어서고 있다. 이 시기 동안 미국은 선진국 중 비교적 고성장을 이루고, 일자리도 많이 만들어 '일자리 만드는 기계(the great job machine)'라는 부러운 별명을 얻기도 했지만 이 시기에 급속히 진행된 양극화 추세를 막지 못해서 '두 개의 미국(The Two Americas)'이라는 또 다른 별명을 동시에 갖게 됐다.

미국 경제학계는 지난 10여 년간 양극화 문제를 놓고 토론해왔는데, 대체로 그 원인에 대해서는 세 가지 가설이 대립되어 왔다. 첫째, 세계화로 인한 일자리 상실. 둘째, 정보화와 지식기반 사회의 도래로 인한 정보격차, 학력 간 소득격차의 확대. 셋째로는 낮은 최저임금과 노조의 쇠퇴 등 정책적, 제도적 요인을 강조하는 관점이 있다. 이들 세 가지 요인 - 세계화, 정보화, 제도 - 은 한국에도 그대로 적용될 수 있다는 사실에 유의할 필요가 있다.

그런데 양극화 추세가 세계 공통 현상은 아니다. 이 두려운 불청객은 유럽에서는 적게 발생하고, 주로 영미형 국가에서 출몰한다. 한국은 복지에 관한 한 영미형 국가 대열에서도 맨 꽁무니에 서 있는 나라임이 분명할진대 미국의 경험은 우리에게 경종을 울리기에 충분하다. 미국은 중앙정부 예산의 50% 이상을 복지에 쓰고 있다. 미국 정도의 경제 활력과 생산성 향상, 복지제도를 갖고도 양극화를 막기에 역부족이었다면 한국이 취할 방향은 명백하다. 지금보다 사회통합을 강화하고 복지에 신경을 써야 한다. 그럼에도 양극화의 물결을 막을 수 있을지는 장담할 수 없다.

김대중, 노무현 정부 시절에 복지예산을 크게 확충했음에도 불구하고 양극화 추세를 막기에는 역부족이었고, 이 점이 보수층으로 하여금 10년간의 민주개혁정부를 몰아세우게 만든 근거를 제공했다. 2007년 대선 기간에는 심지어 '잃어버린 10년' 이란 표현까지 등장했다. 이 시기에 양극화가 심화한 것은 위에서 든 3대 요인이 작용한 것은 물론이요, 거기에 경기침체라는 요소가 가미된 것으로 봐야 한다. 김대중 정부 시기 평균 성장률은 4.2%이고, 노무현 정부는 4.3%로서 둘 다 과거 독재시절의 고성장에 비하면 확실히 저성장이라고 불러야 한다. 불경기가 심할 때는 실업자가 늘어나고, 소득 분배가 악화하며 빈곤은 증가한다. 특히 한국처럼 영세 자영업자의 비중이 높은 나라에서는 내수 경기의 부진은 바로 양극화 심화로 연결된다. 김대중 정부 초기와 노무현 정부 5년 내내 이 문제로 시달렸다고 볼 수 있다.

다만 김대중 정부 후기에는 각종 경기부양 정책의 여파로 일시적으로 호경기를 구가한 적이 있다. 2002년이 그 정점으로서 그해 경제 성장률은 7%에 도달했다. 그러나 이것은 무리한 인위적 경기부양 정책의 결과 나타난 일종의 거품현상으로서 결코 오래 갈 수 없는 성질이었다. 노무현 정부 출범 시기는 그 전에 형성됐던 거품이 꺼지는 시기와 일치했기 때문에 노무현 정부는 5년 내내 저성장, 불경기, 양극화에 시달리지 않을 수 없었다. 아래에서 3대 거품에 대해 좀 더 자세히 보기로 하자.

6. 3대 거품의 문제

벤처 거품

김대중 대통령은 취임 일성으로 '지식기반 경제'와 '정보 대국'을 강조하고 나섰다. 그는 1998년 2월 취임사에서 "세계는 지금 유형의 자원이 경제 발전의 요소였던 산업사회로부터 무형의 지식과 정보가 경제 발전의 원동력이 되는 지식정보 사회로 나아가고 있다"며 "세계에서 컴퓨터를 가장 잘 쓰는 나라를 만들어 정보 대국의 토대를 튼튼히 하겠다"고 선언했다. 이것은 정보화, 지식시대 도래라고 하는 세계사적 흐름을 잘 파악한 올바른 방향이다.

그러나 큰 방향은 지극히 옳았으나 각론에 들어가서 구체적 정책 수단에서는 문제가 있었다. 국민의 정부에서는 5년간 벤처기업 2만 개 창업 지원, 9천억 원의 벤처 지원자금 마련, 창업 벤처기업에 각 3억 원씩 지원 등 각종 벤처육성정책을 쏟아냈다. 1998년 5월 '벤처산업 활성화를 위한 규제개혁 시안'을 내놓았고, 6월에는 재정경제부가 '코스닥 활성화 방안'을 발표했다. 그리고 집권 초부터 막대한 벤처 지원자금을 뿌렸다.

대통령이 주도하는 벤처 육성 붐을 타고 벤처기업은 2001년에 GDP의 3%(16조 원), 총수출의 4%(56억 달러), 총고용의 2%(34만 명)를 차지하는 등 급성장했다. 벤처창업도 봇물을 이뤘다. 벤처기업 수는 중소기업청이 벤처기업 인증 업무를 시작한 1998년 2천여 개에서 2001년 말까지 매달 수백 개씩 폭발적으로 늘어났는데, 2001년 4월 그 숫자는 1만 개를 돌파하면서 정점에 달했다.

이 시기 국민의 정부가 전방위적으로 벤처기업 육성에 나선 이유에 대해서는 몇 가지 추측이 가능하다. 하나는 당시 외환위기로 인한 대량실업과 불황을 타개하는 수단으로서 벤처기업 투자 및 일자리창출의 좋은 대상으로 생각했을 것이라는 점이다. 또 당시 미국에서는 클린턴 대통령의 주도하에 지식, 정보화 산업이 고도성장을 견인하고 있어서 그것을 '신경제'라고 불렀다. 신경제 덕분에 미국 경제는 모처럼 호황을 맞았고, 일자리창출도 주로 여기서 이루어졌다. 한국도 신경제의 성공을 답습하고 싶었을 것이다. 또 김대중 대통령이 젊은 시절부터 신봉했던 '대중참여경제론'에 의하면 대기업이 아닌 중소기업 중심의 경제를 이상으로 삼고 있는데, 벤처기업은 이런 이상에 가까운 형태로 보인다는 점도 작용했을 가능성이 있다. 이런 요소들이 합쳐져 국민의 정부에서 적극적인 벤처육성정책 태동의 배경이 된 것으로 보인다. 이것까지는 좋다. 당시 세계 경제 상황과도 부합하고, 한국 경제의 발전 방향과도 부합하는 옳은 선택으로 보인다.

문제는 그 정책수단이다. 국민의 정부의 벤처정책은 금융과 산업 영역뿐 아니라 온 나라를 전방위적으로 흔들어놓았다. 가히 '벤처 공화국'이었다. 수많은 젊은이들이 벤처창업과 취업에 나섰고, 창의적이고 도전적인 '벤처 정신'이 외환위기의 암울함 속에서 활력소로 등장한 것은 사실이다. 그러나 테헤란 밸리를 중심으로 '벤처 대박' 신화가 연일 화젯거리가 되면서 너도나도 떼돈을 벌겠다며 벤처 투자에 뛰어들었다. 일확천금을 꿈꾸는 '묻지마 투자'였다. 벤처육성 정책이 과도한 나머지 '벤처투자 광풍'으로 빗나가 버렸다(『한겨레 21』 제775호, 2009. 8. 28).

당시 벤처 육성자금은 눈먼 돈처럼 치부되어 누구든 벤처기업을 한다고만 하면 손쉽게 쥘 수 있는 공짜 돈 정도로 인식되고 있었다. 당시 시중에서는 '요즘 벤처 안 하면 바보'라는 말이 유행할 정도로 벤처육성자금은 방만하게 지출, 관리되고 있었다. 이런 환경에서 벤처 투자는 비정상적으로 과열 양상을 보이다가 비정상적으로 급 작스럽게 거품이 꺼지고 말았다.

표 1 | 벤처기업 추세

연도	1999	2000	2001	2002	2003	2004	2005	2006	2007	2008	2009
벤처 기업수 (개)	4,934	8,798	11,392	8,778	7,702	7,967	9,732	12,218	14,015	15,401	18,893
평균 매출액 (억 원)	46.90	53.03	65.64	68.00	73.40	78.90	68.80	74.20	53.10	60.10	64.50

출처 : 중소기업청「벤처기업 정밀실태조사」

벤처기업은 정부의 전면적 지원에 힘입어 우후죽순처럼 성장했 다. 표 1에 벤처기업의 추세가 요약되어 있다. 벤처기업의 숫자는 1998년 2천여 개에서 매년 급증해서 2001년 봄에는 11,000개를 돌 파했다. 벤처 거품은 2001년 봄을 정점으로 급속히 꺼졌고, 정치권 력과 벤처 기업인 사이의 유착관계(이른바 벤처 게이트)가 잇따라 드러났다. 국민의 정부에서 벤처 전도사로 역할을 했던 권력 실세

권노갑의 구속 이후 벤처 열기는 갑자기 식고, 거품은 붕괴를 맞게 되었다.

외환위기는 국가적 위기이기도 했지만 동시에 국민의 정부로 하여금 한국 경제의 틀을 개혁할 수 있는 절호의 기회이기도 했다. 그러나 당시 조급한 벤처육성정책에 편승해 대다수 벤처기업들은 손쉽게 투자를 하거나 코스닥에서 큰돈을 벌려고 했고, 결국 도전과 패기로 상징되는 역동적 벤처 정신이 오히려 뿌리내리지 못했다는 역설적 결과를 가져왔다. 그리고 벤처 거품은 한국 경제에 반짝 고성장을 가져왔지만 그보다 훨씬 긴 과잉투자, 불황, 저성장의 그늘을 남겼다.

카드 거품

이 시기 또 하나의 거품이 카드에서 발생했다. 국민의 정부는 소비지출을 늘려 침체된 내수경기를 활성화하기 위해 신용카드 확대정책을 채택했다(임대봉·이병완, 2005 참조). 1999년부터 현금서비스 사용한도를 폐지하면서 카드 사용액이 급증했다. 2000년 1월에는 신용카드 영수증 복권제도를 실시해 일반인들의 신용카드 사용심리를 자극했으며, 법인신용카드의 사용범위도 대폭 확대했다. 2001년에는 소득공제 시 신용카드 사용액의 공제폭을 대폭 늘렸다. 이와 같은 신용카드 정책으로 유동성 제약이 크게 완화됨에 따라 소비자들의 신용카드 이용금액이 급증하여 소비지출이 확대되었다. 그리고 정부는 경기 활성화를 위해 2001년 말부터 특별소비세를 인하했기 때문에 소비재 구입이 증가하여 할부금융회사의 할부금융 대출 및 판매신용이 크게 증가했다.

한국에서 1999년 말 4천만 장 정도 존재하던 신용카드는 이후 정부의 경기부양 의지와 신용카드사들의 무분별한 카드 발급에 힘입어 2002년에는 1억 장 이상으로 크게 증가하여 경제활동인구 1인당 평균 4장 이상의 신용카드를 보유하게 되었다. 이에 따라 신용카드 이용액도 1999년 말에 비해 6배 이상으로 폭발적으로 증가했고 그 덕분에 신용카드사들은 2000년부터 흑자를 누리게 되었고 카드 사용에 의한 소비 진작이 경기 회복에도 기여했다.

2000년 이후 2002년 3분기까지 소비지출 성장률이 실질국민총소득(GNI) 성장률을 상회하여, 소비지출이 단기적인 경기회복을 주도했다. 그러나 이런 현상이 오래 갈 수는 없었다. 카드 거품의 부작용을 우려한 정부는 2002년 3분기에 접어들면서 현금서비스 제한 등 카드 규제를 강화하는 쪽으로 정책을 급선회함에 따라 신용카드 이용액이 급감하면서 소비지출 감소 및 경제 성장 둔화라는 결과가 나타났다.

당연한 결과이지만 무차별적인 카드 부채에 의한 소비 증진은 얼마 지나지 않아 큰 부작용을 가져왔다. 노무현 정부 첫해인 2003년, 신용카드사들은 2000년부터 쌓아왔던 흑자를 모두 잃어버리고도 남는 10조 원 이상의 당기순손실을 기록했고, 카드 사용이 급감해서 경기 후퇴에 큰 몫을 하게 되었다. 이 세상에 공짜 점심은 없듯이 당시의 카드 남발과 이에 따른 신용카드 부채는 그 뒤 수년간 우리 경제의 발목을 잡는 깊은 후유증을 남겼다.

표 2에는 연도별 신용카드 이용실적이 요약되어 있다. 1998년 이후 신용카드 매수와 이용액의 증가세는 가히 폭발적이었다. 그러나 무한정 계속될 수는 없는 노릇이고, 2002년을 정점으로 거품은 급속히 꺼졌다.

표 2 | 연도별 신용카드 이용실적

연도	카드수(천 매)	가맹점(천 점)	이용금액(억 원)
1998	42,017	4,649	635,567
1999	38,993	6,192	907,826
2000	57,881	8,611	2,249,081
2001	89,330	12,627	4,433,675
2002	104,807	15,612	6,229,084
2003	95,517	16,949	4,805,437
2004	83,456	17,095	3,578,494
2005	82,905	16,124	3,638,164
2006	91,149	17,037	3,682,688
2007	89,565	14,701	3,981,893
2008	96,248	15,612	4,453,024
2009	106,993	16,568	4,543,980
2010	116,589	17,699	4,938,323

출처 : 여신금융협회(http://www.crefia.or.kr), 2011

그림 1 | 1인당 신용카드 이용금액

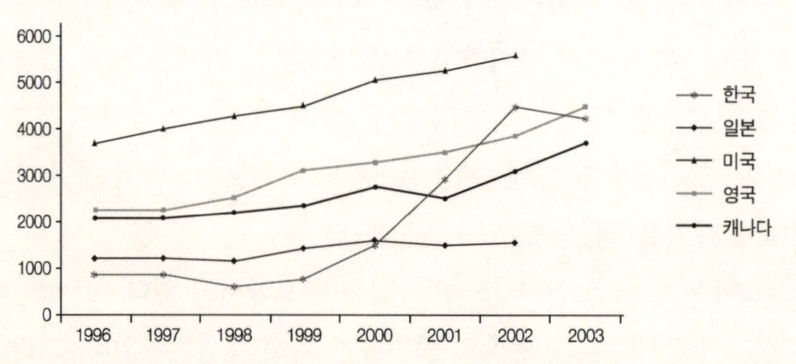

자료 : 임대봉, 이병완(2005).

2002년에서 2003년 한 해 동안 신용카드 이용액의 감소분은 무려 142조 원에 달해 당시 국내총생산의 18.5%, 민간 소비지출의 33.8%에 달했다. 이것 하나만 가지고도 큰 불황을 초래할 수 있는 엄청난 규모다.

당시 상황이 얼마나 비정상적이었는가를 알려면 그림 1을 보면 된다. 이 그림에는 한국과 미국, 캐나다, 영국, 일본의 1인당 신용카드 이용금액을 표시하고 있다. 1999년까지 1인당 신용카드 이용금액은 미국, 영국, 캐나다, 일본, 한국의 순서로 질서정연하다. 그러나 한국은 2000년 일본을 제쳤고, 2001년 캐나다를 추월했으며, 2002년에는 영국마저 제치고 미국 다음 가는 2위로 올라섰다. 2000~2002년까지 3년간 한국의 신용카드 이용액의 약진은 세계 어느 나라에서도 볼 수 없는 전무후무한 기현상이다. 그러나 빚잔치가 오래 갈 수는 없는 법이다. 이 금액은 2003년 이후 급감하여 과거 패턴으로 되돌아갔고, 거품이 꺼지는 과정에서 한국의 국내경기는 사늘하게 식어버렸다. 당시에는 눈부신 경기회복이나 경제 성장처럼 보였던 것이 사실은 모두 신기루에 불과했다. 거품이 꺼지는 고통은 고스란히 노무현 정부에 큰 부담으로 남게 되었다.

부동산 거품

거품은 여기서 끝나지 않았다. 또 하나의 거대한 거품이 쓰나미처럼 몰려왔다. 역대정부에서 경기가 나쁠 때마다 꺼내 쓰던 부동산경기 부양의 유혹을 국민의 정부가 떨쳐내지 못한 것이다. 역대정부에서 경기부양 요구가 나올 때마다 건설업이 단골메뉴로 등장하는 이유는 무엇일까?(국정브리핑 특별기획팀, 2007). 가장 직접적으로는 건설업의 특성상 전후방산업연관 효과, 고용창출 효과가 커서 경기부양 효과가 가장 크고 빠르기 때문이다. 보다 근본적인 원인으로는 한국 경제에서 건설업이 차지하는 큰 비중에서 찾을 수 있다. 부가가치 기준으로 건설업이 국민경제에서 차지하는 비중은 2005년 현재 9%였다. 또 2005년 기준 국내총생산(GDP)대비 건설투자의 비중은 19%로서 이는 일본과 더불어 세계 최고 수준이다. 그러니 건설경기에 불을 붙이면 불기운이 좋고, 다른 산업에도 파급효과가 크다. 문제는 이런 좋은 효과가 결코 오래 가지 않고, 나중에는 큰 부작용을 낳으면서 끝난다는 사실이다.

국민의 정부에서 IMF 외환위기 이후 침체된 경기를 되살리고 가급적 빨리 IMF의 경제적 신탁통치를 벗어나기 위한 목표를 세웠는데, 그게 화근이 됐다. 이왕 입원한 김에 좀 더 참을성 있게 병의 근본적 치료에 힘썼더라면 좋았을 텐데 불행하게도 국민의 정부는 그런 참을성을 갖지 못했다. 국민의 정부가 경기회복 수단으로 채택한 벤처, 카드 이외 또 하나의 수단이 역대정부의 단골메뉴인 부동산경기 부양이었다. 국민의 정부에서 추진한 대대적인 부동산 규제완화가 결과적으로 부동산투기 부활이라는 재앙을 초래하고 말았다. 부동산 문제를 오래 연구해온 전강수의 평가를 보자.

"1998년부터 2001년까지 외환위기를 극복한다는 명분하에…… 김대중 정부 때는 토지거래허가 구역 해제, 아파트 재당첨 금지 기간 단축 및 폐지, 토지공개념 제도 폐지, 분양가 자율화, 토지거래신고제 폐지, 분양권 전매제한 폐지, 무주택세대주 우선 분양 폐지, 신축주택 구입 시 양도세 면제, 취·등록세 감면 등, 풀 수 있는 것은 다 풀고 쓸 수 있는 부양책은 다 썼다. 특히 토지공개념 제도를 폐지한 것은 큰 실책이었다. 이는 단지 법률 몇 가지를 폐기하는 정도의 간단한 문제가 아니라 부동산 정책의 근본 철학을 뒤집는 중대 문제였음에도, 김대중 정부는 별 생각 없이 폐지 결정을 내린 것이다. 이때의 전방위적인 부동산경기 부양 정책과 함께 1990년대 내내 지속되었던 부동산 가격 안정세는 종언을 고했고, 2001년경부터 또 다시 부동산 투기 바람이 불기 시작했다"(전강수. 2007. p. 382~383)

2003년 초 당시 인수위 경제2분과로부터 부동산관련 대책을 보고받는 자리에서 노무현 대통령 당선자는 "이렇게까지 많이 풀었습니까?" 라고 말했다고 이춘희 전 건설교통부 차관은 회고했다(국정브리핑 특별기획팀, 2007. p. 35). 실제로 풀 수 있는 건 다 풀었다고 해도 과언이 아니다. 당연한 결과로 오랫동안 잠자고 있던 지가가 꿈틀거리기 시작했다.

이 문제를 제대로 이해하기 위해 시대를 약간 거슬러 올라가보자. 노태우 정부 시절 부동산 투기가 극성을 부려 거의 망국적 상황에 이르렀다. 국민 여론이 지극히 나빠지자 토지공개념 3법이란 강도 높은 대책이 나왔다. 부동산 투기가 망국적 규모에 이르러 급기야 정권의 존립 자체를 위협할 지경에 봉착했기 때문에 노태우 정부로서는 사정이 다급했고 뭔가 강력한 대책이 불가피했다. 그래서 나온 게 토지공개념 3법이었다. 그 여파로 10년간 한국의 지가는 실로 오랜만에 안정, 혹은 침체 상태에 빠졌다. 그런 점에서 김영삼 정부는 운이 좋았다. 정권을 맡은 순서가 우연히 아주 좋아서 토지공개념 3법의 덕을 톡톡히 입었던 것이다. 달리 특별한 묘책을 마련한 것도 없는데 임기 내내 부동산 가격이 안정을 보였다. 그러다가 외환위기까지 닥치자 1998년에는 한 해 동안 지가가 평균 13.6% 하락하는 초유의 사태가 벌어졌다(표 3 참조).

표 3 | 전국 연도별 지가변동률(%)

연도	1992	1993	1994	1995	1996	1997	1998	1999	2000	2001
변동률	-1.270	-7.380	-0.570	0.550	0.950	0.310	-13.60	2.940	0.670	1.320
연도	2002	2003	2004	2005	2006	2007	2008	2009	2010	
변동률	8.980	3.430	3.860	4.986	5.617	3.886	-0.319	0.955	1.046	

출처 : 국토해양부 국토해양통계누리(http://stat.mltm.go.kr), 2011

그러나 국민의 정부는 과거 부동산 투기의 악령을 잊어버린 듯 당장 눈앞의 불황과 실업문제 해결에 급급해서 부동산경기 부양이란 수단에 다시 의지하기 시작했다. 김대중 정부가 총동원하다시피 한 부동산경기 부양 정책의 효과는 오래지 않아 나타나기 시작했다. 2002년에는 한 해 동안 지가가 8.9% 상승하는 일대 사건이 발생했다. 노무현 정부 들어 부동산정책을 잘못해서 땅값, 아파트값이 폭등한 것으로 알고 있는 사람이 많지만, 실은 그 원인이 몇 년 전에 이미 배태되고 있었다는 사실을 우리 국민은 잘 모르고 있다. 그리고 2002년의 지가 상승률은 노무현 정부 어느 해보다 높은 지가 상승률이었다.

노무현 정부가 출범했을 때 이미 부동산 투기는 맹렬한 기세로 번지고 있었으며 노무현 정부가 전력을 다해서, 그리고 역대정부에 비해서는 비교적 일관성 있게 부동산 투기 해소에 힘썼음에도 불구하고 완전히 잡는 데는 몇 년이 걸렸다. 여기서 꼭 누구의 책임을 묻자거나 억울하다는 이야기를 하려는 게 아니다. 중요한 것은 과거의 역사에서 배울 점은 배우고 그리하여 앞으로 올 정부에서는 실수 없이 정책을 세워야 한다는 점이다.

경제정책의 요체는 장기적 일관성이다. 2004년 노벨경제학상을 받은 프레스컷(Edward C. Prescott)과 키들랜드(Finn Kydland)의 업적은 바로 이 점을 밝힌 데 있다. 어떤 정부가 우선 당장 비난을 감수하고 장기적 관점을 갖고 일관성 있게 정책을 운용한다면 그 성과는 먼 장래에 나타난다. 그러나 눈앞의 성과나 인기에 집착하여 정책의 일관성을 상실하면 그 정책은 실패하고 만다는 것이다.

눈앞의 성과에 연연하지 않고 장기적 관점에서 정책을 운용해야 한다는 것은 말하기는 쉬워도 실행하기는 어렵다. 우리나라는 지난 40년간 고도성장을 해왔기 때문에 우리 국민은 고도성장에 익숙해져 있다. 따라서 짧은 기간의 불황, 실업도 좀처럼 참지 못하고 정부가 나서 해결해주기를 바라는 경향이 있다. 정책 당국도 이런 국민의 요구나 압력을 견뎌내기가 쉽지 않다.

대통령부터 이런 점에서 단기적 관점을 갖기 쉽고, 대통령이 단기주의에 빠지면 자연히 장관에게 가시적 성과를 독촉하게 된다. 장관이 초조한 마음에서 눈앞의 성과를 요구하면 공무원들은 단기간에 성과가 나타나는 비장의 무기를 준비한다. 그러나 인위적 경기부양책은 눈앞에는 성과가 있는 것처럼 보일지 모르지만, 시간이 지나고 보면 국민경제의 장기적 건강을 위해서는 도움이 안 되는 경우가 많다. 오히려 기초체력을 떨어뜨리고 장기적 성장잠재력을 저해하는 부작용이 비일비재하다. 국민의 정부에서 취한 벤처, 카드, 부동산 거품이 바로 후자에 해당한다.

국민의 정부는 해방 후 최초의 민주개혁 정부였지만 그 경제정책을 이끈 세력은 민주세력이 아니고 경제관료들이었다. 개혁파 학자로 불리던 김태동이 초기에 대통령 경제수석으로 들어갔으나 한 달만에 밀려나 정책수석으로 옮기고 말았다. 그 뒤 경제정책을 주도한 것은 경제관료들이었다. 이들은 경기 활성화에 부작용이 큰 인위적 경기부양조차 마구잡이로 썼다. 이런 관료들을 유능하고 경륜이 있다고 부추겨 세우는 게 보수언론이다. 이때 경제관료들은 이름만 대면 모든 국민이 아는 유명한 사람들이다. 이들이 일시적 거품을 일으켜 경제를 망친 책임은 크고도 무겁다. 경제 거품은 잠시 국민을 환각상태에 빠뜨리지만 남는 것은 오랜 고통이다. 관언유착의 폐해는 항상 대형 거품이며, 또 다시 이 함정에 빠진 것이 국민의 정부였다. 그런 관점에서 볼 때 국민의 정부는 참을성과 장기적 시야가 부족했다.

IMF는 2004년 말 위축됐던 한국의 소비가 2005년부터 살아나 내수회복이 시작될 거라고 예측했다. 그 근거는 세계 각국의 가계대출 거품을 분석할 때, 대체로 2년 정도면 거품이 꺼진다는 데서 찾았다. 그러나 이는 지나친 낙관이었다. 세 개의 큰 거품이 이렇게 겹쳐서 나타난 유사한 사례가 있는가? 이렇게 큰 세 개의 거품이 동시에 터진 경우는 우리나라에서나 다른 나라에서나 유사한 사례를 찾을 수 없으리라고 본다.

한국은 다른 나라와는 차이가 있다는 점에 유의할 필요가 있다. 길거리 카드 발행 등으로 가계대출이 2002년 한 해 동안 무려 90조 원이나 증가하고 그 다음 해는 140조 원 감소하는 등 엄청난 가계대출 거품이 일어났던 것 이외에 우리는 두 개의 거품이 더 있었다는 점을 간과해서는 안 된다. 그러니 2년이면 거품이 사라지고 경제가 본궤도에 오를 거라는 일반론도 2000년대 한국 경제의 특수상황에는 적용되기 어려웠다. 부동산 가격이 2002년 연 8%를 넘는 속도로 폭등하는 상황에서 2003년 3%로 낮아지기만 해도 그 차액

5%는 부동산 가치로 치면 100조 원이고 이는 국내총생산의 10% 규모이다.

이런 규모의 광풍이 몰아치면 경기회복과 고성장은 기대하기 어렵다. 특히 한국은 자영업 비중이 높은 나라이므로 3대 거품이 꺼지는 과정에서 자영업 쪽의 불황과 고통이 크다. 노무현 정부 초기 식당 주인들이 장사 안 되는 데 분개해서 여의도에 모여 솥단지를 던지며 대정부 항의 시위를 벌였는데, 이는 부동산경기를 불쏘시개로 써온 자영업 비대국가에서 거품이 붕괴되는 과정에서 겪을 수밖에 없는 고통이었다. 벤처, 카드, 부동산 세 개의 거품 붕괴의 피해자는 주로 중산층, 서민, 자영업자들이었다. 내수불황은 주로 이들의 소득감소로 나타났고, 분배가 악화될 수밖에 없었다.

따라서 노무현 정부가 보수적 언론, 학자, 경제관료들의 반대를 무릅쓰고 복지예산을 20%에서 28%로, 당시로서는 파격적일 정도로 높였음에도 불구하고 분배의 양극화, 빈곤의 확대를 막을 수 없었던 것이다. 복지지출의 소득재분배 효과가 역대정부에서 겨우 3% 수준이었고, 이를 6%로 높인 것이 국민의 정부의 업적이었다. 이를 다시 9%로 높인 것이 노무현 정부였다. 획기적이라면 획기적인 복지 확충이었다. 그럼에도 불구하고 노무현 정부는 양극화 심화, 빈곤 증가를 막는 데 실패했다는 비난을 다 덮어썼다. 그러나 실패의 진정한 원인은 노무현 정책의 실패가 아니고 바로 거품 붕괴였다는 점을 알아야 한다. 엄청난 규모의 거품이 꺼지는 당시 상황에서는 더 이상 어떻게 할 수가 없었던 게 아닌가? 문제를 해결하는 좋은 대안이 있었다면 무엇이 있었는지 묻고 싶다.

노무현 정부로서는 계속되는 불경기와 부동산 가격 폭등 속에서 곤혹스런 입장에 있었다. 문제의 근원은 이전 정부에 있지만 그걸

대놓고 이야기하기는 어려웠다. 어떻게 보면 형제 정권의 관계라서 전임자에게 차마 책임을 돌릴 수가 없었다. 경기 후퇴, 부동산 가격 폭등, 양극화 심화, 빈곤 확대 등 온갖 부정적 결과에 대해 여론의 질타를 감수할 수밖에 없었다. '무능', 아마추어 정권, '실패', 파탄, '잃어버린 10년' 등등 온갖 험담이 난무했다.

노무현 정부는 대통령의 성격대로 갔다. 욕은 우리가 먹어도 좋지만 동일한 잘못을 범해 다음 정권에 부담을 주지는 말자는 게 노무현 대통령의 일관된 태도였다. 노무현 정부는 '무능하다', '경제 망쳤다'는 비난을 몽땅 뒤집어썼고, 나아가서는 민주인사들의 경제 무능론으로 이어졌다. 민주인사들은 민주화에는 기여했지만 막상 정권을 잡고 나니 경제운용에는 무능하다는 비판이 보수언론에서 쏟아져 나왔다. 바로 이어 나오는 논리는 독재 옹호론이다. 과거 독재정부들이 경제운용을 잘 했다는 것이다. 이는 천부당만부당하지만 이 글의 주제가 아니므로 여기서는 논하지 않겠다.

문제는 노무현 정부가 불경기, 저성장, 양극화, 빈곤 확대 등의 추세 앞에서 모든 공격에 그대로 노출됐을 뿐 아니라 그 여파로 경제정책뿐만 아니라 다른 국정운용까지도 전반적으로 어려웠다는 점이다. 노무현 정부가 역점을 두고 추진했던 4대 개혁 입법(과거사 정리, 언론사 지배구조 개선, 국가보안법 폐지, 사학법 개정)은 갈짓 자 걸음을 했다. 경제, 민생이 이렇게 어려운데 무슨 공허한 개혁이냐 하는 여론의 질타 속에서 4대 개혁 입법은 좌초하고 말았다. 열린우리당이 과반수 의석을 가지고도 4대 개혁 입법에 실패함으로써 정권의 허약성이 더욱 부각되었으니 그 배경에 이런 민생 실패가 자리 잡고 있었다고 봐야 한다. 그렇다면 소위 노무현 정부의 '실패(필자는 실패라고 생각하지 않지만)의 상당 부분은 거품경제 붕괴가 그 본질이라고 해도 과언이 아닐 것이다. 이것이 노무현 정부의 불운이자 비극이었다.

그러나 이제 노무현 정부도 시간이 많이 지났고, 12월 대선을 앞둔 시점에서 우리 국민이 진실을 아는 것이 대단히 중요하다. 그래야 다음 정권에서 실수의 재발을 막을 수 있다. 무엇보다 눈앞의 성장률과 경제지표에 일희일비해서는 안 된다. 그게 얼마나 허망한 것인가를 알아야 한다. 경기부양책 자체는 필요에 따라 얼마든지 취해야 마땅하다. 그러나 국민의 정부 때 경제관료들이 취한 경기부양 조처가 가져온 재앙을 보면서 우리는 장차 큰 부작용을 가져올 인위적 경기부양, 미봉적 경기부양책은 어떤 일이 있어도 취해서는 안 된다는 뼈아픈 교훈을 가슴에 새겨야 한다.

왜 노무현 대통령은 기회 있을 때마다 '인위적 경기부양은 하지 않겠습니다' 라고 거듭거듭 다짐했을까? 그 말은 무리한 경기부양의 전철을 밟지 않겠다는 다짐이었고, 경제관료들의 특기인 거품 제조에 보내는 경고였다. 그런 점에서 노무현 대통령은 보기 드문 장기주의자였고, 정직한 지도자였다. 진정한 지도자라면 눈앞의 성과에 연연하지 않고 나라의 먼 장래를 생각해야 하지 않겠는가. 비록 노무현 정부가 많은 실수, 많은 시행착오를 했지만 그 진정성, 정직성, 장기주의적 시각은 역사가 평가해줄 것이라고 믿는다.

7. 시사점

사회적 지출이 증가할수록 경제 성장이 높다는 실증연구가 속속 나타나고 있다. 경제학자들 사이에서는 분배가 양호한 경제일수록 성장률이 높다는 사실, 재분배정책을 통해 경제 성장을 촉진할 수 있는 가능성이 있다는 사실에 대한 인식이 넓어지고 있다. 특히 인적자원에 대한 사회적 지출은 분배를 개선시킬 뿐 아니라 성장에도 크게 기여한다. 우리나라에서 태부족한 사회적 지출을 늘려서 공공 영역 – 교육, 노동, 보건, 보육, 복지 등 – 을 확대하는 것이 우리나라가 선진국으로 가는 지름길이다. 따라서 시장 만능주의를 경계하면서 '관치(官治)는 줄이되 공공(公共)을 확대' 하는 슬기가 필요하다.

공자가 말하기를 "적은 것을 걱정하지 말고 고르지 못한 것을 걱정하라(不患寡而患不均)"고 하였다. 많고 적음은 성장의 문제이고, 고르지 못함은 분배의 문제라고 현대적으로 해석한다면 공자는 성장보다는 분배를 강조한 셈이다. 그렇다고 누가 공자를 분배주의자라고 하겠는가?

진실은 간단하다. 성장과 분배는 동전의 앞뒷면처럼 함께 가는 것이다. 성장과 분배는 동행이다. 분배를 버리고 가는 성장은 십리도 못 가서 발병 난다. 그러나 이런 상식이 한국에서는 여전히 통하지 않는다는 사실이 안타깝다. 분배와 복지를 반대하고 성장만을 고집하는 사람들을 보면 마치 거대한 빙벽 앞에 서 있는 느낌을 받는다. 무상급식을 둘러싼 논쟁을 보고 그래도 이 거대한 빙벽이 조금씩 깨지고 녹아내리는구나 하는 느낌을 받게 된다. 참여정부는 나름대로 이 빙벽에 맞서 때로는 깨고, 때로는 녹이려고 노력했다. 이 빙벽은 여간 두꺼운 게 아니지만 우공이산(愚公移山)의 정신으로 노력하면 언젠가는 녹아내릴 때가 올 것이다.

노무현 정부 5년 동안 미증유의 내수불황, 거품이 꺼지는 과정에서 서민들의 고통은 더할 나위 없이 컸다. 노무현 정부 5년간의 저성장은 거대한 거품이 꺼지는 과정이었다. 경기가 회복되는 데는 시간이 걸리고 그동안은 참을성이 필요하다. 다만 이럴 때 사회안 전망이 제대로 되어 있었다면 서민들의 살림이 조금이라도 나아지고, 저소득층의 소비를 진작시켜 경기회복도 앞당길 수 있었을 것이라는 아쉬움이 있다. 분배, 복지를 낭비적인 것, 성장의 발목을 잡는 존재로 치부하는 고정관념은 버려야 한다. 선진국 진입은 단순히 1인당 소득의 증가에 의해 이루어지는 게 아니다. 그것은 사고의 다양성과 포용이 있어야 가능하다.

개혁, 성장, 분배는 결코 따로 노는 게 아니고 함께 굴러가는 세발자전거와 같다. 2003년 G7 정상회의는 '개혁 없이는 성장 없다' 고 선언했다. 우리나라 보수진영은 반세기 동안 똑 같은 노래만 튼다. '성장 없이는 분배 없다' 고. 그러나 '분배 없이는 성장 없다' 는 노래도 이제 좀 들어볼 때가 됐다. 분배와 성장은 동행이지 결코 따로 가는 게 아니다. 이것이 노무현 정부가 추진한 '동반성장' 정책의 핵심이다.

동반성장론은 오늘의 시점에서도 여전히 유효하다. 노무현 대통령은 마지막 남긴 글에서 임기 중 복지예산을 대폭 늘이지 못한 것을 후회했다(노무현, 2009. p. 234). 복지예산을 과거 관성이었던 20%에서 28%로 늘였으면 한국의 보수적 환경에서는 최선을 다한 것이 아니겠는가. 그 이상 올리기는 사실 어려웠다. 그때 그 정도로 과감히 올려도 양극화가 심해졌는데 만일 역대정부처럼 분배, 복지를 무시했더라면 얼마나 양극화가 더 심해졌겠는가. 그러므로 동반성장론은 보수적 사회 분위기와 시기적 불운이 겹쳐 꽃피우지 못했으나 그런대로 역사적 사명을 다했다고 볼 수 있다. 동반성장론은 여전히 많은 오해를 받고 있으며 그 진정한 가치를 아는 사람은 드물다. 앞으로 본격적 재평가가 필요하며 언제가 될지 모르지만 다음 개혁정부가 들어설 때 좋은 참고서로 살아나는 날이 올 것이다.

■ **참고문헌**

구인회. 2011. "복지개혁: 복지국가 이상과 발전주의 유산 사이에서" 강
　　　원택·장덕진 엮음『노무현 정부의 실험: 미완의 개혁』, 한울 아
　　　카데미.
국정브리핑 특별기획팀. 2007.『대한민국 부동산 40년』, 한스미디어.
김용창. 2011. "부동산 정책: 포위된 부동산 혁명? 요란한 해프닝?" 강원
　　　택·장덕진 엮음『노무현 정부의 실험: 미완의 개혁』, 한울 아카
　　　데미.
노무현. 2009.『진보의 미래』, 동녘.
이근식. 2011. "진보적 자유주의와 한국 자본주의"『자유주의는 진보적
　　　일 수 있는가』, 후마니타스.
이정우. 2007. "한국 부동산 문제의 진단: 토지공개념 접근방법"『응용경
　　　제』9권 2호.
______. 2008. "성장만능주의는 왜 우리를 불행하게 하는가?"『내일을
　　　여는 역사』34권.
이종원. 2010. "한국 부동산정책 변천사"『한국행정사학지』27호.
임대봉·이병완. 2005. "신용불량자 문제의 요인 분석"
전강수. 2007. "부동산정책의 역사와 시장친화적 토지공개념"『사회경제
　　　평론』29권 1호.
조영훈. 2008. "참여정부 복지정책의 성격"『사회과학연구』24권 1호.

세계화와 분배 친화적 개방정책

_홍종학

1. 세계화와 승자독식 사회

20세기 후반에 들어서면서 정보통신기술과 운송수단이 비약적으로 발전했다. 이러한 기술발전은 국가 간 지리적 거리를 획기적으로 줄였다. 전 세계를 대상으로 싸고 품질이 좋은 상품을 쉽게 찾을 수 있게 되었고, 실시간 주문과 빠른 배송을 통해 개인이나 중소기업도 손쉽게 국제거래를 할 수 있게 되었다. 이처럼 세계 어느 곳과도 쉽게 경제적 거래를 할 수 있게 된 현상이 바로 세계화이다.

세계화는 한 국가 내의 경제적 거래를 전 세계로 확장하는 것이다. 그렇기 때문에 한 국가 내에서 도로나 철로 등 운송 수단의 발달에 따라 지역 간 거래가 활성화되었을 때의 현상을 분석하는 것은 세계화를 이해하는데 유용한 지침이 된다. 예를 들어 한국에서 경부고속도로가 만들어지면서 전국이 일일 생활권으로 바뀌었고, 이에 따라 전국의 경제가 수도권 중심으로 재편되었다. 세계화는 전 세계의 경제중심지를 축으로 경제구조가 재편되는 현상을 초래할 것으로 예상 할 수 있다.

경부고속도로는 경제 성장을 촉진하는데 기여했지만 긍정적 효과만 있었던 것은 아니다. 일각에서는 지방 상인이나 소비자의 수도권 접근성이 용이해지면서 부산 국제시장이 몰락했다고 분석하기도 한다. 경부고속도로가 개통하면서 지역 상인들이 부산 국제시장 대신 서울의 동대문이나 남대문 시장으로 거래처를 옮겼기 때문이다. 교통이 불편했던 시절, 남부 경제권의 중심지 역할을 했던 부산 국제시장이 전국으로 경제권이 합쳐지면서 2등 상권으로 전락했다는 분석이다.

최근 고속철도의 개통으로 국내 교통 환경이 다시 한 번 변화했다. 고속철도 덕에 시민들은 빠르고 편안하게 이동할 수 있게 되었다. 이러한 변화는 특히 서비스 시장에 영향을 미칠 가능성이 높다. 최근 서울에 있는 대형병원에 지방 환자들이 몰리는 현상의 원인으로 고속철도의 개통을 꼽는 시각이 있는 것도 이 때문이다. 이러한 분석은 세계화의 효과를 이해하는데 도움이 된다.

세계화는 상품과 서비스 시장의 통합이 전 세계적으로 이루어지는 것이다. 그렇기 때문에 앞서 분석한 바와 마찬가지로 세계화는 경제 성장을 촉진시키는 긍정적 효과와 더불어 일부 시장을 쇠락시키는 부작용도 발생시킨다. 현재 국내외에서 양극화 현상에 대해 논란이 일고 있는데, 이 또한 세계화로 인한 부작용이다.

세계화를 통해 누구나 세계 최고의 상품을 소비할 수 있다. 자연히 세계적 경쟁력을 갖춘 상품을 판매하는 회사는 시장의 확장에 따라 막대한 이익을 얻을 수 있다. 반면 세계적인 기업과의 경쟁에 노출된 지역 기업들은 몰락의 길을 걷게 된다. 세계화로 인한 시장 통합은 최근 거론되는 '승자독식 경제(winner-take-all economy)' 를 초래하는 것이다.

세계화로 인한 부작용에 대해 제대로 대처하지 못하면 곧 경제의 기반이 흔들리게 되고, 전반적인 경제 위기가 야기될 수 있다. 실제로 경제사학자들은 2008년 이후 우리가 겪고 있는 경제 위기는 '2차 세계화' 의 결과로 평가하고 있다. '1차 세계화' 는 세계 무역과 금융의 거래가 빠르게 증가한 19세기 말에서 20세기 초까지의 기간을 말한다.1) 이 시기를 유럽에서는 '아름다운 시대(belle époque)' 라고, 미국에서는 '도금시대(gilded age)' 라고 불렀다. 과학기술이 폭발적으로 발전하고 경제 성장이 빠르게 이루어지면서 국제 교역과 국제 금융거래 역시 급증하던 시기였다.

이 시기 초반부에는 모든 것이 순조로워 보였다. 그러나 또 다른 한편에서는 잠재된 불안요인이 증폭되고 있었다. 발전단계가 서로 다른 국가가 국제경제의 빠른 변화에 적응하기는 쉽지 않았다. 국가 간 갈등이 증폭되었고, 그 갈등을 제대로 해소하지 못한 탓에 1차 세계대전이 발발했다. 전후, 경제회복을 위한 노력으로 경제가 호전되고, 긍정적 전망을 바탕으로 대규모 투자가 이루어지고 나서야 다시 경제호황 국면에 접어들 수 있었다. 그러나 1920년대 후반 주식시장의 침체로 시작된 불황은 국가 간 무역전쟁을 발생시켰다. 국제 무역이 급속도로 위축되었고, 그 결과 사상 최악의 대공황이 이어졌다. 경제적 혼란은 정치적 혼란을 불렀고, 이는 다시 2차 세

---

1) 양동휴·박복영·김영완 역, 2008. 『대공황 전후 세계경제』, 동서문화사.

계대전을 낳았다.

1차 세계화는 세계화의 양면적 요소를 그대로 보여준다. 세계화로 인해 성장은 촉진되었다. 하지만 그로 인한 부작용을 제대로 통제하지 못해 전쟁이나 대공황과 같은 재앙이 발생했다. 2008년부터 시작된 대공황에 버금가는 침체 탓에 1, 2차 세계화에 대해 다면적 재조명이 이루어졌다. 그 중 1, 2차 세계화의 유사성이 주목받고 있는데, 공교롭게도 1, 2차 세계화로 인한 경제 위기가 터지기 직전 자유방임주의적인 정책을 집행했다는 공통점을 발견할 수 있었다.

세계화가 급속히 진전되는 시기, 각국은 경쟁력을 확보하기 위해 비교우위에 있는 산업을 지원하고 규제를 완화하려는 경향을 보였다. 1920년대와 1980년대 이후 미국에서 그러한 현상을 발견할 수 있다. 미국은 보수주의 정부가 들어서면서 국제 경쟁력을 높인다는 구실 하에 친기업적인 정책을 추구했다. 2008년 위기는 친기업적 환경 하에서 파생금융상품에 대한 감독이 소홀해지며 생긴 틈이 대형 위기로 파급된 경우이다. 세계화를 통해 성장만 추구하다가는 결국 경제 위기를 맞게 된다. 분배 친화적 개방정책을 통해 지속 가능한 성장의 기초를 쌓지 못하면 세계화로 인한 혼란에 빠질 가능성이 높다는 점을 인식해야 한다.

2. 2차 세계화와 중국의 부상

2차 세계화의 4단계 진행

2차 세계대전 이후 미국은 세계 경제의 주도적 위치로 부상했다.

경제력에 있어 영국을 비롯한 유럽 국가들을 앞섰으며, 전쟁의 직접적인 피해를 입지 않았기 때문에 유럽보다 경제 사정이 나았다. 1차 세계대전의 뼈아픈 교훈을 되새기며 마셜플랜[2]을 통해 유럽을 적극 지원했다. 유럽 경제가 순조롭게 회복되면서 미국 경제도 부흥기를 맞았다. 경제력을 바탕으로 1944년 브레턴우즈 협약을 체결하면서 명실상부한 세계 경제의 중심국가가 되었다. 브레턴우즈 협약은 미국 달러의 가치를 금에 고정시키고, 다른 주요 통화의 가치는 달러와의 교환비율이 일정한 고정환율제도를 채택하도록 했다.

세계 제조업과 금융의 중심 국가로 타의 추종을 불허하는 최강대국으로서 미국이 세계 경제의 조정자이자 성장의 견인차 역할을 했던 이 시기를 2차 세계화의 '1단계'로 볼 수 있다. 정치적으로는 사회주의 국가와의 냉전으로 인해 시장경제를 채택한 서구 유럽과 미국, 일본 등 동아시아 국가들 간의 협력적 발전관계가 유지되던 시기였다.

'2단계'는 유럽의 부흥과 함께 패전국이었던 독일과 일본이 빠르게 성장하며 미국의 제조업을 위협하는 시기이다. 1970년대에 들어서면서 독일과 일본의 제조업이 빠르게 성장하며 세계 시장의 새로운 강자로 등장했다. 경제적으로는 예기치 않게 불어 닥친 석유파동으로 인해 경기침체와 인플레이션이 동시에 진행되는 스태그플레이션이 발생했다. 세계 경제는 장기간의 동반침체를 겪으며 위기에 빠졌다.

---

[2] 케인스는 1차 대전 이후 유럽에 대한 지원을 주장했으나, 1919년 6월 베르사유 조약에서 독일에 대한 가혹한 배상을 요구하는 것으로 결론짓는다. 결국 케인스의 예상대로 독일 경제는 피폐화되었으며 이는 전승국에도 악영향을 미쳤다. 2차 대전 후에는 이러한 교훈을 살리는 한편 소련과의 냉전으로 인해 독일에 대한 배상보다는 경제 부흥에 노력했다.

이 시기, 미국의 레이건과 영국의 대처가 각각 보수주의 경제정책을 도입하면서 본격적인 신자유주의 시대가 열린다. 한편, 제조업에서 일본과 독일에 밀리던 미국은 이들 국가에 대해 압력을 가하기 시작했다. 플라자 협약을 통해 일본 엔화의 강세를 요구했고, 일본은 엔화 강세로 인한 문제를 해결하기 위해 거품을 조장하는 정책을 취했다가 거품이 꺼지면서 장기적 경기침체에 빠졌다. 독일 역시 통일로 인한 후유증이 컸기 때문에 내부적 구조조정을 위한 시기에 접어들었다. 경쟁자들이 주춤하는 사이 미국의 주도권은 다시 부활했다.

'3단계'는 미국의 독주기로 볼 수 있는 1990년대이다. 미국과 영국은 레이건과 대처 이후 민주당과 노동당이 집권하면서 신자유주의의 폐해를 조금이나마 해소하고자 이른바 '제3의 길'을 제시했다. 냉전이 종식되면서 정치적으로도 미국이 유일한 강대국으로 인정받게 된 시기였다. 같은 시기, 개발도상국들은 위기를 맞게 되었다. 1990년대 초 북유럽 위기, 1994년 멕시코의 외환위기, 1990년대 후반 동남아시아 위기, 러시아 위기 등 작은 위기들이 이어졌다. 주변 국가의 위기로 인해 미국은 오히려 안정적인 경제대국으로서의 위치를 굳히며 정치·경제적으로 초강대국 지위를 향유했다.

'4단계'는 중국을 비롯하여 브라질, 러시아, 인도 등 이른바 브릭스(BRIC's)로 불리는 대형 개발도상국이 빠르게 성장하며 선진국 경제에 구조조정 압력을 가하는 시기이다. 구조조정에 따른 갈등을 해소하기 위해 각국은 경기부양에 나섰다. 개발도상국의 도전은 선진국의 중소기업이나 비숙련 노동자에게 직접적 타격을 가했다. 미국을 비롯한 선진국은 이를 해소하기 위해 금융완화 기조를 유지했고, 각종 규제를 완화하면서 경쟁력을 높이고 경기를 부양하기 위해 노력했다. 개발도상국으로부터 밀려오는 값싼 물건들로 인해 인플레이션이 낮은 수준으로 유지되면서, 방만한 통화정책이 지속되었고 자금은 실물경제로 이동하기보다 투기성 자금으로 변질되어 거품을 조장했다.

중국 경제의 위협

2차 세계화의 '2단계'에서 미국은 일본과 독일의 도전에 직면했고, '4단계'에서는 중국 등 신흥 개발도상국의 부상으로 인해 문제가 발생했다. '2단계'에서 미국은 일본과 독일에 대해 직접적으로 협조를 요구했고, 일본과 독일은 이러한 요구를 대부분 받아들였다. 특히 플라자 협약에 의한 환율조정은 경제대국인 일본조차도 미국의 요구를 무시할 수 없음을 여실히 보여주었다.

그러나 미국이 제조업 강국인 일본이나 독일과의 경쟁으로부터 주도권 회복이 가능했던 것은 그 무엇보다 경제적인 이유였다. 일본과 독일 제조업의 경쟁력이 높아지면서 이들 국가의 임금이 상승했고, 임금상승으로 인해 일본과 독일 제품의 가격이 상승하여 세계 경제에 대한 영향이 점차 안정화되었다. 전통적인 무역이론에 의하면 각 국은 서로 상대 우위가 있는 산업으로 집중하게 되고, 노동과 자본의 부문 간 이동에 따르는 비용이 크지 않다면 서로 이익을 얻을 수 있다. 미국은 단기적인 충격의 여파를 막기 위해 환율조정을 요구했고, 장기적으로는 이러한 임금조정에 의해 미국 제조업의 피해가 안정화될 수 있었다.

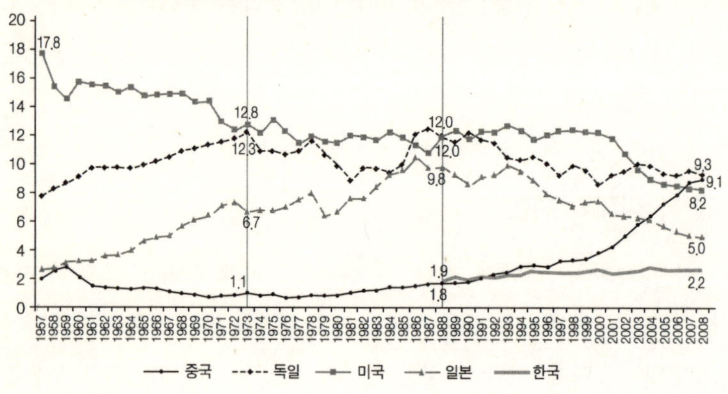

자료: 한국은행

중국을 비롯한 개발도상국이 미치는 영향의 양상은 조금 달랐다. 위의 그림에서 알 수 있듯이 중국 경제는 매우 급성장했다. 특히, 저임금을 기반으로 한 노동집약적 제조업의 수출은 세계 시장을 장악하고 있다. 거의 모든 국가가 타격을 입었다. 그 중에서도 각국 비숙련 노동자가 종사하는 중소기업이 큰 타격을 입었고, 이는 양극화 심화 요인으로 작동했다. 중국으로 인한 문제가 심각한 이유는, 중국이 무제한적으로 저임금 노동자를 공급할 수 있는 경제적 구조이기 때문이다.

앞서 일본이나 독일의 경우에는 일정 기간이 지나면서 서서히 국내 임금 상승이 이루어져 다른 국가에 대한 악영향이 제한적이었다. 그러나 중국의 경우 농촌 지역의 수많은 예비 노동력으로 인해 비숙련 노동자의 임금상승이 억제되고 있다. 따라서 전 세계적으로 값싼 중국 제품으로 인한 충격은 오랜 기간 지속될 가능성이 높다. 그리하여 전 세계적으로 경쟁력이 떨어지는 비숙련 노동자들의 일

자리와 중소기업을 위협하고 있고, 더불어 양극화 심화의 원인이
되고 있다. 물론 중국 경제가 발전하면서 다른 국가의 수출도 증가
했다. 하지만 수출이 증가하는 부문과 중국으로부터의 수출로 인해
피해가 발생하는 부문이 서로 다르다. 그렇기 때문에 중국이 전 세
계 취약계층에 가하는 위협은 지속적이다.

　더욱 문제가 되는 것은 중국이 첨단기술을 빠르게 습득하고 있다
는 것이다. 즉, 여타 국가는 점차 더 많은 부문에서 피해를 입을
가능성이 크다는 것이다. 한국의 경우에도 지금까지는 중국의 성장
에 의해 수출이 증가하는 등 순작용이 적지 않았다. 농수산물이나
노동집약적 제품의 수입이 폭증함에 따른 부문적 피해를 수출 증가
로 상쇄하거나, 피해 이상의 수출로 만회해 왔다는 평가를 받아왔
다. 그러나 이러한 추세가 지속되리라는 보장은 없다.

　실제로 현재 조선 산업 등에서 중국은 한국의 주요 경쟁국으로
부상했다. 또한 미래의 자동차로 여겨지고 있는 전기자동차에서도
한국의 자동차 산업을 위협하기에 충분할 정도로 성장한 것으로 알
려지고 있다. 컴퓨터 산업이나 항공우주기술에 있어서 세계 최고
수준인 미국이 우려할 정도임을 고려한다면, 거대한 내수시장을 기
반으로 한 중국의 첨단기술 산업의 발전 가능성은 무한하다.

3. 세계화와 보수정치, 양극화

소득불평등과 대공황

2008년 경제 위기를 겪으면서 1929년 대공황에 대한 재조명이

이루어졌다. 소득 분배와 관련한 연구들은 소득불평등이 1920년대 수준으로 악화되면서 대공황에 버금가는 세계적인 대침체(Great Recession)가 시작되었음을 알렸다. 대공황 직후에는 소득불평등도 심화에 따른 소비의 위축이 대공황을 불러왔다는 이론이, 최근까지는 대공황을 심화시킨 주원인이 금본위제도에 대한 맹목적 신봉에 따른 잘못된 통화정책이라는 것이 정설로 인정받고 있었다. 그러나 아래 그림에서 보듯이 이번 경제 위기의 이면에는 소득불평등의 악화가 자리하고 있음을 부정하기 어렵다.

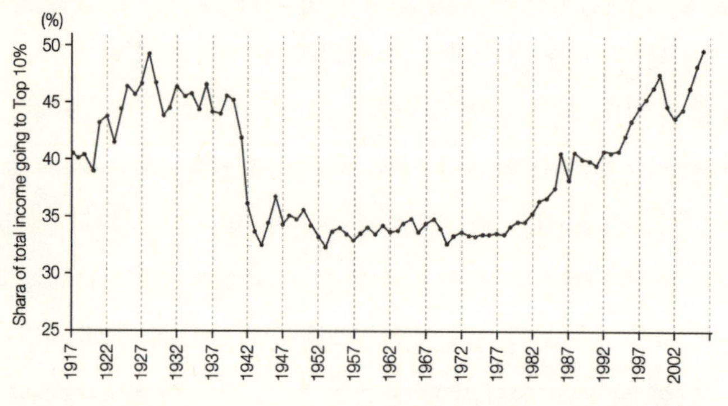

그림 2 | 미국의 상위 10% 소득 비중 추이(1917~2007)

자료: Saez, Emmanuel. 2008. 'Striking it Richer: The Evolution of Top Incomes in the United States.' Working Paper, University of California, Berkeley.

미국에서 소득세를 도입한 것은 1913년이다. 소득세가 위헌이라는 1895년 대법원 판결로 인해 개헌을 한 후에 도입할 수 있었다. 미국은 1차 세계대전이 시작되자 한계세율을 70%까지 높였다. 그러나 전쟁이 끝나고 보수적인 공화당 정부가 들어서자 대대적인 감세를 추진하기 시작했다. 당시 대부호이자 1920년대 내내 재무부장관을 역임했고 부자감세의 신봉자였던 멜론(Andrew Mellon)은 소득세 최고세율을 25%까지 낮췄다.

감세와 더불어 보수적인 공화당 정부는 대기업에 대한 규제를 철폐하고 노동조합의 파업을 탄압하는 정책을 취했다. 기술발전과 무역의 확대로 경제 성장이 이루어지는 동시에 또 한편에서는 부동산과 주식 투기 붐이 일었다. 이러한 정책은 결과적으로 1920년대 말 소득불평등의 악화로 이어졌다.

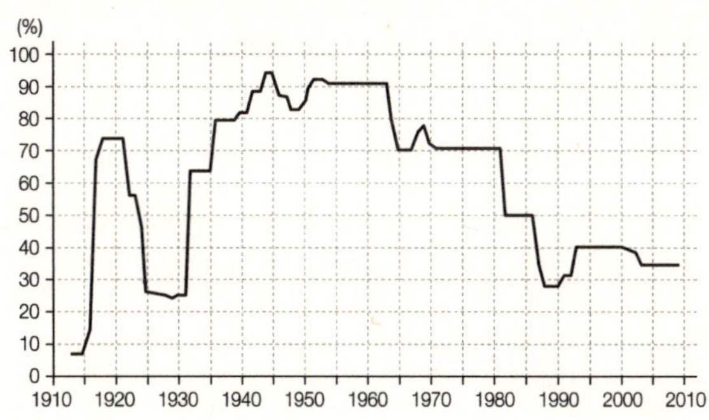

대공황이 시작되자 후버 정부는 관세를 올려 국내 산업을 보호하고자 했다. 1930년 스무트-홀리 관세법(Smoot-Hawley Tariff Act)에 의해 관세를 올렸고, 곧 유럽 국가들의 보복관세가 이어져 대공황을 심화시키는 역할을 했다. 이는 당시 공화당 정부가 철저하게 특정 이익집단의 이해관계에만 치중했음을 보여준다.

대공황을 겪은 후 미국은 뉴딜(New Deal)로 대표되는 대대적인 개혁정책을 추진했다. 소득세를 올리고 규제를 강화하기 시작한 것이다. 금융 산업과 기업집단을 개혁하여 경제력 집중을 억제하는 한편 노동조합의 협상력을 높이는 와그너법(Wagner Act)을 실행했다. 그 결과 미국의 소득불평등도는 크게 개선되었고, 뉴딜정책의 결과는 2차 대전 이후에도 지속되었다.

보수주의 정치와 소득불평등 악화

미국의 소득불평등도는 레이건 정부 이후 빠르게 악화되었다. 2006년 무렵 소득불평등도는 1920년대 수준으로 커졌고, 이는 대침체로 이어졌다. 즉, 미국은 1980년대를 전후해서 중요한 정책 전환이 있었으며, 이러한 정책 전환이 미국 경제의 구조적 변화를 초래했다.

레이건의 정책은 사실상 1920년대 멜론이 주창했던 감세와 규제완화를 주축으로 한 공급주의 경제학(supply-side economics)을 기반으로 하고 있다. 미국이 이와같은 정책을 선택한 이유는 레이건의 공급주의 경제정책이 당면한 위기에 대한 대안이라고 여겼기 때문이다. 1970년대 미국은 두 차례 석유파동과 함께 2차 세계화의 '두 번째' 단계에서 일본과 독일의 도전으로 인해 위기의식이 고조되어 있었다.

실제, 레이건의 정책은 경제대국으로서의 독보적 위치가 위협 받는 시기인 2차 세계화의 '두 번째' 단계에서 실시되었다. 레이건의 정책은 새로운 것이 아니다. 1920년대 보수 정부에서 실시했다가 대공황을 초래한 정책을 재현한 것이었다. 물론 레이건 정부는 대공황과의 연계성을 철저히 부정했지만, 대공황과 같은 궤적을 그리며 미국 경제는 대침체로 이어졌다.

보수적 정치인들은 불안한 경제적 상황을 금융 자본가들과 부자들을 위한 정책을 도입하는 계기로 삼았다. 1920년대의 고전적 자유방임주의는 신자유주의가 되었고, 멜론의 정책이었던 감세와 규제완화를 적극적으로 시행했다. 특히 금융시장의 규제완화는 전반적인 금융시장의 변화를 초래했다. 이러한 규제완화로 인해 1980년대 후반 이른바 저축대출기관(Savings and Loan Institution)의 대규모 도산으로 이어진 금융위기가 발생해 막대한 공적자금이 투입된 바 있다. 다른 한편으로 금융시장의 규제완화는 대규모 인수합병(M&A) 열풍을 만들어냈다. 특히 기업사냥꾼으로 불리는 투기 자본가들이 부채를 발행하여 기업을 인수한 후, 비용절감을 위해 노동자들의 희생을 강요하는 방식의 구조조정이 일상화되었다. 노동자들의 삶이 점점 황폐화되는 가운데, 월스트리트의 금융 자본가들은 엄청난 부를 축적했다.

규제완화는 다시 경제 전반의 투기 열풍으로 이어졌다. 1990년대의 이른바 기술주 거품으로 인한 주식 투기 붐이 일었고, 거품이 꺼지면서 여지없이 위기를 맞았다. 규제완화와 방만한 통화정책은 다시 주식시장과 부동산 시장의 거품을 조장했고, 결과적으로 주택담보대출 시장에서 방만한 대출이 이루어졌다. 방만한 대출은 대출이 지속되는 시기까지는 별다른 문제가 없었지만, 상환능력이 없는 대출자에게서 시작된 채무불이행이 퍼져나가면서 금융시장에 혼란을 야기했다. 주택담보대출의 대규모 부실 위험이 제기되던 시기, 서브프라임 모기지론을 기초로 한 파생금융상품 시장의 불투명성이 알려지면서 결국 규제완화와 방만한 통화정책으로 시작된 연쇄 고리는 미국발 전 세계적 금융위기로 이어졌다.

한편 금융 산업의 이해를 앞세운 미국의 국제적 영향력으로 인해 신자유주의는 전 세계로 퍼져나갔다. 신자유주의 정책을 도입한 이후 미국은 상대적으로 경제 성장을 유지한 반면 유럽은 만성적 고실업으로 고통 받고 있었다. 미국을 중심으로 한 국제적인 금융개방 요구는 1997년 아시아 위기를 계기로 강도가 세졌으며, 보수주의 신자유주의가 세계 표준으로 자리를 잡게 되면서 금융위기와 대침체가 초래되었다.

제3의 길과 그 한계

1990년대, 보수주의 정치로 인해 서민 가계의 피해가 극심해지면서 영국과 미국에서 이른바 '제3의 길'로 불리는 새로운 경제정책이 제기되었다. '제3의 길'은 규제완화라는 신자유주의의 큰 뼈대는 유지한다. 그러면서도 감세를 억제하거나 다소 증세를 꾀하는 한편, 노동자와 중소기업에 대한 지원을 강화한다. 미국의 클린턴 대통령은 감세를 어느 정도 복원하면서 대신 교육과 노동을 근간으로 한 새로운 성장정책을 제시했다. 이는 미국의 강점인 금융 산업에 대한 규제완화는 그대로 유지하면서도, 벤처기업 등을 비롯한 중소기업과 노동자에 대한 지원을 통한 성장정책을 추구한다는 것을 의미한다.

'제3의 길'은 신자유주의와 큰 차이가 없다는 비판을 받기도 한다. 대외적으로는 여전히 미국의 금융개방정책을 추구했기 때문이다. 또한 이 시기에 미국과 영국에서 소득불평등도가 악화되는 추세가 지속되었다는 사실로 인해 '제3의 길'과 신자유주의 사이의 차이를 인정하지 않는 분석도 많다.

실제로 영국의 블레어(Tony Blair)와 독일의 슈뢰더(Gerhard Schroder) 총리의 공동명의로 1999년 6월에 발표된 '제3의 길' 공동선언은 전통적 사민주의의 문제를 비판했다. 이 공동선언문에는 '사회 정의를 고양하는 것이 종종 소득의 평등한 분배와 혼동되었다'거나 '사회 정의는 더 많은 재정지출과 동일시되었다', 또는 '권리는 종종 책임보다 강조되었다'거나 '국가가 시장실패를 치유해야 한다는 신념은 종종 정부의 과도한 팽창과 관료제의 확대로 귀결되었다', '시장경제의 조정자로서 성장과 고용을 보장하기 위한 정부의 능력이 과장되었다'와 같은 과거 사민주의에 대한 통렬한 비판을 포함하고 있다. 이러한 비판은 사민주의자들로부터 사민주의의 기본적 가치를 손상했다는 비판을 받기에 충분했다.

그러나 무분별한 규제완화로 인한 부작용이 커지던 시기, 신자유주의에 대한 변화를 꾀했다는 점에서 '제3의 길'의 의의를 찾을 수 있다. 그 무엇보다 새로운 세계화 시대에 신자유주의에 대항할 수 있는 진보적 대안을 제시했다는 점에 주목해야 한다. 블레어-슈뢰더 공동선언에서도 새로운 세계화 시대에 '가장 중요한 과제는 인적자본에 투자하는 것이고, 개인과 기업들이 미래의 지식기반경제에 적응하도록 하는 것'이라고 천명하고 있다.

이러한 '제3의 길'은 그 이후 미국과 유럽 진보진영의 주요 경제정책에 영향을 미쳤다. 미국 민주당에서 재집권 전략으로 제시한 '해밀턴 프로젝트'는 '폭넓은 계층이 경제 성장에 기여하고, 과실 또한 넓게 배분되는 성장 방식이 보다 견고하고 지속 가능한 성장으로 이어질 수 있다'고 천명하고 있다. 또한 '복지와 성장은 상호 상승작용을 통해 강화될 수 있다'면서 효율적인 정부를 강조하고 있다.

'해밀턴 프로젝트'와 기본적 취지가 같은 『성장 친화형 진보』[3)]의

저자인 스펄링(Gene Sperling)은 세계화 시대에 교육과 노동의 중
요성을 강조했다. 그는 세계화로 인해 역동성 경제가 되었음을 역
설하며, 이러한 상황에서 진보적 가치는 첫째, 노동자에게 경제적
품위를 보장하는 것, 둘째, 누구나 열심히 일하면 경제적 지위 상승
이 가능하도록 하는 것, 셋째, 출신 성분으로 인생이 결정되지 않도
록 공정한 출발선을 보장하는 것이라고 밝혔다.

4. 유럽의 세계화 대응전략

사회통합을 전제로 한 세계화 대응전략

유럽의 세계화 대응전략은 영국과 미국의 신자유주의 정책과는
큰 차이를 보였다. 사민주의 기반이 강하고 노동조합이 활성화되어
있는 유럽에서는 노동자들의 희생을 전제로 한 구조조정을 받아들
이기 어려웠다. 이 때문에 1980년대 들어 대부분의 유럽 국가에서
실업률 고공행진이 이어졌고, 여러 나라가 위기를 맞기도 했다.

유럽에서도 아일랜드와 같은 소규모 국가는 대대적인 개방정책
을 통해 해외 자본을 유치하는 전략을 채택했다. 영국의 인접국이
라는 이점을 살려 유럽에 진출하고자 하는 외국기업을 유치하기 위
해 노력했고, 상대적으로 임금이 낮으면서 고급인력을 보유한 장점
이 효과를 발휘하기도 했다. 그러나 적극적 개방정책으로 인해 경
제 위기에 매우 취약했고, 2008년 경제 위기 이후, 유럽에서 세계적
경제 위기에 가장 큰 타격을 받은 국가가 되었다.

---

3) 진 스펄링 지음, 홍종학 역. 2009. 『성장 친화형 진보』, 미들하우스.

반면, 북구 유럽 국가는 전통적인 경제모형을 그대로 유지하면서도 상대적으로 경제 위기에 강한 면모를 보였다. 이들 대부분의 국가는 높은 세율과 재정지출에서 복지가 차지하는 비중이 높다. 그렇기 때문에 신자유주의 정책과 대칭적인 정책을 편 국가들로 알려져 있다. 아래 그림에서 보듯이 덴마크, 스웨덴, 노르웨이 등 북구 국가들은 유럽에서 소득불평등도가 가장 낮은 편에 속한다.

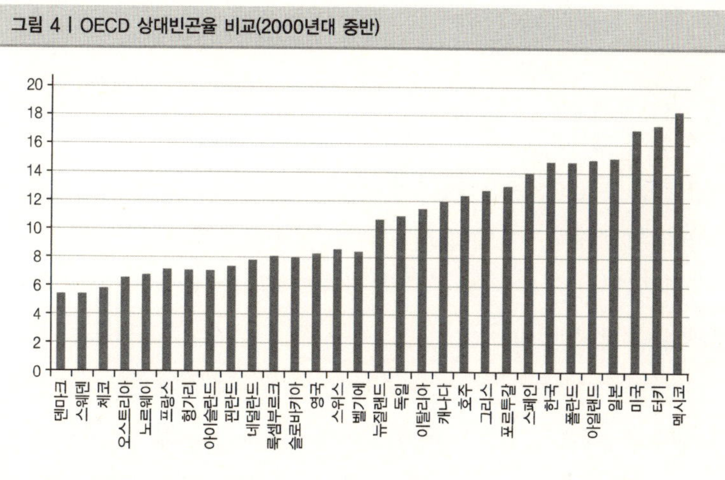

그림 4 | OECD 상대빈곤율 비교(2000년대 중반)

상대빈곤율 : 가처분 소득의 중위소득 50% 미만 소득 가구 비율

유럽 복지국가의 모범으로 불릴 정도로 북구 유럽 국가들은 소득 불평등도가 낮다. 또한 이들 국가의 경제는 상대적으로 건실한 경제 성장을 유지했으며 경제 위기에도 잘 대처하고 있다.

유럽에서는 일찍이 이들 국가들을 새로운 성장 전략의 표준으로 제시한바 있다. 2000년 유럽 정상들이 합의한 '리스본 전략'은 이들 국가를 모범 국가로 제시하고 있다. '리스본 전략'은 '일자리 창출과 사회통합을 기반으로 하여, 지속 가능한 경제 성장을 달성할 수 있는 최고의 경쟁력을 갖춘 역동적인 지식기반 경제를 구축하는 것'을 목표로 제시한바 있다. 유럽은 오래전부터 신자유주의에 대한 비판적 자세를 취하며 전통적인 유럽의 복지모형을 유지했다. 이들은 전통적인 복지모형을 기초로 세계화에 대처하는 전략을 추구해온 것이다.

적극적 노동시장 정책

북구 유럽 국가의 성공적인 개방정책의 핵심은 적극적인 노동시장 정책에 있다. 실업률이 높으면 복지지출이 늘어나게 되어 재정 운영에 큰 부담이 된다. 따라서 유럽 복지국가의 성패는 실업률을 얼마나 잘 통제하는가에 달려있다. 그렇기 때문에 북유럽 국가들은 적극적 노동시장 정책을 통해 실업자의 재취업을 활성화시킨다는 정책적 특징이 있다.

덴마크는 '유연안정성(Flexicurity)'이라는 새로운 노동시장 모형을 개발해 주목받고 있다. 덴마크는 복지제도를 통해 소득안정성을 높이는 동시에 노동시장의 유연성도 높였다. 노동자의 경우, 실업보험제도가 잘 갖춰져 있어 해고를 당하더라도 유연하게 대처할 수 있다. 이 정책이 전반적인 노동시장의 유연성을 높이는 기능을 한 것이다.

또한 정부는 적극적 노동시장 정책을 통해 해고된 노동자가 재취업할 수 있도록 직업훈련과 직업소개 기구를 운영하고 있다. 정부가 실업자의 재취업에 집중하는 것이다. 이는 자연히 기업의 부담을 줄인다.

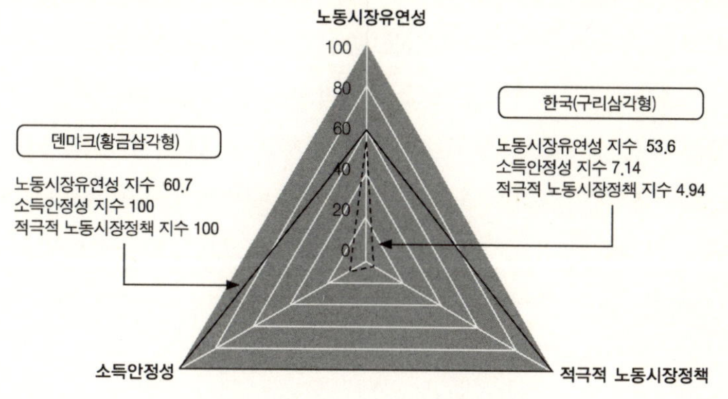

출처: 윤진호. 2009. '덴마크 유연안정성 모델에 대한 평가와 한국에의 시사점'

기업은 정부 덕분에 세계화 시대가 요구하는 구조조정을 원활히 할 수 있다. 이와 같은 정책은 결과적으로 경제 전반의 유연성을 높이는 효과를 발휘했는데, 그래서 이 제도는 '황금삼각형'이라는 별칭까지 붙었다.[4]

세계화 시대, 숙련노동자의 육성이 경쟁력을 좌우한다. 정부가 평생교육제도를 통해 적극적으로 고숙련 노동자를 육성하고, 이를 통해 실업자의 재취업을 보장하는 등의 방안은 진보적 경제정책의 핵심적 수단으로 인식되고 있다.

---

[4] 반면 한국의 경우는 유연성만 높을 뿐, 소득안정성이나 적극적 노동시장 정책이 미비하기 때문에 윤진호는 이를 구리삼각형으로 대비하기도 했다.

5. 분배 친화적 개방정책이 필요하다

한국은 지금까지 수출대기업을 중심으로 한 불균형 성장 전략을 추구해왔다. 이러한 전략은 노동집약적 산업을 중심으로 수출이 이루어질 때까지는 효과적이었다. 수출 증가로 만들어진 이익의 과실이 노동자와 중소기업에게 돌아갔고, 이는 전 국민의 혜택으로 이어지는 낙수효과가 이루어졌다. 그러나 세계화로 인한 국가 간 분업 활성화, 특히 중국의 급부상은 미숙련 노동자와 중소기업에게 직접적인 타격을 주었다.

이러한 상황에서 대기업의 호황이 더 이상 다른 부문으로 전파되지 않는 현상이 발생하게 되었다. 수출증가로 인한 혜택이 일부 대기업에 집중되면서 외형적 호황이 다수의 국민들이 느끼는 체감경기와 크게 괴리되는 양극화 현상이 발생한 것이다.

반면 정부의 정책은 아직도 과거 낙수효과가 작동하던 시기의 정책에 머물러 있다. 이명박 정부 들어 추진한 감세, 규제완화, 저금리 고환율 정책은 대기업의 이익을 높이는 데는 크게 기여했으나, 공언했던 낙수효과는 미미한 수준에 머물고 말았다. 결국 정부가 부자와 대기업에게 국민의 세금을 얹어주는 불공정한 결과를 자초하고 말았다.

이러한 상황에서 한국의 국가 경쟁력은 급속하게 훼손되고 있다. 대기업을 제외한 다른 경제주체들은 국제적 경쟁력을 완전히 잃었다. 대기업들은 규제완화를 틈타 오히려 자영업자, 중소기업 등 약한 경제주체들의 영역에 침범하여 양극화를 심화시키고 있다.

정부의 정책은 전면 수정되어야 한다. 수출대기업에 대한 지원을 전면 철폐하고, 정부의 지원이 필요한 부문에 집중해야 한다. 중소

기업이 발전하고 숙련노동자들이 있어야 대기업의 경쟁력도 유지
될 수 있다. 현재와 같은 상태로는 중국과의 경쟁에서 곧 밀려 국내
산업이 쇠퇴할 가능성이 높다.

세계화 시대에 개방정책은 포기할 수 없다. 그러나 현재와 같은
개방정책은 국민경제 전반에 피해를 가중시킬 것이고, 국민들의 반
개방심리만 조장하게 될 것이다. 국민들이 적대시하는 대기업이 경
쟁력을 발휘할 수 없을 것이고, 결국 한국 경제 전반의 공멸을 불러
올 것이다.

세계화 시대 선진국은 모두 분배 친화적 개방정책을 추구하고 있
다. 우리도 하루속히 개발연대의 신화에서 벗어나야 한다. 전 국민
에게 혜택이 골고루 돌아가는 개방만이 지속 가능하다.

■ 참고문헌

리처드 윌킨슨, 케이트 피킷 지음, 전재웅 옮김. 2011.『평등이 답이다—
　　왜 평등한 사회는 늘 바람직한가?』, 이후.
진 스펄링 지음, 홍종학 역. 2009.『성장 친화형 진보』, 미들하우스.
찰스 페인스틴,피터 테민, 지아니 토니올로 지음, 양동휴 · 박복영 · 김영
　　완 역. 2008.『대공황 전후 세계경제』, 동서문화사.
곽정수, 김상조, 유종일, 홍종학. 2007.『한국경제 새판짜기』, 미들하우
　　스.
Atkinson, Anthony, Thomas Piketty and Emmanuel Saez. 2011. "Top
　　Incomes in the Long Run of History," *Journal of Economic*

Literature, vol. 49, no. 1, 3-71.

Saez, Emmanuel. 2008. 'Striking it Richer: The Evolution of Top Incomes in the United States.' *Working Paper*, University of California, Berkeley.

Shiller, Robert J. 2003. *The New Economic Order*, Princeton, Princeton University Press.

2

분배 친화적 성장을 위한 경제정책

분배 친화적 성장을 위한
고용정책

_전병유

1. 들어가는 말

'성장의 공유(Shared Growth)' 시스템으로 평가되던 한국형 성장 모델이 1990년대 초반 이후 성장이 분배를 악화시키는 '양극화 성장(Polarized Growth)'으로 재편되었다. 글로벌 경제에 편입되어 있는 수출-대기업 부문은 빠르게 성장하는 반면, 전근대적인 영역인 중소기업-자영업 영역은 급속하게 약화되고 있으며 수출-대기업 부문의 성장이 여타 부문으로 확산되지 못하게 되었다.

이러한 양극화 현상이 뚜렷하게 드러나는 영역은 노동시장에서의 고용영역이라고 할 수 있다. 양극화 성장모델은 양극화된 노동시장으로 나타나고 있고, 이는 소득불평등과 빈곤의 증가와 같은 분배의 악화로 이어지고 있다. 따라서 노동시장의 양극화 현상을 추적하는 것은 분배를 악화시키는 성장모델의 문제점을 드러내는 것이고, 노동시장의 양극화를 완화할 수 있는 고용정책은 분배 친화적인 성장 메커니즘으로의 한국 경제의 재구성에서 매우 중요한 요소가 될 수 있을 것이다.

이 장에서는 경제 산업구조의 양극화가 노동시장에서 어떤 형태로 나타나고 있는가, 그리고 이러한 양극화를 해소하기 위한 정책적 과제는 무엇인지를 검토하고자 한다.

2. 우리나라 노동시장의 문제

현 단계 우리나라 노동시장의 구조적인 문제를 간단하게 표현하자면, '격차의 심화' 와 '불안의 지속' 으로 표현할 수 있을 것이다.

대·중·소기업 간 이중구조화라는 생산물시장의 격차가 그대로 노동시장으로 전가되고 있다. 즉 격차의 심화는 대기업-정규직 부문과 중소기업-비정규직 부문의 격차를 의미하는 노동시장의 이중구조화 현상으로 나타나고 있다. 중소기업-비정규직 부문의 낮은 보수는 일을 해도 빈곤에서 탈출할 수 없는 근로빈곤층(working poor)의 문제를 야기하고 있다.

한편 불안의 지속이란 외환위기를 계기로 높아진 고용불안 심리가 사라지지 않고 있다는 것을 의미한다. 단순히 불안이라는 심리적 현상에 그치는 것이 아니라 객관적으로 일자리를 상실하거나 해고를 당할 확률이 매우 높은 수준으로 유지되고 있는 것이다. 이러한 우리나라 노동시장의 구조적인 문제들을 정리하면 다음과 같은 몇 가지로 요약될 수 있을 것이다.

첫째, 노동시장에서의 부문 간 과도한 격차의 문제이다. 우리나라 노동시장은 대기업-정규직 노동시장과 그 외의 노동시장이 사실상 분단되어 있다고 볼 수 있다. '분단' 되었다는 의미는 두 부문 사이의 격차가 크고 두 부문의 노동력의 이동이 제한되어 있다는 의미이다. 그림 1에서 볼 때, 중소기업-비정규직 근로자의 보수는 대기업-정규직 근로자의 보수의 50~60% 정도에 불과하다. 2000년대 초반에 비해서 10% 이상 하락하였다. 두 부문 사이의 노동자들의 학력이나 근속연수 등의 차이를 고려한다고 하더라도 이 수치는 20~30% 수준을 나타낸다.[1]

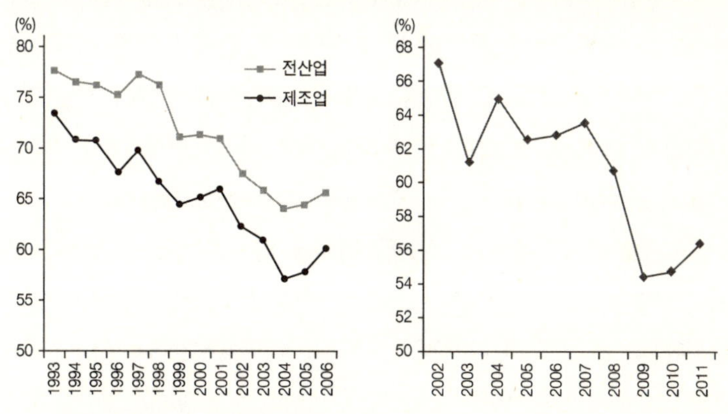

그림 1 | 대·중·소기업 간 임금격차(대기업=100)와 정규직-비정규직 임금격차(정규직=100)

자료 : 통계청, 경제활동인구조사, 부가조사.

---

[1] 개인이나 사업체의 모든 관찰되거나 관찰되지 않은 여러 가지 특성들을 모두 통제할 경우, 임금격차는 10% 미만이거나 거의 나타나지 않는다는 연구도 있다. 그러나 이렇게 모든 것을 통제하는 것은 차별을 입증하는 것일 뿐, 정규-비정규 격차를 나타내는 것은 아니며, 패널고정효과모델을 통해 관찰되지 않는 이질성을 통제하는 방법도 측정오류로 인하여 차이를 과도하게 줄이는 효과가 있다는 점(홍민기, 2010)을 고려해야 한다.

우리나라 노동시장에서 격차를 유발하는 원인은 외환위기를 전후로 해서 많은 변화가 있었다. 외환위기 이전 노동시장 분단의 중요 요인은 성과 학력이었다. 남녀 간 임금격차나 대졸과 그 이하 학력 사이의 격차가 격차의 주된 형태였다. 주로 노동공급 측 요인들에 의해 격차가 유발되었다.

그러나 외환위기 이후 노동시장에서는 '기업체 규모'와 '고용형태(정규직-비정규직)'가 중요한 역할을 하게 되었다. 이는 주로 수요자 측 요인, 즉 기업들이 격차 확대를 주도하고 있다고 볼 수 있다.

특히 노동시장 분단의 핵심적인 요인이 고용형태보다는 기업규모라는 지적도 있다. 이는 우리나라 노동시장의 분단은 생산물시장의 양극화를 정확하게 반영하고 있다는 사실을 의미한다. 외환위기 이후 대·중·소기업 간 관계에서 전근대적 관행이라고 할 수 있는 대·중·소기업 간 불공정 거래와 사내하도급이 노동시장의 유연화 관점에서 극단적으로 추구되었다는 점과 관련이 있다. 대기업들은 자신의 인력을 최소한으로 유지하면서 외주하청에 대한 의존도를 크게 높이고 하청단가는 최저임금 수준으로 유지하였다.

이러한 노동시장에서의 과도한 격차는 다음과 같은 다양한 시장실패와 정책실패의 문제를 초래하고 있다. 첫째, 대기업과 공공 부문의 고용창출 기능이 약화되고 장시간 노동체제의 해소와 일자리 나누기 정책이 작동하기 어려운 환경요인으로 작용하고 있다. 부문 간 격차가 큰 상황에서는 대기업과 공공 부문에서 채용을 늘리기는 어려울 수밖에 없으며, 장시간 노동체제의 해소와 일자리 나누기도 어렵기 때문이다.

둘째, 노동시장에서의 격차는 청년들의 과도한 직장 탐색과 직장 이동을 유발한다. 우리나라 대졸 청년이 졸업 후 제대로 된 일자리

에 취업하는 기간은 평균 11~12개월 정도로 OECD 국가들과 비교
해서 길지는 않다. 그러나 청년층들은 일단 취업을 하더라도(특히
중소기업) 직장에 만족하지 않고 잦은 이직과 노동이동을 반복하는
비중이 매우 높다. 이러한 맥락에서 우리나라 청년들의 직장 탐색
의 강도와 비용은 매우 크다고 볼 수 있다. 직장 탐색에 시간과 비용
을 투자하는 것은 개인적으로는 합리적인 선택일 수 있지만 사회
전체적으로는 낭비가 될 수 있다.[2]

셋째로는 노동시장의 격차가 클수록, 취업알선서비스나 교육훈
련정책과 같이 노동시장으로의 진입을 촉진하는 적극적 노동시장
정책이 작동하기 어려워진다. 양질의 일자리가 제한적이고 부문 간
격차가 클수록 직업훈련과 고용서비스를 통한 상향이동의 가능성
이 낮아진다. 결국 적극적 노동시장 정책들의 인센티브는 실질적으
로 매우 제한된다. 그 결과 정책의 효과가 낮아지는 것이다.[3]

노동시장에서의 격차의 확대현상은 다른 한편으로 구조적인 근
로빈곤(working poor)과 비정규직화의 문제로 나타나고 있다. 외
환위기 이후 발생한 대량실업은 빠르게 줄어들었으나, 근로빈곤의
문제는 심화되었다. 우리나라에서 저임금 근로자('중위임금' 의 2/3
이하)은 26~27%로 OECD 최고 수준을 유지하고 있다. 표 1에서 보

---

[2] 탐색시장에서 어떤 개인이 구직활동을 강하게 하면 다른 구직자가 부정적인
영향을 받게 되고, 탐색비용이 존재하는 상황에서 한 개별 근로자가 더 많은
탐색을 한다고 해서 전체 후생이 증가하지는 않는다(Diamond Paradox,
Diamond 1971).

[3] 임금격차가 확대될수록 기업의 훈련투자가 감소한다는 훈련 퍼즐이다. 임금
격차 축소는 인적자본에 대한 투자 인센티브를 촉진시키는 효과를 가진다
(Acemoglu and Pischke, 1999. p. 566)에서도 "임금구조가 경쟁임금에서
벗어나 미숙련 노동자에게 유리한 방향으로 바뀔 경우 기업들은 종업원들의
일반적 숙련에 투자할 유인을 가지게 된다". 즉 임금격차의 축소는 '기술적으
로는 일반적인' 숙련을 '기업 특수적인' 숙련으로 변화시킨다는 것이다.

면, 2002~2010년 사이에 일자리는 280만 늘었지만, 이 중에서 저임금 근로자가 거의 절반인 132만에 달하였고, 그 중에서 62만이 사회서비스 쪽에 증가하였으며 사업서비스 영역에서도 24만이나 늘어났다. '피용자 없는 자영업자'를 영세 자영업자로 볼 경우, 저임금 근로자와 영세 자영업자 등 우리나라 전체 취업자 중에서 일을 통해서 최저생계가 보장받기 어려운 계층은 40%를 넘는 것으로 추정된다. 이것은 한편으로는 실업문제에 낮은 질의 일자리창출로 정책적으로 대응한 결과이며, 다른 한편으로는 노동시장 이중 구조화의 심화라는 시장적 요인의 결과이다.

한편 잘 알려졌듯이 우리나라의 비정규직 규모는 OECD 국가 중에서 스페인을 제외하고는 가장 높은 편에 속한다. OECD 기준 비정규직(임시근로자)의 비중은 2007년 28.2%로 OECD 평균 14.2%보다 두 배 가까이 높은 수치를 나타내고 있다(그림 2).

표 1 | 저임금 일자리(임금근로자)의 산업 부문별 증감

(단위: 천 명, %)

	2002년			2010년			2002~2010년 간 증감		
	전체	저임금 근로자	비중	전체	저임금 근로자	비중	전체	저임금 근로자	비중
	14,030	3,208	(22.9)	16,834	4,531	(26.9)	2,804	1,324	(4.0)
농림광업	152	98	(64.2)	149	111	(74.6)	−3	13	(10.4)
제조업	3,317	722	(21.8)	3,471	580	(16.7)	154	−142	(−5.1)
전기가스	52	1	(2.7)	110	9	(7.9)	58	7	(5.2)
건설업	1,291	176	(13.6)	1,388	301	(21.7)	97	125	(8.1)
유통서비스	2,394	539	(22.5)	2,710	779	(28.8)	316	240	(6.3)
사업서비스	2,505	446	(17.8)	3,345	686	(20.5)	840	240	(2.7)
개인서비스	1,832	732	(39.9)	1,928	953	(49.4)	97	222	(9.5)
사회서비스	2,486	495	(19.9)	3,732	1,112	(29.8)	1,246	618	(9.9)

자료: 통계청, 경제활동인구조사, 2010년 8월 부가조사.
주: 저임금 일자리는 중위임금(median wage)의 2/3 미만인 일자리를 의미함.

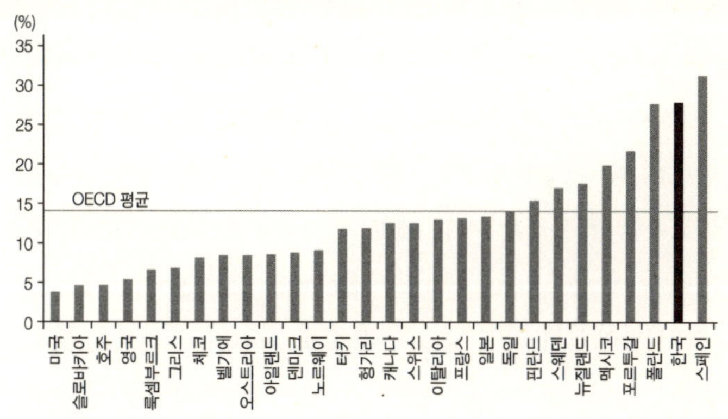

자료: Jones and Tsutsumi(2009)에서 재인용
주: 멕시코 2004년, 미국 2005년, 호주 2006년 수치.
　　임시근로자(Temporary Workers)=기간제근로자+계절근로자+파견근로자

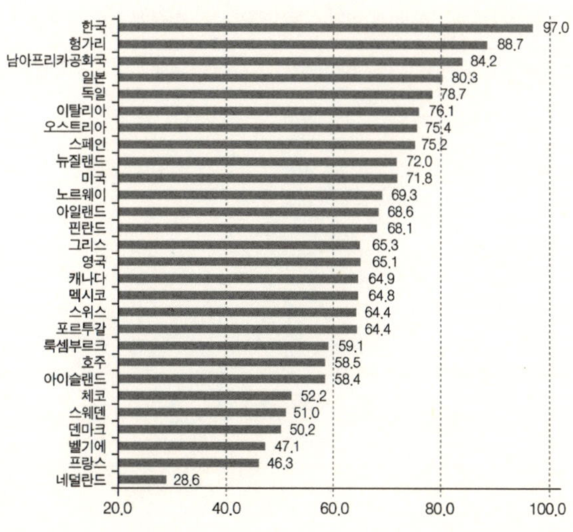

자료: World Value Survey Association, World Value Survey. 2008 조사 결과

우리나라 노동시장의 두 번째 문제는 위험의 수준이 매우 높고 시장참여자들의 불안감이 매우 크다는 사실이다. 대규모의 정리해고를 경험했던 외환위기 이후에도 일상적인 구조조정과 명예퇴직, 권고사직이 지속되면서 정규직 노동자라고 하더라도 일자리 상실의 위협이 매우 높아져 있는 상태이며 이에 따라서 노동자들이 느끼는 고용불안 심리는 거의 세계 최고 수준을 유지하고 있다. 세계가치 조사(World Value Survey, 2008)에 따르면 한국 근로자들의 97%가 일자리에서 가장 중요한 요소로 직업의 안전성을 들고 있다(그림 3). 네덜란드의 경우 이 수치는 28.6%에 불과했고, 스웨덴이나 덴마크 등은 50% 수준에 불과하다. 표 2에서도 여러 가지 직업선택 요인 중에서도 가장 중요시하는 것이 직업안전성으로 한국의 경우 56.9%로 세계에서 가장 높은 수준이다. 우리나라의 노동자들은 그만큼 고용불안 심리가 높다는 것을 의미한다.

표 2 | '직업 선택에서 가장 중요시하는 요인이 무엇인가'라는 설문에 대한 응답률(%)

	보수	직업안전성	동료	중요한 일
한국	26.6	56.9	5.5	11.0
일본	13.7	35.9	26.0	24.5
중국	39.2	34.9	13.3	12.7
스페인	29.0	41.8	15.0	14.2
독일	20.1	53.8	6.8	19.4
호주	37.0	37.5	12.4	13.1
미국	37.5	23.2	8.8	30.5
영국	34.9	17.6	13.6	33.9
네델란드	28.1	15.8	22.3	33.7
스웨덴	11.3	11.9	27.7	49.1

자료: World Value Survey Association, World Value Survey(2008) 조사 결과

외환위기의 가장 커다란 폐해 가운데 하나는 기존의 위험공유시스템을 붕괴시켰지만 새로운 위험공유시스템을 구축하지 못한 것이라고 할 수 있다. 이는 노동시장에서 가장 적나라하게 나타나고 있다. 사업주나 노동자를 비롯한 모든 경제주체들의 행위양식을 단기주의에 빠지도록 했고, 사업주들은 장기적인 기업 발전보다는 단기주의적 이윤추구에 더 신경을 쓰게 되었다. 노동조합도 개별 기업의 임금인상에만 몰두하는 경제적 조합주의에서 빠져나오지 못하고 있다. 이는 우리 사회에 위험의 사회적 공유 메커니즘이 상실되었음을 반영하는 것이다. 특히 직장상실 위험은 매우 높아졌음에도 사회적 보호시스템은 확립되어 있지 않기 때문에 노사 간의 사회적 교환이나 타협의 가능성이 매우 낮아져 있는 상태이다. 이러한 격차와 불안의 문제 이외에 우리나라 노동시장에서의 또 하나의 문제는 고용의 양과 질이 높아지지 않는다는 점이다. 우리나라의 양극화 성장 메커니즘은 노동시장에서의 고용률의 정체와 미숙련 함정을 유발하고 강화하였다. 우선 외환위기 이후 우리나라의 고용률은 60%를 넘지 못하고 있다. 낮은 고용률의 원인은 일차적으로 노동수요 측에서 양질의 일자리가 더 많이 창출되지 못하고 있기 때문이다. 이것이 공급 측에서는 여성과 청년들의 낮은 경제활동 참가율과 고용률(전체 인구 중에서 취업자의 비율), 그리고 점차 낮아지는 고령자 고용률로 나타나고 있다. 고용률이 70%를 넘지 않고서는 복지국가의 지속 가능성이 보장되기 어렵다는 점에서 양극화 성장에 따른 고용률의 정체는 우리나라의 장기적인 복지국가 발전 전략에 큰 문제가 아닐 수 없다.

한편 미숙련 함정(low skill equilibrium)도 현재 우리나라 노동시장의 중요한 문제 가운데 하나라고 할 수 있다. 우리나라 기간산업

의 생산체제는 생산노동자의 숙련에 의존하지 않게 되었고, 핵심인
력(High Tech+고학력)을 제외한 나머지 부분을 자동화·탈숙련화하
고 있다. 이러한 숙련수요의 실패('미숙련의 함정')로 인하여 중간숙
련에 대한 훈련과 평생교육 시스템이 작동하지 않게 되었으며 이는
훈련시장에서의 시장실패(직업훈련-평생교육 시스템이 작동하지
않음)로 이어지고 있다. 훈련을 받더라도 이를 보상해줄 적절한 일
자리가 존재하지 않는 것이다.

결국 노동시장의 관점에서 볼 때, 우리나라의 분배 친화적 성장
의 방향은 분명해진다. 노동시장에서의 격차 구조를 완화하고, 고
용불안을 낮추거나 고용불안에 대한 사회적 보호시스템을 구축하
며, 고용의 양과 질을 높이는 것이 분배 친화적 성장메커니즘의 주
요 토대를 형성하는 것이다.

3. 분배 친화적 성장모델 구축을 위한 고용정책의 방향

주요 선진국들은 1980년대 이후 노동시장의 유연화를 압박하는
요인인 글로벌화와 기술변화라는 환경변화에 대응하여 기존의 복
지시스템을 유지하기 위해 제시한 모델이 이른바 '유연안전성
(flexicurity)' 모델이다. 유연안전성 모델은 '노동시장에서의 규제'와
'사회적 보호'를 노사가 사회적 타협에 기초해서 전략적으로 교환하
는 모델이고 여기에 적극적 노동시장 정책이 결합되는 모델이라고
할 수 있다. 즉 노동시장에서 해고나 근로시간에 대한 규제를 완화
하거나 임금을 성과에 연동하는 노동시장의 유연화를 한편으로 추
진하면서, 다른 한편으로는 실업급여나 공공부조 등 사회안전망을

확대 강화하고 취업지원 서비스나 직업훈련 등의 적극적 노동시장 정책을 결합하는 모델인 것이다. 덴마크나 네덜란드 그리고 스웨덴 등 성공적인 고용모델의 경우 모두 유연안전성의 개념 틀에 기초한 다고 볼 수 있다. 그림 4에서 보는 바와 같이 유연안전성 모델은 개별 국가들의 산업구조나 노동시장 구조의 성격에 따라서 다양한 형태로 형성될 수 있다.

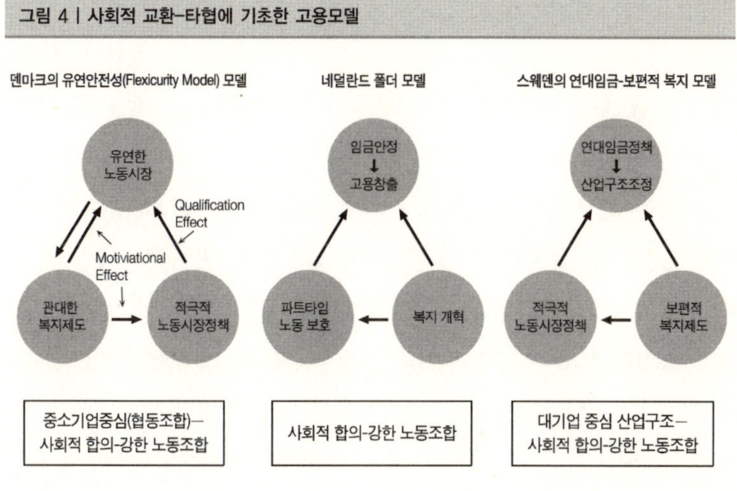

그림 4 | 사회적 교환-타협에 기초한 고용모델

그러면 우리나라에서도 유연안전성 모델이 유효한 전략적 대안 모델인가? '노동시장 규제 완화', '사회적 보호 강화', 그리고 '적극적 노동시장 정책 확대'의 새로운 결합 모델(노동시장 유연화와 국가 주도의 복지정책의 사회적 교환 모델)을 창출하여 노동시장에서의 격차 구조를 완화하고, 고용불안을 낮추며, 고용의 양과 질을 높임 으로써 분배 친화적인 성장 메커니즘의 주요 토대를 형성할 수 있을 것인가?

먼저 '유연성을 강화하기 위한 사회적 필요성이 존재하는가'라는 문제를 제기할 수 있을 것이다. 대기업이나 공공 부문 등 우리나라의 1차 노동시장의 경우, 이미 유연성은 매우 높아져 있는 상태이다. 대기업의 경우 '명예퇴직을 통한 일상적인 인력조정'이라는 방식이 외환위기 이후 정착되었다. 이는 '기업의 자금력으로 유연성을 구매하는 모델'이라고 볼 수 있다. 대기업들이 명예퇴직금을 미끼로 하여 고용 수준을 줄이는 전략을 지속적으로 추진하였던 것이다. 일부 조직노동에 의해서 보호받고 있는 영역을 제외하고는 대기업이나 공공 부문이라고 할지라도 추가적인 유연성에 대한 필요성은 그리 높지 않다고 판단된다.

더욱이 정규직의 고용보호 수준을 제도와 정책으로 낮추는 것은 이론적으로는 가능하고 필요할지도 모르지만 현실적·실천적으로는 불가능하고 부작용만 초래한다. OECD가 1994년에 고용전략을 발표하면서 노동시장의 유연화 개혁을 권고하였지만, 지난 20년간 정규직의 고용보호 수준을 정책적으로 낮추어 성공한 사례는 거의 없는 것으로 알려지고 있다. OECD 고용전략에 따른 노동시장 유연화 권고는 사실상 비정규직을 확대하고 청년과 여성 고용률을 높이지 못하는 장애 요인으로 작용한 것으로 평가된다. 우리나라의 경우 특히 사회적 보호가 전제되지 않은 상태에서 고용보호에 대한 완화는 쌍용차나 한진중공업 사태에서 보듯이 매우 커다란, 그리고 매우 다양한 형태의 사회적 비용을 치르지 않을 수 없다.

또한 고용유연성과 전략적으로 교환하기 위한 사회적 보호시스템 구축에는 많은 예산투입뿐만 아니라 단시간에 확보되기 어려운 정책능력 형성이라는 문제가 존재한다. 우리나라는 사회안전망의 광범한 사각지대를 가지고 있다. 실직을 해도 실제로 실업급여를 받을 수 있는 비중은 10%에 미치지 못한다는 연구도 있으며, 기초생활보장제도와 같은 공공부조의 경우에도 4백만 명이 넘는 사각지대를 가지고 있는 것으로 알려져 있다. 이러한 광범한 정책 사각지대는 사회적 보호의 대상과 규모가 매우 다양하고 광범위하다는 조건과도 관련되어 있다.

노동시장 유연화와 사회적 보호를 교환하고 타협할 수 있는 관행과 토대가 매우 취약하다. 현재의 기업별 노동조합시스템이나 취약한 사용자조직(전경련, 대한상의, 중소기업중앙회, 업종별 협회 등)을 고려할 때 전략적인 사회적 교환·타협의 관행과 토대를 형성하기에는 당분간 어려울 것으로 판단된다. 현재 지역과 산업 차원에서의 중층적 교섭과 타협의 가능성이 모색되고는 있지만 이것도 단시간에 역량이 강화되기는 쉽지 않은 것 같다. 우리나라의 노동시장의 개혁은 단순히 유연성을 확대하고 이를 보완하기 위하여 사회적 보호를 강화하는 틀에만 머무르기는 어렵다. 우리나라에서의 고용정책이 분배 친화적인 성장모델 구축에 기여하는 방향으로 설계되기 위해서는 혁신, 개혁, 사회적 보호의 개념하에 생산물시장과 노동시장을 재구성해야 한다. 즉 '혁신주도 성장', '공정한 시장', 그리고 '효과적 재분배'를 결합하는 한국형의 모델이 필요하다.

재벌-대기업의 생산력에만 의존하지 않고 혁신에 기초한 다양한 성장 거점들이 창출될 수 있는 혁신형 성장모델을 통해 고용잠재력을 확충하고 생산물시장 개혁을 통해 노동시장에서의 격차 축소의 기반을 확충하며, 정교한 재분배 정책 수립을 통해 사회적 보호 기능을 강화하는 전략이 필요하다.

생산물시장의 개혁은 재벌개혁에서는 거너번스 개혁을 넘어서 공정한 시장개혁으로 가야할 것이며, 혁신형 중소기업 정책에서는 협력과 네트워크에 기초한 성공모델 창출이 필요하다. 여기에 에너지-환경 프로젝트, 북한-동북아 개발 프로젝트 등 대형 국가프로젝트와 사회서비스업에 관한 국가계획(National Plan) 수립 등도 경제산업 정책의 중요한 구성 요소로 결합할 필요가 있다. 이러한 생산물시장의 개혁은 노동시장 개혁의 전제 조건이다. 우리나라의 경우 아직도 생산성이 낮은 전근대적인 영역이 많이 남아 있고 이들을 성공적으로 구조 전환하기 위해서는 재벌 중심의 양극화 생산체제가 아닌 혁신 중심의 다중심 성장거점이 필요하다.

사회정책의 경우 사회적 보호정책은 시장의 정비·개혁과 함께 시장 정비와 규제를 위한 국가 능력을 강화하는 것이 필요하다. 고용형태가 과도하게 비정규직화되는 경로를 차단하는 규제시스템을 구축하는 것, 전근대적인 노동시장 요소가 남아 있는 영역에 대한 개혁 플랜(근로기준과 최저임금의 준수, 고용중개시장의 근대화)을 만드는 것, 민간 주도 사회보험-사회서비스 시장에 대한 규제·제도화 시스템을 구축하는 것 등이 그것이다. 시장의 정비-개혁의 경우, 다양한 이해관계자들의 갈등과 조정의 문제가 존재하기 때문에 정교한 개혁 계획이 요구된다.

다른 한편 사회적 보호를 통해 일자리의 질을 높이고 고용안전망을 강화하는 것이 동시에 이루어져야 한다. 그러나 시장정비·개혁 없는 사회적 보호 강화는 효과가 없을 수 있다. 예를 들어, 불공정한 하도급거래가 유지되고 최저임금이 지켜지지 않는 상황에서 비정규직에 대한 임금보조나 소득보조는 사실상 대기업에 대한 보조로 귀착될 것이기 때문이다. 이러한 시장정비에 기초하여 시장정비와 결합된 정교한 사회적 보호시스템이 설계될 필요가 있다.

또한 자본주의 사회에서 위험에 대한 사회적 보호는 단순히 국가가 모든 것을 책임지기는 어렵다. 그렇다고 과거와 같이 가족이 책임지기도 어렵다. 따라서 지역과 공동체의 역할을 강화할 필요가 있다. 고용문제의 해결에 있어서도 지역의 시민사회단체, 협동조합, 사회적 기업 등의 역할이 확대되어야 한다.

한편 경험적으로 볼 때, 고용 성과에서 여전히 중요한 것은 거시경제의 안정성이다. 거시경제의 안정성은 미시적인 정책 개혁을 위한 전제 조건이며 새로운 고용모델 창출을 위한 사회적 인프라라고 할 수 있다. 정교한 거시경제의 관리와 더불어 거시경제의 안정성을 해치는 금융자본의 유동성을 일정한 범위 내에서 통제할 필요가 있다.

4. 고용정책의 대안과 과제

이 절에서는 앞에서 검토한 분배 친화적 고용정책의 방향에 따라서 구체적인 정책 과제를 고용의 질 제고정책, 고용안정 정책, 고용창출 정책의 측면에서 검토하고자 한다. 분배 친화적 고용정책이 되기 위해서는 고용이 분배와 복지 개선에 기여할 수 있어야 하며 이를 위해서는 고용의 질이 우선적으로 높아져야 한다.

우리나라에서 고용의 질을 훼손하는 두 가지 요인 중 하나는 '노동시장 유연화의 문제'이며 다른 하나는 '전근대적인 고용관계의 잔존' 문제이다. 전자는 비정규직의 문제로 볼 수 있고, 후자는 막다른 일자리(dead-end job)를 담당하는 취약근로자의 문제로 볼 수 있다. 전자는 고용불안과 고용차별의 문제이고, 후자는 근로기준, 최저임금, 근로빈곤의 문제를 가지고 있다. 이 두 가지 문제를 간접적으로나마 보여줄 수 있는 두 개의 통계 기준이 '고용형태'와 '종사상 지위'이다. 정확하게 구분되는 것은 아니지만 노동시장 유연화의 문제는 고용형태 지표로 접근할 수 있고, 전근대적인 고용관계의 문제를 보여주는 지표로는 종사상 지위를 볼 수 있다. 고용형태상의 비정규직은 전통적인 정규직 고용형태와 다른 것으로 한시적 근로, 시간제 근로, 비전형 근로(파견, 용역, 특수고용 등)를 말하며 이는 노동시장의 유연화를 반영하는 것이다.

한편 종사상 지위에 따른 분류에서 상용직이 아닌 임시직, 일용직은 대부분 중소기업에 종사하는 비중이 높고, 근로기준이 지켜지지 않거나 퇴직금·상여금을 포함한 기업복지가 적용되지 못하는 경우가 많은 전근대적인 영역에 속한 계층으로 파악할 수 있다.[4]

정부는 고용형태상의 비정규직만 비정규직으로 계산하는 반면 노동계의 경우, 고용형태상의 비정규직과 임시일용직까지를 비정규직으로 포함시키고 있다. 이 두 기준은 상당 부분 중첩되는 경우가 많겠지만 고용형태상의 비정규직과 임시일용직의 경우 문제의 성격이 다를 수 있기 때문에 정책 방향이나 내용에서도 다를 수 있다(표 3 참조). 따라서 비정규직 정책과 막다른 일자리 정책을 구분해서 보기로 한다.

---

[4] 막다른 일자리를 담당하는 취약근로자들은 근로빈곤층, 저임금 근로자, 중소 영세기업 취약노동자 등으로 볼 수 있으며 간병인, 파출부, 영세 식당근로자, 택배기사, 대리운전기사, 일용건설근로자, 청소경비용역근로자, 청년아르바이트 등이라고 할 수 있다. 특히 임시직이나 일용직의 경우, 앞에서도 지적했듯이 전반적으로 임금이나 보수 수준이 낮고 근로기준이나 근로복지가 적용되지 못하기 때문에 일을 통해 최저생계를 확보하기가 쉽지 않고 더 좋은 일자리로의 상향 이동이 매우 어렵다는 의미에서 이른바 '막다른 일자리'로 볼 수 있다.

　우리나라의 고용형태상의 비정규직 비율은 2010년 현재 33% 정도이다. 이 비율은 여타 OECD 국가들과 비교해서 가장 높은 수준이다. 개별기업 차원에서만 볼 경우 이렇게 높은 수준의 비정규직을 유지하는 것은 노동자의 숙련과 충성도(loyalty)의 상실이라는 비용이 커진다는 의미에서 경제적으로 합리적이지 않다고 판단된다. 따라서 우리나라의 높은 비정규직 비율은 이제 일종의 시장실패 상황이라고 판단된다. 당연하게 전체 차원에서의 국가의 규제가 필요하다. 외환위기 이후 기업들의 과도한 유연화 전략이 초래한 비정규직 문제는 시장 규제와 차별시정이라는 두 가지 차원에서 억제될 필요가 있다.

표 3 | 비정규직 문제의 성격과 취업자 구성(2010년 8월, 경활부가조사 자료)

(단위: 천 명, %)

경제활동인구조사 부가조사의 고용형태상 분류 (2010년 8월)			
구분	정규직	비정규직 (한시적, 시간제, 비전형)	소계
경활인구 본조사 종사상 지위 분류 상용직	A 8,455천 명(49.6%)	B 1,695천 명(9.3%)	10,150천 명 (59.5%)
임시직 일용직	C 2,914천 명(17.6%)	D 3,983천 명(23.4%)	6,897천 명(42.9%)
소계	11,369천명(66.7%)	5,678천명(33.3%)	

	조사 변수	문제의 성격
비정규직	고용형태 상의 비정규직 (기간제, 시간제, 비정형)	• 고용불안 • 고용차별
취약근로자[1]	종사상 지위 상의 임시직[1)] 일용직	• 근로기준 • 최저임금 • 근로빈곤

주 1): 고용계약 기간이 1년 이상이더라도 상여금 · 퇴직금을 지급받지 못할 것으로 예상되는 경우 임시직으로 분류

먼저 시장 규제를 강화하여 비정규직화를 차단하고 고용안정성을 높이는 정책이 필요하다. 현재 비정규직을 규제하는 법률은 기간제법과 파견법이 있다. 기간제법은 기간 제한을, 파견법은 사유제한을 통해 비정규직의 확산을 차단하고자 한다. 2007년에 기간제 근로자의 사용 기간을 제한하는 기간제법이 도입되면서 기업들은 부분적으로 기간제 남용을 자제하고 있는 것으로 보인다. 그러나 사내하도급이나 시간제 근로 등으로 다른 형태의 비정규직이 확산되는 이른바 '풍선효과'가 나타나고 있다. 기간제법-사내하도급 규제를 포함한 간접고용규제법, 시간제보호법 등 3법의 체계화를 통해 비정규화를 체계적으로 차단할 필요가 있다.

우선 간접고용-사내하도급 시장 정비가 필요하다. 파견·용역 등 간접고용의 비중은 2010년 현재 5%, 82만 명 수준이나 사내하청까지 포함할 경우 이 비중은 120만 명을 넘어설 것으로 추정된다. 무엇보다도 현대자동차의 불법파견에 대한 시정조치(2년 이상 불법파견의 정규직 전환)는 정부의 비정규직 정책에 대한 의지를 나타내는 시금석으로 보인다. 원청의 지위명령을 기준으로 원청-사내하도급 관계의 종속성 기준을 명확하게 정의해야 할 것이며 불법파견에서 하청고용주의 책임도 강화하고, 2년 미만의 불법파견의 경우에도 직업안정법상 근로자 공급에 의해 규제될 필요가 있다. 적법한 도급 근로에 대해서도 고용승계의 원칙(EU법원의 판결)을 도입하는 방안도 검토할 필요가 있다. 또한 공기업의 경우 사내하도급을 활용하는 비율이 민간기업에 비해서 더 높다(이병희, 2010)는 사실을 고려할 때, 공기업의 외주하도급에 대한 정확한 실태조사와 공기업의 무분별한 외주시스템에 대한 정비가 선행될 필요가 있다.

한편 시간제 근로에 대한 규제와 보호시스템 구축도 필요하다.

최근 시간제 근로 비중이 빠르게 증가하고 있다. 2002년 5.9%에서 2010년 9.5%로 증가하였으며 2012년에는 거의 20% 수준에 육박하는 것으로 알려져 있다. 최근 정부가 추진하고 있는 상용형의 시간제 근로 활성화를 통한 고용창출 정책은 여성의 경제활동 참여를 높여 전체 고용률을 높인다는 의미 있는 정책이기는 하다. 그러나 기존의 시간제 근로 노동시장의 현실은 매우 열악하다. 우리나라의 경우 비자발적 시간제 근로자(풀타임 근로 일자리가 없어서 시간제 근로를 하는 근로자)의 비율이 매우 높고 시간제 근로가 대부분 최저임금 수준의 막다른 일자리이여 시간제 근로의 90% 이상이 임시일용직이고, 시간제 근로자의 사회보험 가입률은 10% 수준에 머물고 있다. 시간제 일자리의 질을 높이지 않고서는 시간제 근로를 통해서 일자리를 창출하는 것은 매우 제한적이고 불량한 일자리만을 양산할 가능성이 있다. 시간제 근로에 대한 비례보호(풀타임과의 동일한 근로조건의 보장), 최저임금 적용, 사회보험 적용 등이 먼저 선행될 필요가 있다.

다음으로 비정규직화 차단의 중요한 정책 수단이 차별시정 정책이다. 현재 기간제법에 차별시정 조항이 포함되어 있으나 실효성의 문제가 지속적으로 제기되고 있다. 차별시정 정책의 실효성 제고를 위해 차별소송 주체, 기간, 영역, 비교대상 등에서 개선이 이루어져야 한다. 차별소송의 주체를 비정규직 개인이 아니라 노동조합이 차별소송의 주체가 될 수 있도록 피신청인의 자격 기준을 확대해야할 것이며, 차별신청기간 확대(1~3년), 차별금지영역 확대(근로기준과 사회보험 등 포함), 동일가치노동 동일임금 원칙의 적용범위 확장(사업장 외부의 유사규모의 직종 및 업종 노동자로까지 확대) 등에서 지속적인 개선이 요구된다. 이른바 '중규직(직군분리-고용보장)'의 차별문제에 대해서도 본격적인 문제 제기를 시작해야 할 것이다.

막다른 일자리의 취약근로자 정책은 다음 세 가지 차원에서 접근 되어야 한다. 첫째, 시장정비와 제도 공급이다. 즉 시장에 대한 적절한 제도와 정책 인프라를 제공하는 것이다. 둘째, 사회적 보호시스템 구축이다. 셋째, 근로자의 조직화와 대표성의 강화이다. 막다른 일자리의 질을 높이기 위한 일차적인 접근은 규제와 제도가 부족한 막다른 일자리 시장에 대한 적절한 제도와 정책 인프라를 공급하는 것이다. 예를 들어 불공정하도급 거래를 억제하기 위해서 징벌적 손해배상제도, 고발권 강화, 표준계약서 의무화, 조합에 단가 협의권 부여, 기술탈취 방지 등 대·중·소기업 간 불공정 거래를 해소하기 위한 조치들을 강화할 필요가 있고, 대규모 소매점포에 대한 규제의 실효성을 제고할 필요가 있다. 동시에 돌봄노동 영역에서는 자격과 훈련을 통한 시장의 제도화가 필요하고 고용중개 시장에서 횡행하는 중간착취 문제를 규제하고 여기에 공공 고용서비스를 집어넣어야 한다. 무엇보다도 중요한 것은 최저임금 제도의 실효성을 높이는 것이다. 최저임금의 수준을 높이는 것도 중요하지만, 최저임금도 받지 못하는 최저임금 사각지대가 전체 임금근로자의 11%로 약 200만 명에 달한다. 이들은 많은 부분 비공식 부문으로 남아 있다. 근로감독관의 질을 높이고 근로감독에 국가전략적 역할을 부여하는 정책이 필요하다.

두 번째로 막다른 일자리의 취약근로자들을 사회적으로 보호하는 것이다. 현재 막다른 일자리의 임금수준은 80~120만원 수준으로 4인가족기준 최저생계비 144만원에 미치지 못하는 수준이다. 이러한 저임금 일자리에 대해 일부 근로장려세제로 보조하고 있기는 하지만 최대 연 120만원으로 수준도 낮고 포괄하는 대상도 제한적이다. 따라서 사회보험료를 감면하는 정책이나 임금보조정책 등으로 이를 보완하여 저임금 일자리에 대한 소득보전을 체계화할 필요가 있다.

비정규직과 막다른 일자리 근로자의 목소리가 사회적으로 대변되지 못하는 문제에 대해서는 대표되지 못하는 비정규직과 막다른 일자리 근로자의 조직화를 촉진하는 정책적 개입이 필요하다. 산별 전환 노력과 더불어 개별노조에서의 규약과 단체협약에서의 자격 제한 제도(비정규직에게 조합원 자격을 부여하지 않는 제도)를 폐지하고 취약근로자를 조직화하는 데 대하여 국가가 지원하는 방안도 검토해볼 수 있을 것이다.

앞에서 보았듯이 우리나라 노동시장에서 고용불안의 문제는 세계적으로 가장 높은 수준이다. 고용안전망을 강화하여 실직의 위험을 극복함으로써 고용불안감을 실질적으로 낮출 수 있는 정책이 필요하다. 특히 우리나라의 경우 실직 시 빈곤층으로 진입할 확률이 52.9%나 되는 것으로 분석되고 있다(이병희, 2011). 이에 대해 고용안전망을 구축할 필요가 있다. 우선 고용보험이 실질적인 고용안전망이 될 수 있도록 해야 할 것이다. 이를 위해서는 실직 시 소득보장이 가능할 정도로 실업급여 수준을 높이면서 고용보험의 사각지대를 줄여나가는 정책이 필요하다. 소득대체율(직전 임금 대비 실업급여 수급액의 비율) 인상, 실업급여 수급 기간의 연장 등 실업급여가 실질적인 고용안전망이 될 수 있도록 제도를 개선하고 실업급여 자격조건을 완화하며 자영업자와 특수고용근로자의 고용보험 가입제도를 구축하고, 자발적 이직자(장기실업자)에 대한 실업급여를 지급할 수 있도록 해야 할 것이다.

또한 대기업이나 공기업의 정규직과 같은 1차 노동시장에서도 노조가 조직화되어 있음에도 고용불안의 문제가 완전히 배제되는 것은 아니다. 이 부분에서는 근로시간 단축형의 일자리 나누기를 통해서 구조조정이나 경기불황에 따른 고용불안을 극복할 수 있는 시스템을 노사가 자발적으로 만들어낼 필요가 있고 정부는 이에 대해서 정책적으로 지원할 필요가 있다.

고용창출 정책은 혁신형 산업정책과 안정적 거시경제 정책을 기반으로 해서 노동시장의 고용창출 기능을 강화하는 방향에서의 정책설계가 필요하다. 이를 위해서는 고용창출력이 사라져가고 있는 대기업과 공공 부문의 고용책임을 강화하는 것, 사회서비스 부문에서 양질의 일자리를 만들어내는 것, 그리고 근로시간 단축과 일자리 나누기를 통해 고용창출력을 높이는 것 등이 정책 과제로 제시될 수 있을 것이다.

먼저 우리나라의 대기업과 공공 부문의 고용책임을 강화할 필요가 있다. 대기업과 공공 부문 조직의 고령화문제에 대응하고 일자리 나누기를 촉진하기 위한 수단으로서 청년고용 할당제를 고용공시제 방식으로 도입할 수 있을 것이며, 청년고용 할당과 일자리 나누기를 결합하는 패키지 모델도 구상할 수 있을 것이다. 또한 자본보다 고용에 대한 인센티브를 강화하는 것이 필요하다. 임시투자세액공제제도를 폐지하고 신규고용에 대한 경제적 인센티브를 강화하는 정책 도입이 필요하다.

사회서비스 부문의 고용잠재력은 대단히 크다고 할 수 있고 현재도 사회서비스 부문의 고용은 크게 확대되고 있다. 다만, 사회서비스 부문의 고용의 질은 매우 열악한 실정이다. 사회서비스가 저임금 일자리만을 양산하는 부문이 아니라 양질의 일자리를 만들어내는 영역이 되기 위해서는 먼저 사회서비스 시장에 대한 제도 개입이 필요하다. 민간에 맡겨져 있는 사회서비스 시장에 대한 정밀한 제도와 규제도 필요하다. 자격과 훈련이 사회서비스의 질 제고를 높이는 데 유효한 전략이기 때문에 자격과 훈련에 관한 제도와 정책프로그램들이 개발되어야 한다. 필요하다면 사회서비스 국가계획 수립이 필요하다. 돌봄노동에 관한 국가계획일 수도 있다. 즉 단순히 사회서비스 일자리를 양적으로 몇만 개 늘려 OECD 수준을 따라잡겠다는 것뿐만 아니라 사회서비스 일자리의 질(사회서비스 수준)에 관한 사회적 합의(서비스 수요자, 국가, 서비스 제공자 사이의 사회적 합의)에 기초한 사회서비스 확대를 위한 국가계획이 필요하다. 이러한 국가계획에 따라서 기준임금 설정과 자격·훈련에 기초한 돌봄노동 시장의 제도화가 이루어져야 한다.5)

마지막으로 근로시간 단축을 통한 일자리 창출도 전략적인 과제로 설정될 필요가 있다. 주 5일제가 실제로 근로시간을 단축시키는 데 효과적이지 못했다는 비판이 제기되고 있기 때문에 실제 근로시간을 단축하는 규제적 수단과 더불어 작업장에서 노사의 일자리 나누기 노력을 지원하는 정책들이 더 개발될 필요가 있다.

---

5) 이와 관련해서 영국의 the National Care Act(2002)는 참고할 만하다. 이 법은 두 가지 목적으로 제정되었다. 하나는 시장 규제 강화이다. 돌봄서비스와 돌봄노동에 대한 감독과 규제의 사각지대를 제거하기 위해 재가보호도 규제 대상에 포함시키고, 돌봄시설에 대한 감독과 규제 권한을 지자체나 의료당국으로부터 분리하여 독립된 the Commission for Social Care Inspection에 부여한 것이다. 둘째는 최저 기준 설정이다. '적절한', '충분한' 등의 애매모호한 표현을 삭제하고, 상세한 최저 기준을 국가가 설정하는 것이다.

■ 참고문헌

이병희. 2010. "사내하도급 활용 실태와 경제적 효과", 비판사회학회
    2010년 추계학술대회 발표문, 2010.10.22.
이병희. 2011. "고용보험이 실업기간과 빈곤에 미치는 영향", 장지연 외,
    『고용안전망 사각지대 해소방안』, 한국노동연구원.
전병유. 2005.『고용 없는 성장에 대한 대응전략 연구』, 한국노동연구원.
홍민기. 2010. "정규-비정규 근로의 임금격차 추정에 대한 논의",『산업
    노동연구』16(2), 141-161.
전국민주노동조합총연맹·한신대평화공공성센터. 2010.『고용위기 시
    대의 고용전략』.
Jones, R. S. and M. Tsutsumi. 2009. "Sustaining Growth in Korea by
    Reforming the Labour Market and Improving the Education
    System", *OECD Economics Department Working Papers*, No.
    672, OECD. http://dx.doi.org/10.1787/226580861153.
Grubb, D., J.-K. Lee and P. Tergeist. 2007. "Addressing Labour Market
    Duality in Korea", *OECD Social, Employment and Migration
    Working Paper,* No. 61, OECD, Paris.
OECD. 2007. Policy Brief: Globalization, Jobs, and Wages.

5

분배 친화적 성장을 위한
기업정책[1]

_김상조

1. 서론

2010년 지방선거를 계기로 한국 사회에 복지 논쟁이 활발하게 전개되고 있다. 시민사회단체는 물론 여야 정당들과 대선 후보들도 앞다퉈 복지 구상을 쏟아내고 있다. 반가운 일이다. 다만, 복지 정책만으로 경제문제를 모두 해결할 수 있는 것은 아니기 때문에 우선 시장에서 만족스러운 고용과 소득 기회를 창출하기 위한 정책, 즉 기업정책과 노동정책이 결합할 때에만 그 의미를 실현할 수 있을 것이다.

한편 노동정책은 아직도 구래의 노조탄압 틀을 벗어나지 못하고

---

[1] 이 글은 김상조(2012)의 관련 부분을 발췌, 수정하여 작성하였다.

있지만, 기업정책에서는 정체성 혼란이라고 부를 만한 상황이 벌어지고 있다. '비즈니스 프렌들리'를 주창하던 이명박 대통령이 2010년 하반기 이후 대·중소기업 동반성장의 기치를 내걸고 '대기업 때리기'에 나섰을 뿐만 아니라, 2012년 총선과 대선 국면에서는 여야 구분 없이 모두 경제민주화 내지 재벌개혁을 위한 초강력 공약들을 쏟아내면서 많은 사람들을 어리둥절하게 만드는 일들이 벌어졌기 때문이다.

물론 이상의 상황은 모두 정치적 의도를 갖고 있음은 두말할 필요가 없다. 그러나 모든 정치 행위에는 경제적 배경이 깔려 있다는 것도 부정할 수 없다. 따라서 최근 정부·정치권의 '좌클릭' 행보에 대해 개혁 진보진영이 단순히 '쇼하지 마라'는 냉소적 태도로 무대응하거나 또는 원칙론적인 강경 입장만 되풀이한다면 이는 중요한 개혁 담론에서 주도권을 상실하는 불행한 결과를 초래할 수도 있을 것이다.

경제민주화 내지 재벌개혁이 이른바 시대정신으로 부각된 근본적 배경은 '낙수효과', 즉 '대기업이 성장하면 그 과실이 중소기업과 서민으로까지 흘러 넘친다'는 주장이 허구라는 사실이 드러났기 때문이다. 대기업에 대한 규제를 완화해주어도 투자와 고용이 늘어나지는 않는다. 대기업은 사상 최대의 실적을 올리고 있지만 중소기업과 자영업자는 생사의 기로에서 헤매고 있다. 왜 그런가? 다음 제2절에서는 재벌로의 경제력 집중 심화의 현실, 중소기업의 영세화 및 양극화의 현실을 구체적으로 확인함으로써 낙수효과의 이데올로기적 허구성을 밝히고자 한다. 이어 제3절에서는 바람직한 기업정책의 내용을 재벌개혁 정책과 하도급 공정화 정책으로 나누어서 구체화한다. 마지막으로 제4절에서는 결론에 대신하여, 분배 친화적 성장을 위한 기업정책의 기본원칙들을 제시하고자 한다.

2. 기업의 양극화 현황

한국 사회를 짓누르고 있는 양극화 현상의 근본 원인은 기업의 양극화에 있다. 한편에는 글로벌 기업으로 성장한 재벌계 대기업이 있는 반면, 다른 한편에는 불공정한 하도급거래 관계하에서 생존조차 장담하기 어려운 중소기업들이 있다. 각종 규제완화와 조세감면 혜택에도 불구하고 대기업의 직접 고용은 감소하는 한편, 중소기업의 고용은 안정성과 근로조건의 측면에서 악화일로를 걸어왔다. 기업규모별 양극화 현상이 치유되지 않는 한 비정규직 노동자와 영세 자영업자의 문제 역시 해결의 실마리를 찾을 수 없을 것이며, 이 모든 부담을 복지정책이 짊어질 수도 없을 것이다.

재벌의 경제력 집중 현황과 폐해

재벌은 한국 경제의 명과 암을 동시에 드러내는 야누스적 존재이다. 다수 계열사로 이루어진 '기업집단으로서의 재벌(삼성그룹, 현대차그룹 등)'은 제품생산 능력은 물론 연구개발 및 디자인 역량, 나아가 브랜드 이미지 등의 측면에서도 이미 글로벌 기업으로 성장하였다. 즉 재벌은 독점자본으로서 한국 경제의 근대성을 상징한다.
한편 이러한 기업집단을 지배하는 '총수일가로서의 재벌(이건희 회장일가, 정몽구 회장일가 등)'은 5% 미만의 지분을 보유한 소액주주임에도 불구하고 '오너'처럼 독단경영을 일삼고 나아가 각종 불법

부당행위로 사익을 추구하고 있다. 즉 재벌은 천민자본으로 한국 경제의 후진성을 상징한다.

그런데 1997년 외환위기 이후 재벌정책의 초점은 총수일가의 전횡을 제어하는 기업지배구조 개선 정책으로 이동하였다. 재벌의 경제력 집중 심화 문제는 관심 대상에서 멀어졌으며, 심지어 '국경 없는 무한경쟁의 시대에 국제경쟁력을 제고하기 위해 대기업의 규모는 더 커져야 하고, 이를 정책적 차원에서 지원하여야 한다'는 인식이 자리 잡게 되었다. 이것이 올바른 인식인가? 지배구조가 건전하기만 하다면, 재벌의 규모가 아무리 커도 문제가 없는 것인가? 재벌의 경제력 집중 정도는 어느 정도나 심각한 수준이며, 그것이 한국 경제의 지속 가능한 균형발전 및 한국 사회의 민주적 발전에 걸림돌이 되지는 않는가? 이상의 질문들에 대해 답을 찾아보도록 하자.

우선 30대 재벌의 경제력 집중 추이를 살펴보자. 그림 1에서 GDP 대비 30대 재벌의 자산비중 추이를 보면, 1990년대 말 외환위기를

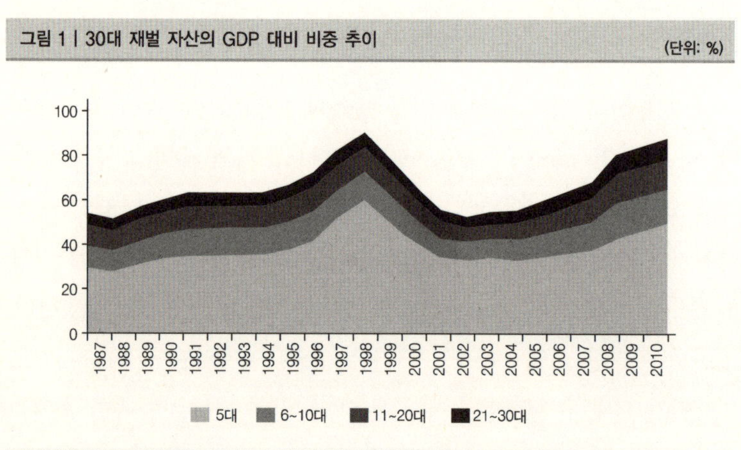

그림 1 | 30대 재벌 자산의 GDP 대비 비중 추이 (단위: %)

전후하여 급격히 상승하였다가 하락하는 불안정한 양상을 보였는데, 이는 김영삼 정부 시절 규제완화와 대외개방의 환경하에서 무분별한 외형확장을 추구하던 재벌들이 심각한 부실에 직면하였던 사정을 그대로 반영하고 있다. 구조조정이 일단락된 2002년 이후 그 비중이 다시 크게 상승하여 2010년의 경우 외환위기 직전과 거의 같은 수준에 도달하였다. 외환위기 이후의 구조조정 과정에서 30대 재벌 중 절반 이상이 부도가 났고, 또 생존한 재벌 중에서도 상당수는 계열분리 과정을 거쳤음을 감안하면, 최근 30대 재벌로의 경제력 집중 정도는 외환위기 이전 수준을 능가하고 있다고 할 수 있다.

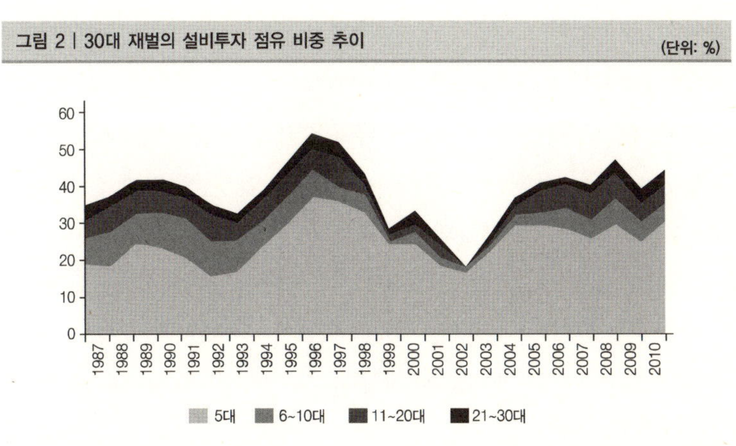

그림 2 | 30대 재벌의 설비투자 점유 비중 추이 (단위: %)

그림 2는 경제 성장의 기본 동력인 설비투자 관련 지표로서, 국민경제 전체의 총설비투자에서 차지하는 30대 재벌의 점유 비중을 나타낸 것이다. 이 역시 2002년 이후 크게 상승하여 최근에는 1980년대 후반 3저 호황기 수준을 넘어 1990년대 후반 외환위기 직전의

수준에 거의 근접했음을 보여준다. 즉 외환위기 이후 재벌들이 현금만 쌓아두고 투자를 안 한다고 많은 분들이 우려했지만, 30대 재벌의 설비투자 점유 비중은 이른바 중복·과잉투자라 일컬어지는 외환위기 직전 수준에 이르렀다. 외환위기 직후의 구조조정 기간을 제외하면 재벌의 투자는 결코 침체된 것이 아니다.

2010년의 경우 우리나라의 총 설비투자에서 30대 재벌이 절반(45.1%)을 차지했고, 삼성·현대차·LG·SK 그룹과 그 친족그룹을 합친 범 4대 재벌이 3분의 1(34.3%), 삼성그룹 혼자서도 7분의 1(15.3%)을 차지했다. 이런 상황에서 어느 정권이 재벌의 요구를, 특히 삼성의 요구를 무시할 수 있겠는가? 투자를 무기로 한 재벌의 위협(일명 자본파업)을 물리치고 재벌개혁 정책을 일관되게 집행할 정권이 있겠는가? 그래서 재벌개혁이 어려운 것이고, 그렇기 때문에 재벌개혁이 더욱 필요한 것이다.

결론적으로 외환위기 이후 이른바 설비투자 부진 문제의 핵심은 '평균투자율의 저하'에 있는 것이 아니라 대·중소기업 간 또는 수출·내수산업 간 '투자율의 양극화'에 있다고 보아야 할 것이다. 이는 재벌에 대한 규제완화를 통해 투자를 활성화함으로써 그 성장의 과실을 중소기업과 서민으로 확산시킨다는 이명박 정부 초기의 비즈니스 프렌들리 정책기조는 잘못된 진단하에 잘못된 처방을 내린 것임을 의미한다.

물론 재벌이 경쟁력 제고를 기반으로 국내외 시장에서 점유율을 높여나가는 것 자체는 비판의 대상이 아니며, 오히려 칭찬받아 마땅하다. 그러나 재벌의 경제력 집중이 '시장지배력 남용'의 결과이거나 또는 이를 부추길 가능성이 있다면 이야기는 전혀 다르다. 재벌의 경제력 집중이 중소기업의 존립을 위협하고 중소기업이 대기업으로 성장하는 길을 막고 있다면, 국민경제의 지속 가능한 성장을 위한 선순환 구조를 깨뜨릴 수 있기 때문이다.

이런 우려는 이미 현실이 되었다. 한국은행이 발표하는 산업연관표 분석결과에 따르면, 외환위기 이후 제조업과 서비스업 간의 성장 격차뿐만 아니라, 제조업 내에서도 기업규모별 격차가 확대되면서 우리나라의 산업 간 연관관계가 우려스러울 정도로 악화되었다.

산업연관표상의 부가가치유발계수는 여러 경제활동이 국내의 부가가치, 즉 소득을 어느 정도 창출하는지를 보여주는 지표다. 물가 상승 효과를 제거한 불변가격 기준으로 보면, '최종수요'의 부가가치유발계수가 1995년 0.804에서 2000년 0.767, 2005년 0.763, 2009년 0.710으로 크게 낮아졌다. '부가가치유발계수 = 1 - 수입유발계수' 임을 감안하면, 예컨대 2009년의 부가가치유발계수 0.710은 국내의 최종수요가 1,000원 증가할 때 그 중 290원은 수입으로 유출되고 국내의 부가가치는 710원만큼만 증가한다는 뜻이다. 최종수요의 항목별로 보면, 소비(2009년의 경우 0.803), 투자(0.773), 수출(0.561) 순서로 부가가치유발계수가 낮고, 외환위기 이후 악화되는 정도 역시 더 크다. 대기업의 수출·투자에 의존하는 성장 전략이 안고 있는 한계가 분명하게 드러나는 것이다.

산업별로 보면 제조업의 부가가치유발계수가 외환위기 이후 크게 낮아졌다. 특히 전기전자·자동차·조선 등을 포함하는 조립가공 업종의 경우 1995년 0.718에서 2000년 0.652, 2005년 0.641, 2009년 0.595로 크게 악화되어 일본(2005년 0.832)에 비하면 턱없이 낮다. 그 중에서도 전기전자 업종은 1995년 0.653에서 2009년에 0.501로 수직으로 하락하였다. 1000원 짜리 전기전자제품에 대한 수요를 충족시키기 위한 경제활동의 결과 최종적으로 국내에 남는 부가가치는 501원에 불과하고 499원은 해외로 유출된 것이다. 사실상 '국산'이라고 하기 어려울 정도다. 부품·소재 생산을 담당하는 중소기업 부문의 성장이 뒷받침되지 않았기 때문이다. 전기전자 업종이 우리나라의 주력 수출산업이자 몇몇 재벌그룹의 핵심 업종임에는 틀림없지만 산업 간 연관관계를 통한 국내 부가가치 및 고용의 창출이라는 측면에서는 사실상 '고립된 섬'에 가깝다고 할 수 있다.

이처럼 산업 간 연관관계가 악화된 결과, 2008년 글로벌 금융위기 이후 수출 대기업들은 사상 최대의 실적을 기록하고 있음에도 불구하고 내수 중소기업과 자영업자들은 생존조차 장담하기 어려운 상황에 처하는 양극화 현상이 더욱 심각하게 나타난 것이다. 물론 수출·내수 부문 간, 대·중소기업 간 성장의 격차는 우리나라만의 현상은 아니며, 특히 일본, 독일 등 수출 비중이 큰 나라에서는 모두 관찰되는 심각한 문제다. 세계화에 따라 글로벌 아웃소싱이 빠르게 확산되고 있기 때문이다. 그러나 우리나라의 양극화 문제를 모두 세계화의 영향 탓으로 돌릴 수만은 없다. 후술하는 바와 같이, 국내 중소기업들은 대부분 대기업과의 하도급거래 관계하에서 존재하기 때문에 국내 대기업(특히 재벌)의 시장지배력 오남용에 따른 폐해가 세계화 요인 이상으로 부정적인 영향을 미치고 있다고 보아야 할 것이다. 이것이 한국 사회의 양극화 문제를 해소하고 한국 경제의 지속 가능한 성장을 이루기 위해 재벌개혁 및 하도급거래 공정화를 위한 정책이 필요한 이유라고 할 수 있다.

다른 한편, 재벌의 경제력 집중은 단지 경제영역의 문제만은 아니다. 재벌의 과도한 경제력이 정치·사회·문화·이데올로기적 지배력으로까지 확장되는, 이른바 경제권력에 의한 민주주의의 위협 문제를 우려하지 않을 수 없다. '삼성이 하면 다르다' 내지 '재벌에 좋은 것은 한국에 좋은 것이다' 라는 관념이 국민들의 경제 인식을 지배하게 될 때, 우리의 현실 진단은 왜곡되고 미래를 위한 대안 선택의 폭은 좁아질 수밖에 없기 때문이다.

무엇보다 법치주의에 대한 불신이 심각한 상황에 이르렀다. 한 조사 결과에 따르면, 특정경제범죄가중처벌법상의 배임·횡령 혐의로 유죄가 선고된 기업인들 중 83.9%가 사실상 징벌의 효과가 없는 집행유예 판결을 받았다. 우리나라 법원이 화이트칼라 범죄, 특히 기업인 범죄에 대해 지나치게 관대하게 처벌하고 있다는 것을 입증한다. 기업인 범죄에 대해 검찰이 불구속 기소에 그치고, 법원은 집행유예를 선고하고, 곧이어 대통령의 특별사면으로 다시 경영 일선에 복귀하는 관행이 되풀이되는 이른바 '유전무죄 무전유죄'의 이중잣대 속에서는 경제 성장은 물론 민주주의의 발전도 기대할 수 없을 것이다.

재벌의 언론 장악 문제도 심각하다. 우리나라 언론사의 재무구조는 매우 취약하다. 특히 신문사의 경우 극소수를 제외하고는 정상 기업으로서의 존속 여부가 불투명한 상황이다. 더구나 광고 수입에 대한 의존도가 높기 때문에 광고주의 직·간접적 압력에 의해 언론사의 독립성이 훼손될 가능성이 매우 높다. 최근 TV 광고시장 및 신문 광고시장의 절대규모가 축소되는 상황을 감안하면 더욱 그렇다. 삼성그룹의 전 법무팀장 김용철 변호사의 양심고백 이후 한겨레·경향신문이 처했던 상황이 이를 대변한다. 또한 최근 방송법 개정에 따라 재벌과 신문사가 방송사의 대주주가 될 수 있게 되었고 4개 종합편성채널이 출범함으로써 언론의 독립성은 더욱 흔들리게 되었으며 이는 민주주의에 대한 심각한 위협이 될 수 있다.

마지막으로, 재벌의 이데올로기 지배력을 경계하지 않을 수 없다.

과거 정부 주도의 경제개발 시대에 설립된 한국개발연구원(KDI) 등의 국책연구소들이 경제정책 방향을 설정하고 그 구체적인 프로그램을 마련하는데 중요한 역할을 수행해 왔다. 그런데 1990년대 이후에는 재벌들이 설립한 민간경제연구소가 국책연구소를 능가하는 영향력을 행사하고 있다. 특히 삼성그룹 산하의 삼성경제연구소(SERI)는 압도적인 언론보도 건수를 기록[2]하면서 정부의 경제정책, 나아가 일반 국민의 경제인식에 지대한 영향을 미치고 있다. 이들 재벌 경제연구소들은 과거 김대중·노무현 정부의 개혁정책을 비판함은 물론 이명박 정부 들어서는 규제완화 정책을 옹호하는 보고서를 쏟아냈고, 보수신문들이 이를 여과 없이 그대로 보도함으로써 경제정책을 둘러싼 이데올로기 논쟁에서 절대적 우위를 점하게 되었다. 진보진영이 위기에 처해 있다고 한다면 그 원인은 대안의 부족에 있는 것이 아니라, 그 대안의 실현 가능성에 대한 믿음을 대중에게 전달하는 이데올로기 투쟁에서 패배하였기 때문이다.

중소기업의 영세화와 양극화, 그리고 하도급구조

우리나라는 경제규모에 비해 사업체가 수가 너무 많고, 따라서 개개 사업체의 평균 규모는 매우 영세하다. 제조업 부문을 보면, 2009년 기준으로 중소기업이 11만 개인데, GDP 규모가 우리나라의 6.0배에 달하는 일본은 23만 개로 우리의 2.1배에 불과했다. 또한 2007년 기준으로 GDP가 13.4배나 큰 미국의 중소제조업체 수는 우

---

[2] 미디어오늘(2008. 12. 26)에 따르면, 2008. 1. 1~12. 21까지 18개 신문사에서 삼성경제연구소를 인용한 보도 건수가 총 3,197건에 이른다. 매일경제, 한국경제 등의 경제신문은 물론 조선·동아·중앙 등의 유력 보수신문의 경우 같은 기간 중 각각 200건 이상의 기사를 내보내, 휴일을 제외하고 거의 매일 삼성경제연구소 관련 기사를 보도한 셈이다.

리의 2.5배인 28만 개에 지나지 않는다. 그만큼 우리나라 중소기업의 평균 규모가 영세한 것이다.

김주훈 편(2005)에 따르면, 1993년에 중소제조업체는 총 56,472개였는데, 10년 후인 2003년까지 생존한 사업체는 25.3%인 14,315개에 불과한 것으로 나타났다. 즉 현존 중소기업 중에서 4분의 3이 10년 후에는 사라지고 없다는 것이다. 물론 이 조사의 대상기간인 1993~2003년 중에 외환위기의 충격이 있었기 때문에 중소기업의 생존율이 매우 낮아졌다고 볼 수도 있지만 돌이켜보면 한국 경제는 10년 주기로 큰 위기를 맞았기 때문에 이 기간의 낮은 중소기업 생존율이 특별히 예외적인 것이라고 하기는 어렵다.

이 조사 결과에서 더 충격적인 내용이 하나 있다. 1993년 현재 56,472개의 중소제조업체 가운데 10년 후인 2003년에 종업원 수 300인 이상의 업체로 성장한 기업 수는 75개(0.13%), 500인 이상으로 성장한 기업 수는 8개(0.01%)에 불과했다는 사실이다.

이 역시 일각에서는 우리나라 중소기업 지원제도가 워낙 관대하게 설계되어 있기 때문에 대기업이 되는 순간 잃는 것이 너무 많고, 따라서 종업원 수 300인의 문턱을 넘어서려고 하지 않는 것이 주된 원인이라고 주장하기도 한다. 이런 주장에는 부정할 수 없는 현실적 요소가 있다. 우리나라 중소기업의 현실이 열악한 것은 중소기업 지원제도가 부족해서만은 아니다. 특히 중소기업 관련 정책금융은 그 어느 나라보다도 풍부(?)하다. GDP 대비 중소기업 정책금융 비중은 비록 2000년대 초반의 6%대에서 최근 4%대로 떨어지기는 했지만, 대부분의 선진국이 1%에도 한참 못 미친다는 사실을 감안하면 지원 규모의 부족을 탓할 일만은 아니다. 따라서 중소기업을 육성하기 위해서는 중소기업 지원제도부터 구조조정을 해야 한다는 일각의 주장을 간과할 수 없다.

그럼에도 불구하고 종업원 수 300인 기준은 우리나라의 중소기업에게는 넘고 싶어도 넘을 수 없는 장벽인 것이 현실이다. 문제는 이러한 상황이 개선되기는커녕 오히려 악화되고 있다는 것이다. 통계청 자료를 이용하여 1960~2009년간 광공업체의 규모별 분포 및 생산성 추이를 살펴보자. 광공업체는 종업원 수에 따라 영세기업(10~19인), 소기업(20~49인), 중기업(50~199인), 중견기업(200~499인), 대기업(500인 이상)으로 분류하였다.

종업원 수 300인 미만의 중소기업이 전체 기업의 99% 이상을 차지하고 있다는 사실은 널리 알려져 있으나, 다음 그림 3에서 보는 바와 같이 중소기업 내에서도 많은 변화가 있었다. 사업체 수를 기준으로 할 때 그림 3의 ①를 보면, 1960~1970년대에 걸쳐 영세기업 비중이 대폭 하락한 반면, 소기업 및 중기업 비중은 꾸준히 상승하였다. 임금을 비롯한 근로조건을 결정하는 중요한 요인 중의 하나가 기업 규모임을 감안할 때, 1960~1970년대에는 기업 규모의 상향 이동과 함께 고용의 질이 동시에 개선되었다고 볼 수 있다. 이는 당시 한국 경제가 전통 부문에서 근대 부문으로, 그리고 경공업에서 중화학공업으로 산업 차원의 구조재편이 활발히 진행되었기 때문이다. 그러나 이러한 추세는 1980년대에 상대적으로 정체 양상을 보이더니 1990년대에 들어 반전되었다. 즉, 영세기업의 비중이 다시 급격하게 증가하고 소기업·중기업의 비중은 하락하였다. 우리나라 광공업체가 전반적으로 영세화된 것인데, 산업 간 구조조정보다는 산업 내의 기업 규모 간 구조조정으로 대체되기 시작했기 때문이다.

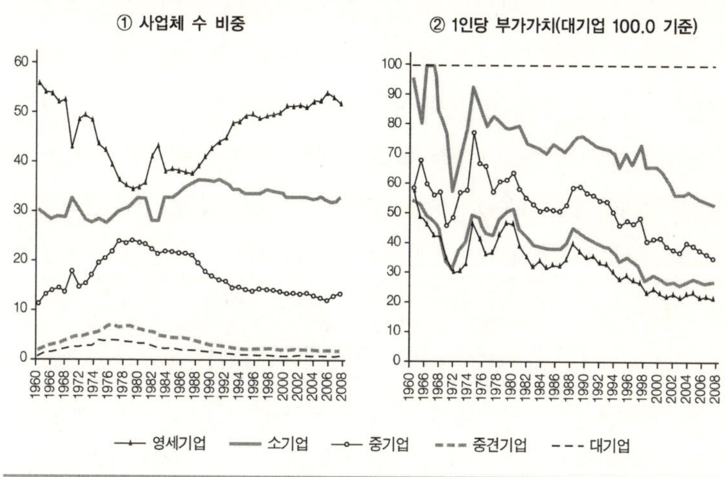

　　이러한 경향은 기업 규모별 고용 및 생산액 점유 비중의 추이에서도 확인할 수 있다. 1960~1970년대에는 영세기업 및 소기업이 고용과 생산액에서 차지하는 비중이 하락한 반면, 중견기업과 대기업 비중이 크게 늘어났다. 특히 대기업의 점유 비중 상승은 놀랄만한 것으로, 1970년대 말에는 광공업 분야 전체 고용의 45%, 생산액의 55% 정도를 차지하였다. 그러나 1980년대 이후 대기업의 비중은 다시 하락하였는데, 특히 생산액보다는 고용의 점유 비중 하락이 두드러지게 나타난다. 반면, 영세기업과 소기업의 점유 비중은 다시 증가하여 1990년대 말에 이르러서는 고용 및 생산액 점유 비중이 1960년대 수준으로 높아졌다.

　　1990년대 이후 기업규모의 영세화 현상은 기업 규모별 양극화로 이어졌다. 대·중소기업 간의 근로조건(1인당 급여액), 노동장비율(1인당 유형고정자산), 생산성(1인당 부가가치)의 격차가 크게 확대된 것이다. 그 중에서 그림 3의 ②에서 1인당 부가가치로 측정한 생산성의 상대적 격차를 보면 1960년대 후반에서 1970년대에 걸쳐 상당한 정도 축소되었다가 1980년대의 정체기를 지나, 1990년대 이후에는 다시 격차가 지속적으로 확대되었음을 알 수 있다. 대기업의 생산성을 100.0으로 했을 때 2009년의 경우 영세기업은 21.6, 소기업은 26.8, 중기업은 35.3에 불과하고, 상대적으로 양호할 것으로 짐작되는 중견기업조차도 52.6에 지나지 않았다.

이상의 기업 규모별 변화 추이는 1980년대를 지나면서 정부의 규제와 노동계의 저항에 직면한 재벌계 대기업들이 고용과 생산을 직접 확대하기보다는 중소기업들을 하도급거래 구조에 배치하고 이를 통해 소재·부품 조달 및 노무관리의 '간접' 지배 체계를 안정적으로 구축하였음을 보여주는 것이다. 대신 대기업들은 핵심공정 및 연구개발 분야에 자신의 자원을 집중 투입함으로써 생산성 우위의 격차를 계속 확대할 수 있었다.

결론적으로 재벌의 선도적 성장을 통해 중소기업을 포함한 국민경제 전체의 선순환적 동반성장을 이끌어낸다는 이른바 낙수효과 논리는 1990년대를 거치면서 현실적 유효성을 상실한 이데올로기적 구호로 전락하게 되었다.

그러면 중소기업이 영세화와 양극화라는 함정에서 벗어나지 못하는, 넘고 싶어도 넘을 수 없는 장벽에 부딪히는 이유는 무엇인가? 여기에도 다양한 이론들이 있지만 대·중소기업 간 관계의 핵심고리로서 하도급거래에 주목하고 있다는 데는 이견이 없다.

중소기업은 저자거리에 좌판을 벌이고 오고가는 불특정 다수의 소비자를 상대로 물건을 파는 것이 아니다. 특정 위탁기업으로부터 사전에 주문받은 물품을 생산하여 납품하는 하도급거래가 중소기업의 일반적인 존재 형태이다. 2008년 글로벌 금융위기가 터지기 전까지도 전체 중소제조업체의 60%, 전기전자 업종 중소기업의 75%, 자동차 업종 중소기업의 90% 정도가 수급기업의 지위에 있었다. 글로벌 금융위기 이후 수급기업의 비중이 크게 하락했는데, 이는 불공정한 하도급거래나마 유지하지 못하고 밀려나는 중소기업들이 많았다는 것을 의미한다.

불공정한 하도급거래 구조는 양극화의 가장 중요한 원인이다. '대기업의 납품단가 인하 → 중소 하도급기업의 경영 여건 악화 → 부품·소재산업의 경쟁력 약화 → 산업 간 그리고 대·중소기업 간 연관관계의 약화'로 이어지는 악순환이 발생하는 것이다. 이것이 바로 최근 수출 대기업은 사상 최대의 실적을 기록하는 가운데 내수 중소기업은 납품단가 인하와 원자잿값 상승 등으로 성장은커녕 생존조차 보장받기 어려운 상황이 계속되는 배경이다. 나아가 중소기업의 경영악화는 이에 속한 노동자의 근로조건 악화(저임금)와 고용불안정성(비정규직)을 야기하는 근본 요인이 된다.

일례로 표 1에서 삼성전자와 그 하도급기업의 매출액 영업이익률을 비교해보면, 2000~2009년의 10년 평균치 기준으로 각각 13.28% 대 6.71%로 거의 두 배 가까운 차이가 났다. 특히 2000년대 전반에 비해 후반에는 하도급기업의 수익률이 더 낮아졌음을 알 수 있다. 물론 삼성전자의 수익률이 매우 큰 변동성을 보이는데 비해 그 하도급기업의 수익률은 상대적으로 안정되어 있어, 원사업자가 경기변동에 따른 위험을 대부분 부담한다고 볼 수는 있지만 위험부담의 차이가 이런 정도의 수익률 격차를 다 설명할 수 있는지는 의문이다.

한편 현대·기아자동차와 그 하도급기업을 비교해보면

2000~2009년의 10년 평균치에서 각각 5.44% 대 3.51%로 1.93%p의 차이가 났다. 삼성전자의 경우와 비교할 때 절대적·상대적 측면에서 모두 그 격차가 크지 않다고 할 수 있지만, 이는 2005~2007년간 기아자동차의 실적이 워낙 좋지 않았던 탓이 크고[3], 이 기간을 제외하거나 또는 현대자동차만을 본다면 두 배 가까운 수익률 격차를 확인할 수 있다. 또한 2000년대 전반에 비해 후반에 하도급기업의 수익률이 하락한 것은 삼성전자의 경우와 동일하다.

결론적으로, 삼성전자나 현대·기아자동차 등의 원사업자는 하도급기업에게 생존에 필요한 최소한의 수익만을 보장하는 수준으로 납품단가를 조정하고 있으며 이러한 경향은 2000년대 전반에 비해 후반에 더 심화된 것으로 보인다. 또한 2008년 글로벌 금융위기와 같은 충격이 왔을 때 납품단가 인하를 통해 그 부담을 하도급기업에 전가하고, 경기침체에서 벗어나는 국면에서도 하도급기업의 수익성의 회복 속도에는 상당한 시차가 존재하는 것으로 판단된다. 특히 표 1의 자료는 1차 하도급기업을 대상으로 한 것이어서, 2·3차 하도급기업의 경우에는 그 사정이 더욱 열악할 것으로 예상된다.

영업기밀이라는 이유로 원사업자별 하도급기업 리스트조차 공개되어 있지 않는 현 상황에서 삼성전자와 현대·기아자동차의 1차 하도급기업만을 대상으로 한 이상의 분석이 갖는 한계는 분명하다. 따라서 원사업자와 하도급기업 간의 수익률 격차의 실태 및 그 원인에 대해서는 보다 많은 연구가 필요하다. 그러나 하도급거래는 민간기업들 사이의 자율적 계약 관계이기 때문에 사적 자치의 원칙을 벗어날 수 없다는 접근 태도만으로는 불공정 하도급거래의 문제

---

3) 기아자동차는 2005년 영업이익 740억 원으로 간신히 적자를 면하였고, 2006년과 2007년에는 각각 -1,253억 원 및 -554억 원의 적자를 기록하였다.

를 해결할 수 없다는 사실 역시 분명하다고 할 수 있다. 또한 대기업이 단기적 시각으로 하도급거래에서의 우월적 지위를 남용하는 것은 장기적으로는 대기업 자신의 성장에도 악영향을 미칠 수밖에 없을 것이다.

3. 바람직한 기업정책의 내용

앞서 살펴본 재벌의 경제력 집중 심화 문제와 불공정한 하도급거래 문제를 개선하기 위한 정책의 구체적인 내용을 살펴보기로 한다.

재벌개혁 정책

먼저, 재벌개혁을 위해서는 법치주의, 즉 법제도를 엄격하고도 공정하게 집행하는 관행을 확립하여야 한다. 이명박 정부가 출범한 이래 재벌개혁 정책은 크게 후퇴했는데, 이는 보수정권의 특성상 당연히 예상된 것이었다. 그런데 이명박 정부는 나름대로의 논리를 내세우고 있다. 즉 '국제 표준에 비해 과도한 사전적 규제는 완화하되, 상대적으로 느슨한 사후적 감독은 강화한다'는 것이다. 이러한 논리 자체의 합리성은 부정하기 어렵다. 1987년 이후 도입된 재벌 정책의 상당 부분이 행정편의적 발상에 근거한 사전적 규제의 성격을 띠고 있기 때문이다. 특히 사전적 규제의 기준이 경제적 합리성을 결여한 경우가 많은데, 이는 재벌들로 하여금 규제를 준수하기보다는 규제 완화를 위한 로비활동에 몰두하게 하는 심각한 인센티브 구조 왜곡의 문제를 발생시켰다는 것도 부정할 수 없다.[4] 따라서 한국 경제의 성숙에 따라 재벌정책의 중심을 사전적 규제에서 사후적 규율로 전환하는 것은 자연스러운 진화과정이라고 할 수 있다.

그러나 사후적 규율, 특히 앵글로색슨식 주주자본주의 모델에 기초한 사후적 규율을 효과적으로 작동시키는 것은 그렇게 간단한 일이 아니다. 총수일가로 집중된 소유구조, 보다 정확하게 표현하면, 계열사 출자를 통한 의결권의 독점구조가 온존한 상태에서 사외이사제도 도입 등의 이사회 구성을 변화시키는 것만으로는 큰 의미가 없다. 또한 이러한 내부 규율의 공백을 보완하기 위한 대표소송·집단소송 등의 외부 규율 강화 노력도 다양한 제도의 상호보완적 발전이 전제되지 않으면 실효성을 갖기 어렵다. 그런 의미에서 외환위기 이후 지난 10년간의 주주자본주의 모델에 따른 재벌개혁 노력은 여전히 미완성이라고 할 수밖에 없다.

그런데 이명박 정부의 정책기조는 그 표면적 언술과는 달리 '일단 사전적 규제를 완화하고, 나중에 문제가 발생하면 사후적 감독을 보완하자' 는 방향으로 흘러갔다. 그러나 감독당국 및 사법부에 대한 신뢰가 형성되어 있지 않는 현실을 감안할 때, 일단 사전적 규제부터 제거하고 보자는 식의 정책기조는 자칫 외환위기 이전과 같은

---

4) 예컨대 지난 20년간 재벌정책의 상징처럼 인식되었던 출자총액제한 제도(출총제)는 재벌기업이 순자산의 25%(2007년 법 개정 이후에는 40%) 이상을 다른 회사에 출자하는 것을 금지하였는데, 그 기준이 왜 순자산의 25% 또는 40%인지 설명할 수 있는 근거는 없다. 그 결과 출총제의 폐지 여부를 놓고 논란이 벌어질 때마다 재벌의 로비에 밀려 다양한 예외조항을 삽입하는 것으로 절충되기 일쑤였다. 결국 출총제는 규제로서의 실효성을 상실하였으며, 나아가 정부정책의 일관성과 예측 가능성을 훼손하는 심각한 부작용을 낳았다. 이명박 정부 들어 마침내 출총제는 폐지되었다. 문제는 출총제가 목표로 하였던 경제력 집중 억제 및 기업지배 구조 개선을 추진할 수 있는 다른 대체 수단이 전혀 도입되지 않았다는 데 있다. 최근 정치권에서 출총제 부활 주장이 다시 제기되고 있는데, 과거의 실패 경험을 되풀이하지 않도록 합리적 판단이 요청된다.

규율의 공백상태로 후퇴할 위험을 안고 있다. 더구나 글로벌 금융 위기 상황에서 강행한 출자총액제한 제도 폐지, 금산분리 완화 등의 성급한 규제완화가 초래할 경제력 집중 심화의 위험은 아무리 강조해도 지나치지 않을 것이다.

따라서 재벌개혁을 위해 새로운 제도를 도입하는 것도 중요하지만 우선 법치주의의 확립이 전제되어야 한다. 법체계와 현실 관행 사이의 괴리가 좁혀지지 않는 한, 그리고 감독당국과 사법부가 이 괴리를 방조 또는 조장하는 상황이 계속되는 한, 지배구조 개선 노력은 소기의 성과를 거두지 못할 것이며, 궁극적으로 재벌의 경제력 집중 현상은 더욱 심화될 것이다.

기업 지배구조의 바람직한 미래상과 관련하여 주주자본주의 모델 대 이해관계자 자본주의 모델 사이에 뜨거운 논쟁이 진행되고 있다. 그러나 법치주의의 이중잣대 문제가 해결되지 않는 한, 그 어떤 기업 지배구조 모델을 설계한다고 하더라도 그것은 사상누각일 뿐이다. 법의 엄격하고도 공정한 집행이 담보되지 않으면 주주자본주의 모델은 천민자본주의로, 이해관계자 자본주의 모델은 정실자본주의로 전락할 것이다.

서구 역사의 관점에서 보면, 법치주의의 확립은 자유주의적 과제이고, 부르주아의 과제이다. 그러나 법치주의의 확립이 자신의 역사적 책무라는 사실조차 인식하지 못하는 우리나라 보수진영의 현실을 감안하면, 밑으로부터의 요구에 의해 '법 앞의 평등한 정의(Equal Justice under Law)'를 실현해 나가는 것이 현 시점에서 가장 중요한 진보적 과제의 하나라고 할 수 있다. 재벌개혁의 중요성이 여기에 있다.

표 1 | 현대기아차와 삼성전자, 그 하도급기업의 매출액영업이익률 비교

(단위: %)

	삼성전자 (A)	삼성전자 하도급 기업(B)	격차 (A–B)	현대·기아차 (C)	현대·기아차 하도급 기업(D)	격차 (C–D)
2000	21.69	7.90	13.79	5.74	4.46	1.28
2001	7.09	6.06	1.03	7.51	4.19	3.32
2002	18.78	6.58	12.20	6.17	4.59	1.58
2003	16.50	7.37	9.13	8.06	4.04	4.02
2004	20.85	8.26	12.59	5.84	3.79	2.05
2005	14.03	7.18	6.85	3.36	3.04	0.32
2006	11.76	6.54	5.22	2.48	3.21	-0.73
2007	9.41	5.65	3.76	4.06	3.04	1.02
2008	5.67	5.89	-0.22	4.50	2.29	2.21
2009	7.07	5.66	1.41	6.72	2.48	4.24
2010	10.97	-	-	8.17	-	-
00-09 평균	13.28	6.71	6.58	5.44	3.51	1.93

주: 1) 현대·기아차의 하도급기업은 309개사, 삼성전자의 하도급기업은 746개사
  2) 현대·기아차의 매출액영업이익률은 현대차와 기아차 각각의 매출액과 영업이익을 합산하여 계산
  3) 삼성전자는 2009년 이후 국제회계기준(IFRS)에 따른 재무제표를 공시하고 있으나, 여기서는 일관성을 위해 구 기업회계기준 상의 수치 이용
자료: 각 하도급기업의 매출액영업이익률 중 2000~2008년은 위평량(2009.9.9) 및 위평량(2009.11.2), 2009년은 곽정수(2010.5.21)에서 정리

이러한 관점에서 보았을 때, 최근 재벌 3세로의 새로운 편법상속 수단으로 널리 악용되고 있는 '회사기회 유용' 또는 '일감 몰아주기' 관행에 대해 엄정하게 제재하는 것이 필요하다. 돈 될 만한 사업 분야에서는 총수일가가 출자하는 새로운 회사를 차리고 여기에 계열사들이 일감을 몰아주는 것이다. 현대자동차그룹의 글로비스가 대표적인 예로 알려져 있지만, 이에 해당하는 사례는 널렸다. 35개 재벌의 1,085개 계열사를 대상으로 조사한 결과 총 90건의 의심 사

례가 발견되었다. 이를 통해 재벌 총수일가가 얻은 부당이득은 총 9.9조 원에 이른다. 이 조사결과는 총수일가의 직·간접 보유지분이 30% 이상이고 계열사에 대한 매출 비중이 30% 이상을 차지하는 경우만을 포함한 것인데, 조건을 완화한다면 의심 사례의 수와 부당이득의 규모는 더욱 늘어난다(이상 채이배, 2011. 6. 29 참조).

특히 문제가 되는 것은, 재벌 3세들이 관심을 가지는 분야가 주로 서비스업이라는데 있다. 서비스업은 전통적으로 영세기업과 영세 자영업자들이 밀집해 있는 영역이다. 최근 재벌계 대형마트와 SSM이 골목 상권을 잠식하고, 재벌계 MRO업체들이 소상공인의 영역까지 침범하여 논란이 되었던 예에서 보듯이 계열사의 지원을 등에 업은 재벌 3세들의 서비스업 진출은 양극화 문제를 더욱 심화시킬 수 있다.

2007년 공정거래법 시행령의 개정으로 일감 몰아주기 행위가 부당지원 행위의 한 유형으로 규정되었고, 2010년에는 그 집행을 위한 세부지침도 마련되었다. 더욱이 2011년 3월에는 상법 개정을 통해 회사기회 유용 금지 규정이 마련되었다. 즉 일감 몰아주기 및 회사기회의 유용은 불법행위이고, 이를 통해 얻은 총수일가의 이익은 부당이득으로 확정되었다. 실체법적 근거 규정들은 모두 정비되었으니 공정위와 국세청이 엄정하게 집행하면 된다지만 여전히 지지부진하다. 개혁이 혁명보다 어렵다고 하는 이유를 여기서도 확인할 수 있다. 법치주의 확립은 모든 개혁과 진보의 전제조건이다.

한편, 현행법의 엄정한 집행 차원을 넘어 새로운 발상의 접근방법을 모색할 필요도 있다. 외환위기 이후 재벌의 지배구조를 개선하기 위한 수많은 조치들이 시행되었지만, 성공적이었다고 평가하기에는 너무 거리가 멀다. 기득권 세력의 저항에 밀려 개혁조치가 후퇴한 탓이 크지만 보다 근본적으로는 접근방법 자체에 문제가 있었기 때문이다. 외환위기 이후의 개혁조치는 개별법인, 특히 개별 상장법인을 대상으로 한 것이었다. 그런데 총수일가가 직접 지배하는 비상장 가족기업을 핵심고리로 해서 재벌의 지배구조 및 승계구도가 짜여 있다는 사실을 감안하면, 그 한계가 금방 드러난다. 예컨대 삼성그룹의 경우 이재용 → 삼성에버랜드 → 삼성생명 → 삼성전자로 이어지는 출자고리에서 삼성에버랜드와 삼성생명이라는 비상장 계열사가 핵심적 역할을 했다. 그 과정에서 삼성에버랜드 전환사채 헐값 발행, 삼성생명의 보험계약자 권익 침해 등의 심각한 문제가 발생했지만, 효과적인 규율수단이 작동할 수 없었다. 비상장 회사이기 때문에 외부의 이해관계자가 개입할 합법적 수단이 없었던 것이다. 2010년에 삼성생명이 상장되었고, 삼성에버랜드도 상장 계획을 검토 중인 것으로 알려지고 있지만 이는 승계구도가 완성되고 난 이후 그 차익을 실현하는 과정일 뿐이다.

재벌은 기업집단(business group)이다. 다수의 계열사가 공통의 지배권하에서 선단식으로 경영되고 있다. 기업집단 체제는 다수 계열사 간의 시너지 효과를 내부화하면서 대규모 투자에 따른 위험은 분산하는 등 많은 장점을 가진 기업조직 형태이다. 문제는 우리나라의 경제법은 기업집단의 존재를 인정하지 않고 오직 개별기업만을 규율대상으로 하고 있다는 것이다. 비유하자면, 선수는 기업집단인데 심판은 개별기업만을 상대하는 것이다. 그 결과 재벌은 자신의 이익을 주장할 때는 기업집단을 전면에 내세우면서 자신의 행동에 책임을 져야 할 때는 개별기업 차원으로 도피해버리는 모순된 행태를 보인다. 그렇기 때문에 기업집단의 권리와 의무 사이에 심각한 괴리가 발생하고 수많은 이해관계자에게 부당한 피해가 발생함에도 불구하고 이를 신속하게 회복할 수 있는 합법적 수단이 존재하지 않는 것이다.

법인이 다른 법인의 주식을 소유함으로써 기업집단이 만들어지기 시작한 것은 1890년대부터이다. 따라서 기업집단이 경제활동의 핵심주체로 등장한 것은 이제 100년 정도밖에 되지 않은 새로운 현상이며, 이에 대한 규율체계는 여전히 미완성이고 나라마다 다르다. 미국·영국 등의 관습법 국가들은 개별기업을 단위로 하는 회사법 체계를 유지하고 있지만, 법원의 판례를 통해 예외적이지만 매우 강력한 구제 수단들을 발전시켰다. 한편 독일·포르투갈·이탈리아 등의 일부 유럽대륙 국가에서는 아예 성문법을 통해 기업집단 자체를 법적 권리와 의무의 주체로 인정하는 방향으로 나아갔다. 예컨대 독일의 경우 콘체른(기업집단) 내의 거래에서 손실을 입은 계열사에 대한 손실보상 조건이 있으면 이른바 부당내부거래에 따른 책임을 묻지 않는다. 또한 공동결정법은 자회사의 노동자들이 모회사의 감독이사회에 자신의 대표를 파견할 수 있도록 하고 있다. 개별법인의 경계를 뛰어넘어 기업집단의 실체를 인정하고 그에 상응한 책임을 묻는 것이다.

그런데 유럽에서도 독일 콘체른법을 모델로 하나의 기업집단법을 제정하고자 했던 초기 시도는 실패로 끝났다. 대신 1990년대 말 이후에는 기업집단법의 핵심 원리를 회사법·경쟁법·금융법·세법·노동법 등의 다양한 법 영역에 부분적으로 도입하는 실용적 방향으로 전환하였다. 우리나라도 유럽의 경험을 교훈 삼아 다양한 법 영역에 걸쳐 기업집단에 관한 종합적 규율체계를 마련할 것을 진보적 기업정책의 장기과제로 제안한다. 즉, 기업집단의 법적 실체를 분명히 함으로써 실질적 의사결정자(총수)와 참모조직(비서실), 그리고 각 계열사 이사회 간의 관계를 명확히 규정하여 기업집단의 강점을 실현할 수 있도록 함과 동시에 그에 상응하는 책임을 지도록 하는 것이다.

기업집단을 전제로 한 법적 접근이 필요한 또 다른 이유가 있다. 미국·영국 등 이른바 앵글로색슨형 국가에서는 기업(조직)과 시장의 경계선이 비교적 분명하다. 반면 일본·독일 등 이른바 관계형 경제질서 국가에서는 그 중간 영역이 광범위하게 존재한다. 하도급거래 관계, 주거래은행 관계 등이 대표적인 예이다. 이들 중간 영역에서는 거래의 양 당사자가 비록 외형적으로는 별개의 법인이지만 실질적으로는 내부 구성원에 준하는 정도의 장기적 관계를 유지한다. 여기에 앵글로색슨식 사적 자치의 원리를 그대로 적용하면, 협상력 격차로 인한 불공정거래의 문제가 심각하게 발생한다. 우리나라에서 대·중소기업 간 불공정 하도급거래 관행의 문제가 발생하는 이유가 여기에 있다.

따라서 기업집단을 전제로 한 법적 접근은 대기업(집단)이 내부 구성원에 준하는 관계에 있는 거래 상대방에 대해서도 권리와 의무를 명확히 하는데 기여할 것이다. 그럼으로써 대기업이 중소 하도급기업과의 협력을 통한 성과를 공유함으로써 중소기업의 경영상황을 개선하고, 나아가 중소기업에 고용된 노동자의 근로조건을 개선하는 동반성장의 선순환을 이끌어낼 것이다.

하도급거래 공정화 정책

2010년 9월 놀랍게도 이명박 정부가 '대·중소기업 동반성장 추진대책'을 발표하였다. 그 중에서 다음에서 살펴볼 '하도급거래 공정화에 관한 법률'(이하 하도급법) 개정 사항으로 반영된 것 이외에 대책의 핵심이라고 할 수 있는 동반성장지수(Win-Win Index) 산정 및 중소기업 적합 업종·품목 선정 등은 민간위원회인 동반성장위원회의 과제로 넘겨졌다. WTO, 한·미 FTA 등으로 상징되는 세계화의 시대에 두 가지 대책 모두 정부가 직접 추진하기에는 민감한 부분이 많다는 판단이었을 것이다. 그러나 내용을 구체적으로 살펴보면 많은 문제점이 발견된다.

우선 동반성장지수 산정은 기업의 사회적 책임(CSR)을 평가하는 것으로 해석할 수 있기 때문에 민간위원회가 담당해도 무방한 것처럼 보인다. 그런데 동반성장지수는 대기업의 동반성장 이행 노력에 대한 '실적 평가'(정량) 항목과 대기업별 추진 실적에 대한 중소기업의 '체감도 평가'(정성) 항목으로 구성되는데, 특히 '실적 평가'(정량) 항목은 공정위가 주관하는 '동반성장 및 공정거래 협약'의 체결이 전제가 되고 또한 평가를 위한 정보의 수집도 공정위의 개입 없이는 사실상 불가능하기 때문에 순수한 민간위원회의 과제라고 보기는 어렵다.

보다 어려운 문제는 중소기업 적합 업종·품목을 선정하여 권고하는 작업이다. 이는 2006년에 폐지된 중소기업 고유업종 제도를 사실상 부활시키는 것이라고 볼 수도 있지만, 시장 환경의 측면에서 중대한 변화가 깔려 있음을 간과해서는 안 된다. 과거의 중소기업 고유업종 제도는 주로 제조업 분야를 중심으로 운영되었다. 그러나 외환위기 이후 수입자유화가 급진전되면서 제조업을 중심으로 하는 교역재 부문의 보호 장치는 그 실효성이 크게 떨어졌으며, 또한 고유업종 제도가 중소기업의 경쟁력 제고에 기여했다고 보기 어렵다는 반론과 함께 소비자 후생 증진 필요성 주장까지 가세하면서 결국 폐지된 것이다.

그런데 최근 논란이 되는 대기업의 중소기업 업종 잠식 문제는, 물론 제조업 분야도 일부 있지만 주로 유통·물류·전산관리 등의 서비스 업종, 즉 비교역재 부문이다. 그리고 앞서 언급한 바와 같이 이들 분야는 재벌 3세들의 세금 없는 부의 대물림을 위해 일감 몰아주기 및 회사기회 유용 등의 부당행위가 전형적으로 나타나는 분야이기도 하다.

우리나라의 산업구조가 성숙 단계에 이르면서 제조업보다는 서비스업 분야에서 대·중소기업 간의 영역 다툼이 빈발하는 것은 당연한 현상이라고 볼 수 있다. 그런데 서비스업의 구조조정은 경제적·사회적 차원에서 쉽게 결정하기 어려운 가치판단을 요구하고 있는 것이 현실이다. 한편으로 우리나라의 낙후한 서비스업 발전을 위해서는 대기업의 진출이 필요하다고 볼 수도 있는 반면, 다른 한편으로는 영세한 중소기업과 자영업자들이 몰려있는 서비스업의 특성상 급격한 구조조정은 고용문제를 더욱 심각하게 만들고 결국 양극화 현상을 심화시킬 것으로 우려된다. 이러한 양면성에도 불구하고, 적어도 과도기적으로는 비교역재 부문에 대한 일정 정도의 보호조치가 불가피하다고 판단된다. 이 문제를 좁은 의미의 효율성 개념(소비자 후생 증진)의 관점에서만 판단할 수는 없기 때문이다.

이와 관련하여서 공정거래법(경쟁법) 집행의 원칙을 다시 생각해 볼 필요가 있다. 최근 선진 각국의 경쟁당국에서는 담합(카르텔)과 기업결합(독점) 등 경쟁법의 전통적 관심 분야 이외에 지배력 남용 행위(abuse of dominance)에 대한 정책적 관심이 고조되고 있는 추세다. 그런데 미국에서는 지배력의 정의 및 그 남용행위의 유형에서 매우 좁은 의미의 효율성 개념을 적용하고 있는데 비해, EU에서는 그 외에도 약탈적 행위, 차별행위, 불공정행위 등에 대해서도 폭넓게 규제를 가하는 경향을 보이고 있다. 이것이 EU에서 중소상 인 보호를 위해 대형 유통점의 진입을 불허하거나 취급품목 및 영업시간 등에 대한 제한을 부과하는 배경이기도 하다.

우리나라는 미국보다는 EU의 접근방법을 채택할 필요가 있다. 물론 한·미 FTA, 한·EU FTA 등의 쌍무협상의 결과 외국의 선진 서비스업체들이 국내 시장에 직접 진출하는 경우 비교역재 부문에 서의 중소기업 보호 장치도 국제분쟁의 소지를 안고 있기 때문에 매우 신중하게 접근하여야 할 것이나, 그렇다고 해서 우리가 처음부터 양극화 해소를 위한 공정성의 개념을 포기한 채 효율성의 개념만으로 이 문제를 재단해서는 안 될 것이다.

흔히 "경쟁법의 목적은 경쟁자를 보호하는 것이 아니라 경쟁을 보호하는 것(The antitrust laws were enacted for the protection of *competition not competitor*)"이라고 한다. 강렬한 함의를 담은 이 짧은 문장이 상징하는 바와 같이 시장경제 체제에서 경쟁자(중소기업 및 중소상인)를 보호하기 위해 경쟁을 제한(대기업의 시장 진입 제한)하는 것은 이론적으로나 실증적으로나 결코 쉬운 일이 아니다. 세계화의 시대에는 더더욱 그렇다.

그러나 경쟁 보호라는 명분하에 경쟁자의 축출을 용인하였을 때, 이것이 독과점 기업의 시장지배력 남용을 초래하여 장기적으로는 오히려 소비자의 후생을 감소시키고 나아가 축출당한 경쟁자가 새로운 산업 분야로 이동하는 구조조정 과정이 원활하게 이루어지지 못하는 경우 막대한 사회적 비용을 유발할 수도 있다는 사실을 잊어서는 안 된다. 영세 중소기업 및 자영업자가 밀집된 서비스업 분야의 경우 이러한 위험이 현실화할 가능성이 높다.

이런 관점에서 보았을 때, 중소기업 적합 업종·품목 선정 문제를 민간위원회에 일임하는 것은 올바른 접근 방법이 아니다. 집행의 실효성을 확보할 수 없을 뿐만 아니라 논의 과정에서부터 대기업 측의 반발로 인해 사실상 흐지부지될 가능성이 높기 때문이다. 따라서 국회와 정부의 직·간접적인 참여하에 보다 포괄적인 차원에서 논의가 이루어져야 하며, 필요한 경우 입법적 조치가 병행되어야 한다.

한편, 이명박 정부의 대·중소기업 동반성장 정책이 실효를 거두지 못하고 있는 것은 대기업의 시혜적 조치 또는 정부의 팔 비틀기에만 의존하고 있기 때문이다. 이래서는 지속 가능성이 없다. 결국 체계화되어야 하고 법률적 근거를 갖추어야 한다. 이러한 관점에서 하도급법의 개선 방향을 살펴본다.

첫째, 정부가 하도급거래의 공정화를 위한 올바른 정책을 시행하기 위해서는 하도급거래 구조에 대한 정확한 실태 파악이 전제조건이라고 할 수 있다. 또한 정부는 그 조사 결과를 공표함으로써 많은 이해관계자들과 전문가들이 정확한 자료에 근거하여 개선방안을 강구하도록 해야 할 것이다.

공정위는 1999년부터 매년 상당한 액수의 예산을 들여 약 10만 개의 기업을 조사하는 하도급거래 서면실태조사를 실시하고 있는데, 조사 결과는 제대로 공표하지 않고 있다. 그 이유 중의 하나는 조사의 신뢰성이 매우 낮기 때문인 것으로 알려지고 있다. 이러한 문제를 극복하기 위해서는 2011년 3월 개정 하도급법의 규정에 따라 공정위로 하여금 하도급거래 실태에 대해 주기적으로 조사하고 그 결과를 공표하도록 의무화하되, 실제 조사업무는 외부기관에 위탁할 수 있도록 하는 내용의 추가적인 법 개정이 필요하다.

보다 근본적으로는 일정 규모 이상의 대기업이 하도급거래 관계를 맺고 있는 수급기업의 명단과 그 거래 내역을 공시하도록 해야 한다. 하도급기업 리스트가 영업기밀로 간주되고 따라서 어느 중소기업과 거래를 하고 있는지조차 알 수 없는 상황에서 하도급거래의 공정성을 제고할 수는 없을 것이다. 이 역시 하도급거래를 사적 자치의 영역으로 치부할 수 없는 이유다.

둘째, 불공정 하도급거래에 의해 피해를 입은 중소기업에게 실효성 있는 구제 수단을 제공하여야 한다. 우선 민사적으로는 적발 가능성이 낮은 하도급법 위반 행위의 특성을 감안하여 손해액의 3배를 배상하도록 하는 3배 배상제도(treble damages)를 도입하여야 한다. 미국을 비롯하여 대다수 선진국들은 경쟁법 위반 행위 전반에 대해 3배 배상제도를 도입하고 있다. 우리나라는 2011년 3월 하도급법 개정을 통해 기술탈취 행위에 대해서만 3배 배상제도를 도입하였는데, 조속히 그 적용범위를 확대하여야 할 것이다.

한편 형사적으로는 공정거래법 및 하도급법 위반에 대해서는 공정위만이 검찰에 고발할 수 있도록 한 이른바 전속고발권을 폐지하여야 한다. 전속고발권을 둔 취지는 관련 사안에 대해 공정위가 검찰보다 더 전문성을 갖고 판단할 수 있으며, 또 이를 폐지할 경우 고소·고발이 남발되어 기업경영의 안정성을 해칠 수 있다는 것 등이다. 일리 있는 주장이지만, 문제는 공정위가 고발권 행사에 대해 지나치게 소극적인 자세를 보이고 있다는 것이다. 매년도 공정위가 경고 이상의 조치를 취한 사건 중 고발을 한 것은 1% 안팎에 불과한 실정이다. 공정거래법 및 하도급 위반에 대해 대부분 형사처벌 조항을 두고 있는 현행 법체계하에서 전속고발권을 당장 폐지하기는 어렵다면, 일단 담합·기업결합·지배력 남용행위 등의 중대한 범죄행위에 대해서만은 전속고발권을 폐지하는 방향으로 개선할 수 있을 것이다.

셋째, 다수 중소기업 상호 간의 수평적 네트워크를 활성화하여야 한다. 중소기업은 협상력의 격차로 인해 일대일의 관계에서는 대기업과 공정한 계약을 맺기 어렵다. 이러한 문제를 극복하기 위한 가장 기본적인 방법은 다수의 중소기업이 공동으로 대기업과 협상하는 것이다. 나아가 보다 근원적인 차원에서 중소기업의 경쟁력을 제고하기 위해서는 기술 개발, 디자인 개발, 구매, 판매, 해외시장 개척 등의 영역에서 상호협력의 수평적 네트워크를 활성화하는 것이 필요하다. 이런 수평적 네트워크를 기반으로 할 때 대기업과의 수직적 네트워크를 공정하게 변화시킴으로써 상호 윈윈(win-win) 할 수 있는 것이다.

그런데 우리나라는 중소기업협동조합을 비롯한 수평적 네트워크가 매우 취약하다. 2008년 말 현재 우리나라의 중소기업협동조합 수는 901개에 불과하고, 조합원 업체 수는 65,558개로 전산업 조직화율은 2.1%, 제조업의 조직화율은 9.5%에 불과하다. 일본의 경우 조합수가 47,207개이고 조직화율이 70.5%에 이르는 것과 대비된다. 이탈리아, 독일 등의 유럽 국가와 비교해도 매우 미흡하다. 나아가 우리나라의 경우 협동조합의 본래 목적이라 할 수 있는 공동사업을 하는 조합은 약 20%에 불과하고, 그 중에서도 단체수의계약이 공동판매사업의 94%를 차지한다. 일본의 경우 중소기업협동조합의 대부분이 공동사업을 시행하고 있으며, 그 중에서도 형태 자체가 사업조합인 협동조합이 37,755개로 80%가 넘는다는 사실은 시사하는 바가 크다.

다수 중소기업들의 공동사업을 활성화하기 위해서는 그 전제조건으로서 공정거래법 제19조의 담합 금지 규정에 대한 일정한 예외 인정이 필요하다. 공동사업은 곧 담합으로 간주될 수 있기 때문이다. 그래서 예컨대 독일의 경쟁제한금지법(GWB)은, 카르텔을 금지하는 EU 경쟁법에도 불구하고 중소기업의 공동행위에 대해서만큼은 유일하게 적용제외 조항(제3조)을 존치시키고 있다. '카르텔 제외 조합(Kartellfreie Kooperation)' 이라고 일컬어지기도 하는 해당 조항은 1973년 경쟁제한금지법 개정 때부터 도입되어 발전되어 왔는데, 대기업과의 경쟁에 있어 중소기업이 구조적으로 불리한 점을 보완해 주기 위한 방안으로 고안된 것이다.

우리나라의 현행 공정거래법도 '중소기업 경쟁력 향상' 을 담합 금지의 예외 인정 사유 중 하나로 열거하고 있으나, 그 인가 요건과 절차가 너무 엄격하여 이를 적용한 실제 사례를 찾기 어려운 실정이다. 공정위를 비롯한 범정부 차원에서 보다 적극적인 의지를 갖고 관련 조항을 개정하고 그 실효성을 높이기 위한 방안을 강구하여야 할 것이다.

2010년 상생협력법 개정 당시 중소기업협동조합 등의 단체가 대기업과 납품단가를 공동으로 교섭할 수 있도록 하는 이른바 '집단교섭권' 도입의 논의가 있었으나, 담합 금지 원칙에 어긋난다는 공정위의 강력한 반대에 부딪혀 결국 중소기업협동조합에 납품단가 조정 신청권을 부여하는 것에 그쳤다. 그러나 실효성이 전혀 없었다. 공정위의 인식 전환이 절실히 요구되는 대목이다.

4. 결론 : 분배 친화적 성장을 위한 기업정책의 기본원칙

다이나믹한 경제 질서를 구축하고 그 성과를 다수의 국민이 공유하기 위해서는 기업정책, 노동정책, 복지정책이 유기적으로 결합되어야 할 것이다. 여기서는 분배 친화적 성장을 위한 기업정책에 한정하여 살펴보았다. 결론에 대신하여 다음 세 가지 기본원칙을 제시한다.

첫째, 무엇보다 먼저 낙수효과의 허구적 신화를 극복하여야 한다. '대기업의 선도적 성장의 과실이 중소기업과 서민으로까지 확산되도록 한다'는 2007년 이명박 후보의 대선 공약집에 있는 슬로건은 21세기 한국 경제에서는 더 이상 작동하지 않는다. 이를 증명한 사람이 바로 이명박 대통령이다. 2010년 하반기 이래 이명박 대통령이 모든 사람들을 헷갈리게 하면서 서민대책, 대-중소기업 동반성장을 들고 나오는 이유가 무엇이겠는가. 수단방법 가리지 않고 성과를 올리는 것에 천부적 감각을 갖고 있는 이명박 대통령은 낙수효과에 의존한 경제정책 기조로는 결코 성공한 경제대통령이 될 수 없다는 것을 인식하였기 때문이다. 이명박 대통령도 깨달은 진리를 개혁 진보진영이 의심해서야 되겠는가. 이를 구체적 정책 대안으로 체계화하면서 대중들을 설득할 때 재벌개혁정책, 나아가 진보적 대안이 성공할 수 있을 것이다.

둘째, 법 집행의 엄정성과 공정성을 확립하여야 한다. 재벌정책도 하도급거래 공정화 정책도 법치주의의 확립 없이는 성공할 수 없다. 새로운 법제도의 도입에 못지않게 중요한 것이 법제도의 집행 과정에 대한 신뢰를 구축하는 것이다. 그러한 의미에서 기업정책은 혁명(revolution)이 아닌 진화(evolution)의 과정이라고 할 수 있다. 최근 보수진영에서도 법치주의 확립을 핵심 과제로 내세우고 있으나, 기득권 세력의 저항 및 스스로의 부패 문제로 인해 신뢰를 얻기 어려운 상황에 있다. 대중의 힘을 토대로, 아래로부터의 요구에 의해 법치주의를 진전시키는 것이야말로 한국 사회가 달성해야 할 가장 진보적인 과제 중의 하나라고 할 수 있다.

셋째, 경제 현실에 부합하는 새로운 법제도의 틀을 확립하여야 한다. 재벌은 하나의 기업이 아니라 다수의 계열사로 이루어진 기업집단이라는 사실을 도외시한 채, 재벌개혁을 위한 노력이 성공할 수는 없다. 하도급거래는 외형상 대등한 기업 간의 사적 계약이지만, 그 실질은 협상력의 격차가 존재하는 갑(甲)과 을(乙) 간의 불평등한 계약이라는 사실을 외면한 채, 하도급거래 공정화 정책이 성과를 거둘 수는 없다. 바로 그렇기 때문에 개별기업 차원을 넘어 기업집단 자체에 법적 권리와 의무를 동시에 부여하고, 그리고 중소기업 상호 간의 수평적 네트워크를 활성화하기 위한 담합 규제의 일정한 예외 인정 등의 새로운 접근방법이 채택되어야 한다. 원자화된 개인주의는 현실을 설명할 능력이 없으며, 기득권 보호를 위한 수단으로 악용될 뿐이다. 집단화된 조직이 실체로서 존재하는 경우에는 그 집단에 합당한 권리와 함께 의무를 부여해야 한다.

■ **참고문헌**

곽정수. 2010. 5. 21. "갑과 을의 상생경영은 가능한가", 『한겨레21』 제 811호.

김상조. 2012. 『종횡무진 한국 경제 ─ 재벌과 모피아의 함정에서 탈출하라』, 오마이북.

김주훈 편. 2005. 『혁신주도형 경제로의 전환에 있어서 중소기업의 역할』 KDI 연구보고서 2005-5, 한국개발연구원.

위평량. 2009. 11. 2. "하도급거래에 있어서의 불공정한 지위남용 행위에 대한 실증연구(1) ─ 전자산업", 『경제개혁리포트』 2009-10호, 경제개혁연구소, www.erri.or.kr

위평량. 2009. 9. 9. "하도급거래에 있어서의 불공정한 지위남용 행위에 대한 실증연구(1) ─ 자동차 산업", 『경제개혁리포트』 2009-7호, 경제개혁연구소, www.erri.or.kr

채이배. 2011. 6. 29. "회사기회유용과 지원성거래를 통한 지배주주 일가의 부의 증식에 관한 보고서", 『경제개혁리포트』 2011-4호, 경제개혁연구소, www.erri.or.kr

분배 친화적 성장을 위한
생산–복지체제와 신산업정책의 모색

_정준호

1. 서론

우리나라 경제는 갈림길에 서 있다. 대기업 주도의 수출주도형 경제는 더 이상 다수의 고용과 소득을 보장하지 않는다. 소수만이 그러한 혜택을 누릴 뿐이다. 외환위기 이후 펼쳐진 우리나라 경제의 성장경로는 대기업의 지배력을 더욱 강화시켜 대·중·소기업 간 격차는 더 이상 시장에서 자기 조정될 수 있는 범위를 넘어선 것으로 보인다. 이는 사회 공동체에 대한 위협으로 다가오고 있다.

대기업의 성장과 그에 따른 낙수효과에 기반한 기존 성장담론의 영향력은 과거에 비해 상당히 축소되고 있다. 정부와 시장, 성장과 복지라는 이분법은 여전히 맹위를 떨치고 있지만 이러한 사고로는 사회변화의 역동성을 담아낼 수가 없다. 그런데 성장담론에 대한 반작용으로서 순전히 복지담론이 제기되는 것이라면 그 수명은 오래 지속되지 않을 것이다. 성장과 복지담론은 쌍으로 존재해야만 그 가치가 있으며, 개별적이고 고립적인 차원에서 각 가치의 선호 여부에 대한 문제 제기보다는 어떠한 성장, 어떠한 복지담론인가가 더욱 중요한 문제 제기라고 생각한다.

이 글은 이러한 점을 염두에 두고, 2000년대 이후 우리나라의 생산-복지체제(Estevez-Abe et al., 2001)를 OECD 국가와 상호 비교함으로써 산업화 전략과 숙련체제와의 연관성, 즉 생산과 복지 간 논의의 가교를 잇고자 한다. 우리나라의 산업화가 숙련 절약적인 조립형 성장 전략에 기대고 있으며(핫토리 타미오, 2008; Lee and Jeong, 2011), 이는 기본적으로 대기업의 대규모 투자에 따른 규모의 경제를 향유하는 모형이기 때문에 중간숙련 기반이 협소하고 중소기업의 역량이 제한되어, 고용창출의 가능성이 제약될 수 있다는 점을 지적할 것이다.

분배 친화적 성장을 위한 신산업정책의 가능성을 모색하기 위하여 신폴라니적인 관점에서 경제에 대한 새로운 논의를 개관하고, 신산업정책의 방향과 시사점을 도출한다. 이는 경제에 대한 다원성과 시장과 보호라는 이중운동의 논점을 활용하여 신산업정책의 가능성을 탐색하는 것이다. 따라서 이 글은 2000년대 이후 산업화 경로에 대한 생산-복지제체와 숙련 절약적인 조립형 산업화 가설에 대한 분석을 바탕으로 분배 친화적인 성장을 위한 신산업정책의 가능성을 신폴라니적인 관점을 차용하여 탐색하고자 한다.

2. 우리나라의 생산(혁신)—복지체제와 경제의 양극화

숙련형성은 생산체제와 혁신전략을 통합하는 매개 고리로 복지 수준이나 그 체제를 이해하는데 중요한 시사점을 줄 수 있다. 이는 기업의 생산조직과 상이한 유형의 숙련 가용성 간의 관계에 집중하고 정치적 토대를 탐구할 수 있는 지점이기도 하다. 에스테베즈-아베 외(Estevez-Abe et al. 2001)는 자본주의 다양성에 대한 논의에서 이를 체계적으로 논의하였다. 예를 들면, 숙련이 비시장적 조정에 의해 이용 가능하다면, 이는 점진적 혁신과 특수한 숙련투자를 요구하는 기업의 생산조직 전략과 연관이 있으며, 또한 이를 뒷받침하는 기업과 금융 간 장기적인 신뢰관계를 형성하는 제도적 보완성이 필요하다는 것이다. 또한 이들은 숙련을 '기업 특수적', '산업 특수적', 그리고 '일반적 숙련'으로 구분하고, 이러한 유형의 숙련과 특정유형의 사회정책 간에 제도적 보완성이 존재한다고 주장하였다. 특정 생산전략과 연관되어 기업이 합리적으로 행동하면 이러한 특정 유형의 숙련투자를 보호하기 위해 특정 사회복지정책을 지지하게 된다는 것이다.

다른 한편으로 라조닉(Lazonick, 2005)은 혁신기업의 본질을 집합적이고 누적적인 학습에 참여할 수 있는 '숙련(기반)의 조직적 차원에서의 통합'이라고 주장한다. 그는 혁신기업의 진화를 영국의 산업지구, 미국의 법인기업, 일본 기업, 그리고 신경제 시기의 기업으로 나누어 설명하고 있다. 영국 산업지구는 산업 집적에 따라 숙련노동의 접근성이 수월해져 숙련 대체 기술투자의 유인이 적은 혁신기업들의 지리적 군집(clustering)을 일컫는다. 미국의 법인기업은 경영자(또는 엔지니어)와 현장노동자 간의 명확한 업무의 분절화를 가정한다. 반면에 일본 기업은 현장노동자가 조직적 학습과정에 통합된 생산방식을 기반으로 한다. 그리고 신경제 시기 미국 기업들은 스톡옵션과 같은 유인을 통해 기술자와 경영자 간의 조직적 통합이 심화된 것으로 이해된다.

중소기업들의 연합체로서 결사체 경제(associational economy)를 강조하는 영국의 산업지구 모델이 새로운 생산체제의 대안으로 부각되고 있지만, 그는 영국의 산업지구가 제3이탈리아 및 실리콘밸리와는 상이하다고 지적하고 있다(Lazonick, 2005). 집합적인 제도가 혁신을 지원하는 정도와 이에 따른 선도기업의 등장 여부에 따라 동일한 중소기업 모델이라도 차이가 날 수 있다는 것으로, 공공 부문과 제도의 역할이 생산체제의 창출과 유지에 중요하다는 것이다. 예를 들면, 제3이탈리아는 생산자조합, 지방정부에 의한 금융 및 세제지원과 같은 통상적인 개별적 기업지원이 아니라 컨설팅, 마케팅 등 공동으로 사용 가능하지만 맞춤형 현물 기업지원을 실시하는 리얼 서비스(real service)의 제공, 기업가적인 좌파 지방정부의 역할이 주도적이었으며, 반면에 실리콘밸리의 경우 연방정부의 연구개발 지원이 혁신기반의 창출에 결정적이었다.

따라서 숙련의 조직에의 기능적·계층적 통합방식을 이해하는 것은 생산과 복지를 연결할 수 있는 중요한 고리라는 점을 알 수 있다. 미국 숙련형성의 모형은 기본적으로 현장 작업장을 배제한 엔지니어와 경영자 주도이고, 반면에 일본의 경우 엔지니어와 작업장이 통합된 생산방식이다. 이에 따라 에스테베즈-아베 외가 제시한 바와 같이, 이러한 각각의 생산체제와 제도적으로 보완성을 이루는 상이한 사회복지 정책의 배치가 고려될 수가 있다.

생산(혁신)-복지체제

생산과 복지 간 연계특성과 그 시사점을 도출하기 위해 이러한 맥락에서 에스테베즈-아베 외의 생산(혁신)-복지체제의 개념에 대해 검토하는 것은 큰 의미가 있다. 이들은 생산(혁신)-복지체제를 "기업의 제품시장 전략, 숙련형성, 그리고 이를 지원하는 사회, 경제, 정치 제도들의 집합"이라고 규정하고 있다. 전술한 바와 같이, 생산과 복지를 대체적인 관계가 아니라 보완적인 관계로 바라본다면 생산체제의 유형에 따른 산업발전 경로들과 이와 제도적으로 상보적인 복지체제들이 존재할 수 있다.

이들의 논의에서 숙련이 중요한 의미를 차지하는데, 이는 개별기업의 제품시장 전략과 사회·경제 제도 간의 상호작용에 의해 형성되기 때문이다. 전술한 바와 같이, 숙련은 기업 특수적, 산업 특수적, 그리고 일반적 숙련으로 구분되며, 이러한 유형의 숙련은 이를 형성케 하는 보완적인 사회·경제 제도, 즉 고용보호와 실업보호 제도를 필요로 한다(그림 1 참조).

그림 1 | 생산(혁신)과 복지체제 간의 제도적 보완성: 숙련을 중심으로

	고용보호	
	고	저
실업보호 저	산업특수적 고려 (예: 덴마크)	산업특수 및 기업특수적 숙련의 혼합 (예: 독일)
실업보호 고	일반적 숙련 (예: 미국)	기업특수적 숙련 (예: 일본)

자료 : Estevez-Abe et al. (2001: 154)

예를 들면, 다각화된 대량생산 전략을 구사하는 일본 기업들은 기업 특수적 숙련을 필요로 하고 이를 뒷받침할 수 있는 높은 수준의 고용보호와 낮은 수준의 실업보호 장치가 결합되는 것이다. 일본식 직무교육, 연공서열, 그리고 평생고용이 이를 뒷받침한다. 반면에 고품질의 틈새시장 전략을 추구하는 중소기업 중심의 덴마크의 기업들은 산업 특수적 숙련을 요구하며, 높은 수준의 실업보호와 낮은 수준의 고용보호 장치들이 상호 결합된다. 이는 이른바 '유연안정성' 모형으로 알려진 것으로서 개별기업은 고용유연성을 발휘하는 대신에 사회적 차원에서 적극적 노동시장 정책과 보편적 복지정책을 통해 이를 보완하는 것이다.

고품질의 혼합형 전략을 추구하는 독일 기업들의 경우, 기업 특수적 숙련과 산업 특수적 숙련을 모두 필요로 하고, 높은 수준의 고용보호와 실업보호 장치들이 상호 보완적으로 결합한다. 산별노조를 통한 노사협상과 직능교육시스템은 이를 뒷받침하고 있다. 반면에 IT와 같은 과학기술기반, 금융과 지식기반서비스와 같은 생산사서비스 등에서 고도의 과학적·전문적 지식을 활용하는 미국 기업들은 일반적 숙련을 요구하게 되고, 제도적으로 이러한 숙련형성을 가능케 하는 유연한 사회보호 장치를 필요로 한다.

하지만 이러한 논의에 대해 부세메이어(Busemeyer, 2009)는 몇 가지 건설적인 비판을 하면서, 표 1과 같이 숙련형성에서 기업 참여와 직업교육시스템에 따라 독일, 스웨덴, 일본 등 소위 조정시장경제 내 숙련제도가 단일의 형태가 아니라 다양한 유형을 가지고 있다는 것을 보여주고 있다. 그는 에스테베즈-아베 외의 논의에서 자산 특수성의 의미가 명료하지 않다고 지적한다. 숙련 범위의 협소함의 정도를 의미하는 베커(G. S. Becker)형의 자산 특수성과 쌍방의 상호의존(bilateral dependency)의 정도를 나타내는 윌리엄슨 (O. E. Williamson)형의 자산 특수성 개념을 구분해야 한다는 것이다. 전자는 숙련의 콘텐츠와 관련이 있지만, 후자는 숙련의 이전 가능성과 연관이 있다는 것이다. 일반적으로 미국, 독일, 스웨덴, 일본의 기업들은 베커적인 의미의 광범위하고 특수한 직무교육 양자를 실시하고 있다.

표 1 | 숙련체제의 다양성

구분		숙련형성과정의 기업참여	
		피상적	심층적
직업교육시스템의 특수성(specificity)	저	일반 숙련체제(예: 미국)	기업기반 숙련체제(예: 일본)
	고	학교기반 직능숙련체제(예: 스웨덴)	작업장기반 직능숙련체제(예: 독일)

자료: Busemeyer(2009: 387)

그런데 일본 기업의 노동자들은 다기능공 역할을 수행할 수 있는 광범위한 직무교육을 기업 내에서 받지만, 이러한 숙련이 기업 외부로 이전될 가능성은 크지 않다. 부세메이어는 숙련인증 (certification)의 메커니즘(즉, 교육시스템)과 숙련형성에서의 기업 참여의 정도에 따라 상이한 숙련체제가 조정시장경제 내에서 존재한다고 주장한다. 예를 들면, 일본의 경우 독일과 같은 공식적인 숙련인증의 메커니즘이 없기 때문에 노동자의 기업 간 이동성은 낮고 이는 기업 특수적 숙련형성을 촉진한다는 것이다. 물론 이는 기업별 노조라는 노사관계와 이중적 노동시장을 전제로 성립된다. 따라서 일본의 경우 노동자들은 기업 내에서 광범위한 직무교육을 받지만 기업 간 노동 이동성이 낮아 그것이 기업 특수적인 숙련으로 이

어지지만 공식적으로 숙련인증은 이루어지지 않는 기업별 숙련체
제이다. 이처럼 숙련체제는 기업의 생산전략, 교육시스템, 노사관
계, 사회적 보호기제 등과 맞물리면서 다양한 유형을 띠게 된다.

OECD 국가를 대상으로 에스테베즈-아베 외는 고용보호와 실업
보호 장치에 관한 자료를 수집하여 앞에서 제시한 네 가지의 유형
을 실증적으로 보여준 바가 있다. 그런데 우리나라가 이 분석에서
누락되어 있어 에스테베즈-아베 외와 유사한 방법을 사용하여 조성
재 외(2008)는 2000년대 초반의 생산-복지체제를 보여준 바가 있
다.[1]

하지만 이 글은 이러한 생산-복지체제의 동태적 변화를 반영하고
이를 비교하기 위해 조성재 외가 사용한 고용보호와 실업보호 장치
에 대한 대리변수들을 자료의 가용성 때문에 일부 변경하여 2000년
대 초반과 2000년대 후반의 주요 OECD 국가의 생산-복지체제의
유형화를 재차 시도하였다(그림 2 참조).

고용보호의 대리지표로 OECD가 작성한 고용보호제도(Employ-
ment Protection Legislation, EPL) 지수를 활용하였으며, 이는 세부
적으로 정규고용, 임시고용, 그리고 집단해고 등으로 구분되어 있
다. 각 영역에 대해 5/12, 5/12, 그리고 2/12의 가중치를 부여하여
표준화된 종합지수를 산정하였으며, 이는 조성재 외의 그것과 동일
하다. 다른 한편으로, 에스테베즈-아베 외의 숙련체제에 대한 논의
는 주로 정규고용을 상정하고 있어 정규고용에 7/9, 임시고용에 1/9,
그리고 집단해고에 1/9의 가중치를 부여하였으며, 집단해고 영역은
정규고용 영역에 이미 일부 반영되어 있어 그 비중을 낮추었다.

---

[1] 조성재 외, 2008. pp. 109-113을 참조.

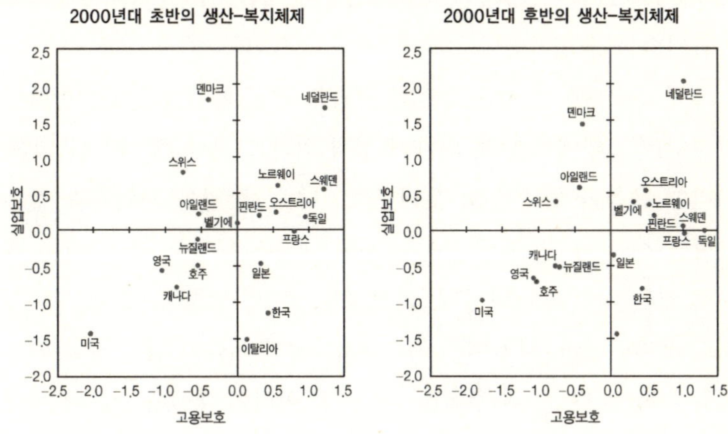

주: 2000년대 초반은 2003년 기준이고, 해당 자료가 가용하지 않은 경우 2004년 자료를 사용하였으며, 2000년대 후반은 2008년을 기준으로 하였으나 일부 자료가 가용하지 않을 경우에는 2007년 자료를 활용하였음.
자료: http://www.oecd.org/employment/protection, http://www.oecd.org/els/social/workincentives에서 필자가 작성.

반면에 실업보호의 대리지표는 자료의 시계열적 가용성 때문에 조성재 외의 그것과는 달리 일부 변경되었다. 실업보호제도를 측정하는 가장 일반적인 지표인 실업 순대체율을 우선적으로 고려하였다. 이 지표는 실업자의 이전 임금 대비 이를 대체한 실업급여의 비중을 일컫는다. 여기에서 사용되는 실업 순대체율은 국가 간 비교를 위해 조세체계나 비소득보조금 등이 조정된 것이고, 5년 실업 기간에 사회지원이 있는 경우 상이한 네 가지 가족유형과 두 가지의 소득유형(평균임금의 67%와 100%)에 대한 평균 실업 순대체율이다. 다음으로 실업급여의 관대함과 향후 실업자보호의 정도를 반영하기 위해 각각 GDP 대비 수동적(passive) 노동시장 지출비중과 적극적(active) 노동시장 지출비중을 실업보호의 대리지표로 선정하였다. 그리고 이 두 지표는 그 당시의 실업률로 조정하였다. 이들 세 가지 지표들에 대해 각각 1/3의 가중치를 적용한 후 표준화된 종합지수를 산정하였다.

그림 2에 나타난 주요 OECD 국가의 생산-복지체제의 유형화는 기존의 에스테베즈-아베 외나 조성재 외의 그것과 큰 차이는 없다. 이러한 유형화에 따르면, 우리나라 기업들은 일본 기업들과 같은 유형의 기업 특수적 숙련형성을 통해 다각화된 대량생산 전략을 펼치고 있는 것으로 나타난다. 삼성, LG, 현대자동차 등 소위 재벌대기업의 1980년대 후반 이후 기술추격과정과 이들의 최근 일본 라이벌업체(예: 소니 등)의 추월을 감안하면 이러한 해석은 기존의 우리나라 경제에 대한 인식과 크게 벗어나지 않는 것이다.

우리나라의 경우 고용보호 수준은 2000년대 초·후반을 비교했을 경우 큰 차이가 없다. 하지만 일부 OECD 국가, 예를 들면 일본과 스웨덴의 경우 고용보호 수준이 악화되었다. 고용보호법제에 대한 시계열적 이동의 폭은 상대적으로 크지 않다. 이는 사회적 동의를 요하는 법제정 절차를 거치기 때문에 단기간에 심하게 변동하지 않는다. 하지만 실업보호의 경우 이와는 반대로 경기변동에 좌우되는 경향이 있기 때문에 일정한 시계열적 변동이 포착된다. 우리나라와 미국의 경우 실업급여 수준이 제고되었지만, 스위스, 덴마크, 스웨덴 등의 경우 상대적으로 실업급여 보호제도가 약화되었다.

요약하면, 우리나라의 경우 고용보호지수는 OECD 평균에 비해 높지만, 실업보호 수준은 미국, 영국, 호주 등 영미형 국가와 비슷하다.

우리나라의 산업화 전략과 숙련체제

그림 2에 따르면, 현재 우리나라의 위치는 기업 특수적 숙련체제에 기반하고 있으며, 반면에 일본은 전통적인 기업 특수적 숙련체제에서 영미형 일반적 숙련형성체제로 이행하고 있는 것으로 나타나 있다. 그렇다면 우리나라의 생산-복지체제는 기존의 일본형 기업 특수적 숙련체제에 굳건하게 서 있다고 말할 수 있는가? 이러한 양적 지표 이면의 우리나라의 숙련체제 특성에 대해 살펴보고 우리나라와 일본의 기업 특수적 숙련체제가 상이한지의 여부에 대해 검토할 필요가 있다.

우리나라의 산업화는 조립형(assembly) 전략(Ley and Kuo, 1991; 핫토리 타미오, 2007)에 기반하고 있다. 하지만 완전한 의미의 조립형 산업화의 경로를 밟아온 것은 아니어서 전·후방산업 연관, 생산재·소비재 산업 부문의 비례적 성장을 동시에 수반한 복선형 산업화의 경로를 걸어온 것 또한 사실이다(서익진, 2003). 따라서 우리나라가 일본처럼 최종조립과 부품·소재업체를 동시에 갖고 있는 풀세트형 산업화를 지향했던 것은 부정할 수 없는 사실이다.

그럼에도 불구하고, 일본과는 달리 가공형보다는 조립형 산업화의 특성이 더욱 부각된다. 조립형 전략은 기업이 시장가격을 초과하는 단위비용에 직면해서도 생산조업을 감행하는 전략으로 규모의 경제와 실행에 의한 학습을 통해 기술경험이 기업 내부에 축적되어 제품설계와 생산 가능한 역량을 확보하는 것을 일컫는다(Ley and Kuo, 1991; 핫토리 타미오, 2007). 이러한 전략은 막대한 초기의 자본투자를 감당할 수 있는 대기업, 즉 재벌에게 부합하는 것이었으며, 정부는 암묵적·명시적으로 조건부 금융·세제지원 및 각종 자원들을 지원하였다.

　이러한 산업화는 단순기술에서 복잡기술로 상향하는 기술학습 과정을 거치기 때문에 최신 공정기술의 확보가 생산성의 증대와 경쟁력의 확보에 필수적이지만, 수직적 차원이 아닌 수평적 차원의 기술과 지식을 결합하는 혁신능력의 확보, 즉 남과 다른 것을 만들어 내는 혁신역량의 축적에는 취약하다. 따라서 경쟁력의 기반은 기본적으로 품질이 아니라 가격이다(Ley and Kuo, 1991; 정준호·이병천, 2007).

　이러한 조립형 산업화 전략은 기계가 쉽게 노동을 대체 또는 배제할 수 있는 생산체제를 전제하고 있어 숙련인력의 축적이 힘들다. 작업장 숙련을 상대적으로 중시하지 않는 숙련절약형 모형이기 때문에 공정기술의 확보를 위한 엔지니어의 역할이 강조되고 요소비용의 절약이 용이한 비정규직 사용이 쉽게 용인되며, 비용부담을 전가할 수 있는 기업 간 관계, 즉 비대칭적이고 수직적인 대기업과 중소기업 간 관계가 형성될 가능성이 크다. 따라서 중간숙련의 위치가 협소해지고 부품소재 산업의 발달이 여의치 않아 이를 담당하는 중소기업은 보완관계가 아니라 비용전가의 대체관계로 자리매김 된다(조성재 외, 2008; 정준호·이병천, 2007).

　이러한 산업화는 숙련수요가 J자형 곡선을 따라 이동하여 노동시장의 양극화가 진행되는 숙련체제를 가정하고 있다. 그 결과 중간기술 및 작업장 숙련의 광범위한 분포에 기반한 관계 특수적 시장경제의 조정 메커니즘이 작동할 수 있는 물적 기반이 취약하다. 이는 서구와는 달리 노동의 권력기반과 발언권이 취약한 정치·경제적 구조를 야기했던 바로 그 물적 기반이다. 따라서 작업장에 기반한 일본과 독일과 같은 고숙련 경제로 이행하기 어려운 일종의 함정이 도사리고 있다(조성재 외, 2006).

이처럼 한국의 숙련체제는 핫토리 타미오가 지적한 바와 같이 대체적으로 기술숙련 절약형 또는 기술과 숙련 분리형 모형으로 이해될 수 있다(그림 3 참조). 이는 현대자동차를 사례로 한 조성재 외(2006, 2008)의 연구에서 극명히 드러나는데, 현재 자동차 산업의 경쟁력은 생산기능직과 숙련기능직이 지배하는 작업장에서의 숙련형성보다는 엔지니어와 같은 기술기능직에 의한 숙련형성에 의존하고 있다는 것이다. 이러한 방식으로 기업 특수적 숙련이 형성된다면 기술기능직은 시장에서 고학력자로 충원될 것이고, 이들에게는 작업장에서의 장기의 숙련형성보다는 작업장 감독과 같은 일반적 숙련을 형성할 수 있는 직업훈련(OJT)이 요구될 것이다.[2]

이와 같은 직종분리에 노동배제적인 자동화 중심의 생산체제로 인해 기능직에 대한 훈련수요도 적고 설비가동의 극대화를 위해 기능직 사원의 교육훈련을 차출할 여유인력도 없는 상황이 연출되고 있다. 또한 근무경력에 따라 자연적으로 형성되는 숙련에 의존하여 숙련형성이 비체계적이고 비조직적이다. 따라서 생산기능직과 숙련기능직의 인지적 숙련도가 향상될 수 있는 기회가 봉쇄되고 자동화와 정보화는 이러한 경향을 더욱더 강화할 가능성이 크다. 환언하면, 작업장의 기능직은 상향이동에 대한 비전을 상실하고 중간관리자와 엔지니어는 과부하에 시달리는 숙련과 기술이 분리되는 숙련체제가 성립된다. 반면에 일본의 경우 대표적으로 도요타의 사례처럼 기능직과 제품 엔지니어 간의 연계를 담당하는 현장(공정) 엔지니어의 역할이 중요하고 기능직은 이러한 지위로 상승할 수 있는

---

[2] 한편 공작기계, 금형 등 일부에서만 직무 중심의 훈련이 이루어지고 있을 뿐이다.

비전을 가지는 기술과 숙련이 통합되는 숙련체제가 성립된다(고바야시 히데오, 2011).

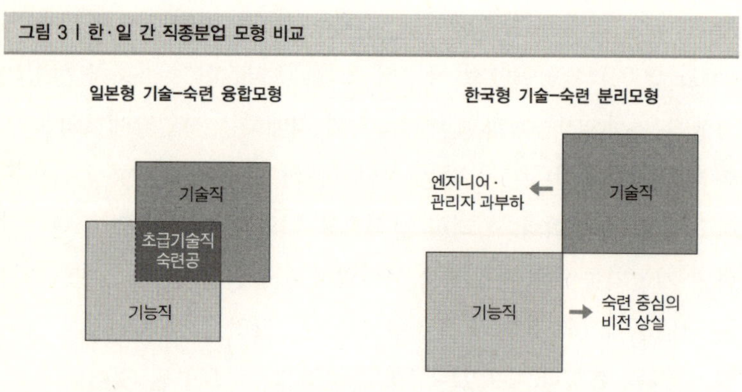

자료: 조성재 외(2006)

숙련 절약적인 조립형 산업화와 경제의 양극화

전술한 바와 같이, 우리나라는 복선형 풀세트 산업화를 지향하였지만 조립형 산업화의 특성이 더욱더 부각된다는 점을 지적하였다. 이러한 조립형 산업화는 특정 기술적 조건, 대외분업 구조, 적극적인 산업정책이 서로 맞물리면서 나타난 것이다(핫토리 타미오, 2007).

1970년대 중반 이후의 NC 자동화기계의 도입과 확산은 숙련절약을 가능케 하는 기술적 조건이다. 1980년대 중반 이후의 노동배제적인 자동화 설비투자, 그리고 1990년대 중반 이후 IT기술에 기반한 모듈화로 인해 우리나라 기업들은 선진국과의 격차를 더 빠르게 추격할 수 있었으며 특정 부문에서는 선진국을 능가하고 있다. 이러한 부문은 주로 기술역량의 축적이 필요한 부문보다는 제품 수준

의 고도화가 가능한 분야로 전기·전자 산업이 대표적이다. 또한
철강, 자동차, 조선, 반도체 등에서는 국산화 노력의 결과 우리나라
는 단순기술과 복잡기술을 상호 제어하고 활용할 수 있는 시스템통
합기술을 축적하였으며, 이러한 축적된 기술역량과 재벌이라는 수
직적인 기업지배 구조를 활용하여 일부 분야(예: 자동차)에서 모듈
화를 선도하고 있다(김철식 외, 2011).

이러한 기술·숙련 절약적인 조립형 산업화는 핵심부품과 설비
기계의 해외 수입을 필연적으로 수반하기 때문에 이를 가능케 하는
국제 분업구조가 전제되어야 한다. 부품수입과 기술이전 및 최종재
소비시장을 가능케 하는 국제 분업구조를 필요로 하는데, 일본은
중·고급 부품소재의 공급지, 중국은 초·중급 부품소재 및 최종재
시장, 그리고 미국은 중·고급 최종재 시장으로 기능하였다.[3]

특히 기술이전과 부품소재의 공급지로서 일본은 우리나라의 숙
련 절약적인 조립형 산업화에 결정적인 역할을 수행하였다. 그림
4에서 보는 바와 같이 대일 무역수지 적자는 1998년 외환위기 이후
지속적으로 악화되고 있으며 이는 대외수출의 증가와 쌍을 이루고
있다. 그리고 제조업 강국 독일과의 무역수지 적자도 외환위기 이
후 악화되다 최근에 다소 개선되고 있다. 미국과의 적자 추세는
2006년을 고비로 최근에야 반전되었다. 따라서 외환위기 이후 숙련
절약적인 조립형 산업화는 일본을 포함한 선진국에서 생산재의 수
입을 필연적으로 동반할 수밖에 없었으며 그 추세는 지속되고 있다.
이는 최근 우리나라 경제의 주력 수출산업으로 등장한 IT, 반도체,
통신, 휴대폰 등에 사용되는 각종 핵심부품·소재를 해외에서 수입

---

[3] 여기서 1950~1980년대 냉전구조는 이러한 국제 분업구조의 형성에 일조하
였다는 것을 염두에 두어야 한다.

한다는 것을 반증하고 있다. 이는 숙련 절약적인 조립형 산업화가 대외 의존적인 수출주도형 산업을 내장하고 있으며, 특히 외환위기 이후 수출주도형 경제의 심화는 국민경제를 대외변동성에 매우 취약하게 만들고 있다는 것을 시사한다(Lee and Jeong, 2011).

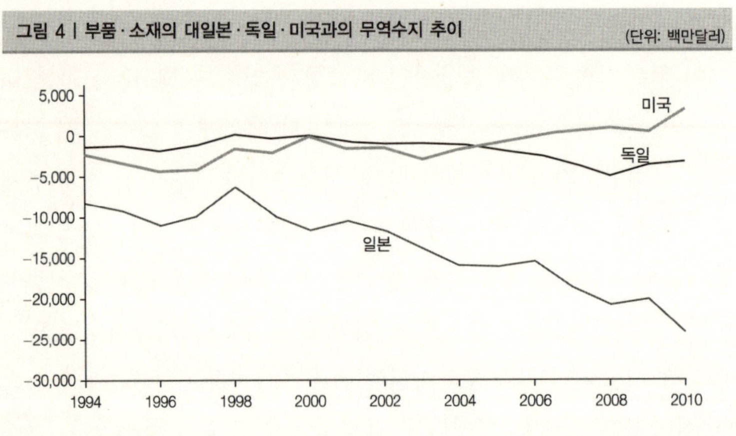

자료 : Lee and Jeong(2011).

　마지막으로, 정부의 적극적인 산업정책은 노동을 배제하고 대기업 주도의 경제 성장 모형을 성립하는 데 일조하였다. 조건부 지대에 의거한 각종 금융 및 재정지원, 기술이전과 학습을 촉진하기 위한 과학기술개발투자 등은 우리나라 경제의 추격과정을 용이하게 만들었다. 하지만 여전히 정부의 산업정책은 대기업 주도의 성장지상주의에 매몰되어 과거의 경로의존성에서 탈피하지 못하고 있으며 외환위기 이후 새로운 성장동력의 발굴이나 고용창출에 주목할 만한 역할을 수행하지 못하고 있다.

　그렇다면 숙련 절약적인 조립형 산업화가 가지는 사회경제적 효

과는 무엇인가? 특히 외환위기 이후 심화된 수출주도형 산업화는
숙련 절약적인 조립형 산업화와 불가분의 관계를 가지고 있다. 전
술한 바와 같이, 제품 수준에서의 신속한 고도화가 가능하기 때문
에 선진국과의 추격이 용이하고 일부는 이를 능가한다. 그러나 중
장기적인 시간지평을 요하는 기술과 기능의 축적은 다소 제한적이
어서 조립형 산업화는 복선형 산업화의 경로에서 이탈하는 경향이
나타나며 이는 산업연관의 취약과 대외의존의 심화로 드러난다.

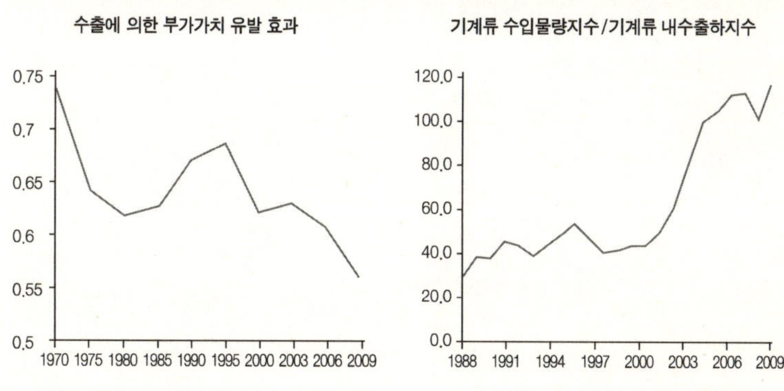

그림 5 | 수출의 산업연관효과 및 설비기계의 대외의존도 추이

자료 : Lee and Jeong(2011).

　그림 5에서 보는 바와 같이 수출에 따른 부가가치 유발효과는
1995년 이후 지속적으로 하락하고 있다. 이는 수출에 따른 부가가
치의 일정 부분이 대외로 유출되고 그 비중이 증가하고 있다는 것
을 보여준다. 또한 설비기계의 대외의존도는 외환위기 이후 급속히
상승하여 2000년대 이후 산업화는 숙련 절약적인 조립형 산업화 경
로로 특징지어진다.

　우리나라의 성장동력을 구성하는 IT 산업군의 후방연계도를 분석한 그림 6도 산업연관의 취약성을 비교의 관점에서 보여주고 있다. IT 산업군에 포섭된 산업 부문의 차이 때문에 이들 간의 직접적인 비교는 힘들지만 일본의 IT 산업군은 부품소재의 기반을 이루는 전기기계와 연관되어 있으며 산업연관 관계도 상대적으로 조밀한 편이다. 반면에 우리나라의 경우 주로 최종재 중심으로 IT 산업군을 형성하며 산업 간 연관관계도 일본의 그것에 비해 조밀하지 않다.

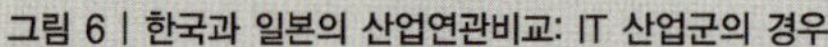

그림 6 | 한국과 일본의 산업연관비교: IT 산업군의 경우

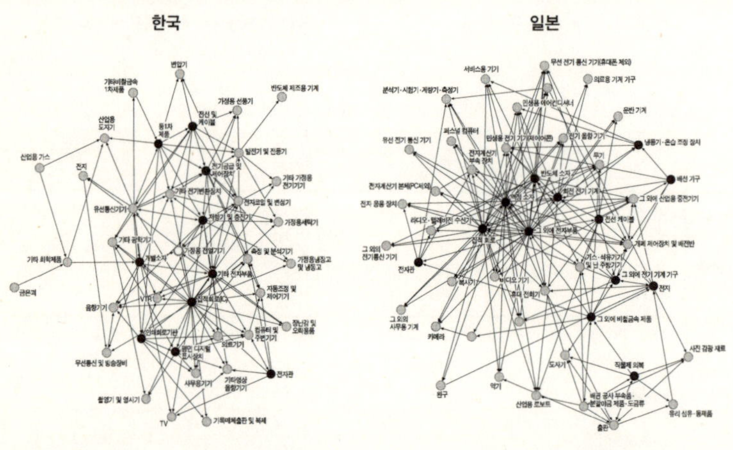

주: 위의 그림은 2000년 한·일 산업연관표의 투입계수를 가지고 분석한 것이고, 검정색으로 칠한 부분은 결절산업으로 확인된 것임.
자료: 김선배 외(2005).

　2000년대 이후 특히 두드러진 숙련 절약적인 조립형 산업화는 자동화와 모듈화의 기술적 조건에 의지하고 있기 때문에 고용창출이 기대만큼 늘어나지 않는 고용이 없는 성장을 야기한다. 1980년대 중반 이후 노동배제적인 자동화와 IT 기술의 도입은 1980년대

후반 이후 전투적인 노동조합을 우회하려는 수단이기도 하지만, 후
후발 추격의 지경학적·기술적 조건이기도 하다. 이러한 산업화는
다양한 고용을 창출하고 산업 간 연계를 더욱더 강화시킬 수 있는
사회적 분업의 심화에 장애물로 작용하고 있다. 그림 7에서 보는
바와 같이 미국, 독일, 일본 등 선진국의 경우 제조업 고용의 비중이
정점에서 20% 이하로 떨어지는데 약 한 세대가 걸리는데 반하여
우리나라의 경우는 그 절반에 불과하다. 특히 대기업의 설비 의존
적 성장 전략은 미미한 고용창출과 괜찮은 일자리를 제공하지 않는
것으로 귀결되고 있는데, 이러한 전략은 설비가동의 극대화를 염두
에 두기 때문에 품질보다는 가격에 의존하여 요소비용의 절감에 민
감할 수밖에 없기 때문이다.

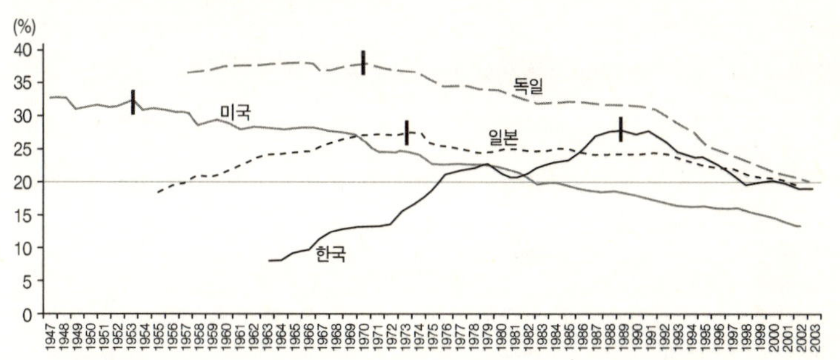

주: 한국 14년(1989년 27.8% → 2003년 19.6%), 미국 30년(1953년 32.3% → 1983년 19.8%)
　　독일 33년(1970년 38.1% → 2003년 20.0%), 일본 28년(1973년 27.4% → 2001년 20.0%)
자료: 정준호(2007)

숙련 절약적인 조립형 산업화 경로는 고도의 완제품을 생산할 수
있는 대기업과 기술 수준이 낮은 부품·소재를 생산하는 중소기업

의 공존이라는 이중구조를 만들어냈다(핫토리 타미오, 2007. p. 248). 많은 국산화 노력과 부품·소재에 대한 정책적 관심에도 불구하고 핵심부품과 소재분야에서 이들 중소기업이 선진국과의 격차를 넘어서기에는 역부족이다. 이는 지속적인 대일 무역수지 적자를 야기하는 요인으로 남아 있다. 이러한 기술적 측면뿐만 아니라 중소기업은 경기변동 또는 비용절감의 완충 역할을 수행함으로써 중소기업 자체역량이 제고될 수 있는 여지가 없었다. 소수 대기업에 대한 중소기업들 간의 과당경쟁, 중국의 부상에 따른 요소비용의 절감 압력, 기술능력 축적의 부재 등으로 인해 대·중소기업 간의 생산성과 임금격차는 지속적으로 악화되고 있다. 이른바 경제의 양극화가 초래되고 있다(그림 8 참조). 또한 대기업이 주도하는 대규모 설비투자에 기반한 성장 전략은 설비가동의 극대화를 전제로 하고 있어서 지속적으로 장시간 노동을 유발하고 있다.

그림 8 | 대·중소기업(제조업) 간 임금 및 생산성 격차 추이

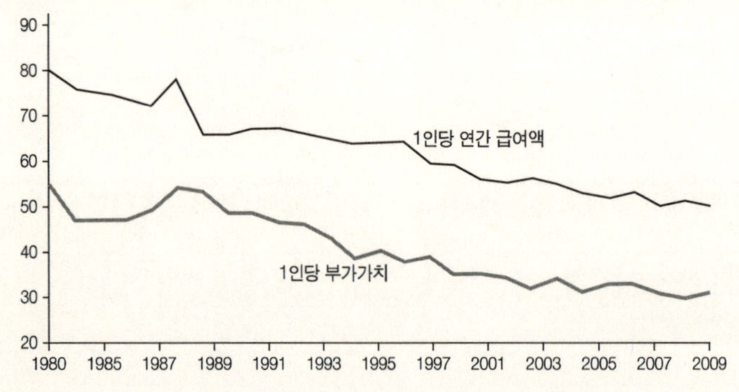

자료 : Lee and Jeong(2011).

표 2 | OECD 국가 간 소득격차 비교

구분	9분위/1분위 소득비율		9분위/5분위 소득비율		5분위/1분위 소득비율		남녀임금격차 (%)		저임금비율 (중위소득 2/3 이하)(%)	
	1999	2009	1999	2009	1999	2009	1999	2009	1999	2009
호주	3.00	3.33	1.84	2.00	1.63	1.67	14.29	16.36	14.31	14.44
오스트리아	-	3.36	-	1.94	-	1.73	23.14	19.36	-	16.02
벨기에	2.39	2.25	1.70	1.66	1.41	1.36	15.18	8.92	-	4.00
캐나다	3.63	3.68	1.81	1.90	2.00	1.94	24.11	19.73	23.06	20.48
덴마크	2.49	2.73	1.70	1.71	1.46	1.60	14.72	12.11	8.00	13.60
핀란드	2.36	2.59	1.69	1.76	1.40	1.47	21.72	19.68	-	8.48
프랑스	3.10	2.84	1.94	2.01	1.59	1.41	9.21	13.13	-	-
독일	3.22	3.67	1.83	1.82	1.76	2.02	23.05	21.55	20.04	20.15
아일랜드	3.27	3.94	1.92	2.12	1.70	1.86	19.73	10.38	17.79	20.22
이탈리아	2.50	2.27	1.60	1.56	1.56	1.45	7.69	11.76	10.42	7.98
일본	2.97	2.99	1.84	1.85	1.62	1.62	34.55	28.28	14.58	14.65
한국	3.83	4.69	1.97	2.25	1.94	2.09	40.55	38.90	23.41	25.68
네덜란드	2.89	2.91	1.74	1.76	1.66	1.65	21.53	16.66	14.81	-
뉴질랜드	2.68	2.83	1.70	1.83	1.58	1.55	8.33	7.75	12.31	12.54
노르웨이	1.95	2.29	1.41	1.47	1.38	1.55	10.14	8.67	10.42	7.98
스웨덴	2.24	2.28	1.64	1.68	1.36	1.36	16.85	14.93	-	-
스위스	2.53	2.69	1.70	1.83	1.49	1.47	22.32	19.51	-	-
영국	3.44	3.59	1.90	1.99	1.81	1.81	25.27	19.81	20.12	20.57
미국	4.50	4.98	2.21	2.36	2.04	2.11	23.46	19.78	24.45	24.84
OECD평균	3.01	3.34	1.80	1.97	1.65	1.68	19.67	15.92	16.76	16.30

출처 : 국토해양부 국토해양통계누리(http://stat.mltm.go.kr), 2011

2000년대 이후 우리나라의 성장 전략은 표 2에서 보는 바와 같이 빈부격차를 줄이기는커녕 소득의 양극화를 심화시키고 있다.

OECD 국가와 비교하여 보면 소득격차 수준이 OECD 평균의 그 것보다 높으며 빈부격차가 심한 미국 수준에 육박하고 있다. 단, 남녀 간의 임금격차 정도는 지난 10여 년 동안에 다소 개선된 것으로 나타났다. 많은 OECD 국가들에서 소득격차가 확대되었지만 스웨덴, 노르웨이, 핀란드, 덴마크 등 북유럽 복지국가의 경우 상대적으로 소득격차가 심하지 않다. 우리와 유사한 생산-복지체제를 가진 일본의 경우에도 소득격차 수준이 우리와 비교할 바가 아니다. 에스테베즈-아베 외의 가설에 따르면, 일본과 같은 생산-복지체제를 가질 경우 고용의 안정성으로 인하여 소득격차의 정도가 낮을 것으로 예상되지만 현실은 그렇지 않다. 이러한 소득격차의 심화는 여러 요인들에서 기인할 수 있지만 숙련 절약적인 조립형 산업화를 떠받치는 기술적 조건, 정책적 의지, 그리고 대외조건에 기반하고 있다는 것을 부인할 수 없다.

요약하면, 우리나라 경제는 NC기계화, IT화로 대변되는 기술패러다임에 따른 광범위한 중간 숙련수요의 감소, 숙련 절약형 생산방식으로 인한 중간숙련의 고숙련 업그레이드의 비전 상실, 이에 따른 상시적인 구조조정과 소득격차의 심화 등으로 관계 특수적 숙련형성의 어려움에 처해 있다. 이러한 의미에서 생산-복지체제가 일본과 같은 유형에 속해 있다고 하더라도 그 현실 메커니즘은 상이하다.

외환위기 이후 혁신주도의 강한 경쟁전략이 요구됨에도 불구하고, 인위적인 저환율 정책과 수량적 노동유연성을 활용한 요소비용 최소화 전략, 즉 약한 경쟁전략이 우리나라 경제의 성과를 여전히 좌지우지하고 있다(정준호·이병천, 2007). 이에 따라 비용절감을 위한 비정규직의 활용은 대기업과 중소기업을 가리지 않고 전방위

적으로 확산되고 있다. 따라서 우리나라 경제는 대기업 주도의 첨
단 제품을 생산하는 숙련 절약적인 조립형 산업화, 즉 약한 경쟁전
략에 의존하고 있다고 요약할 수 있을 것이다(그림 9 참조).

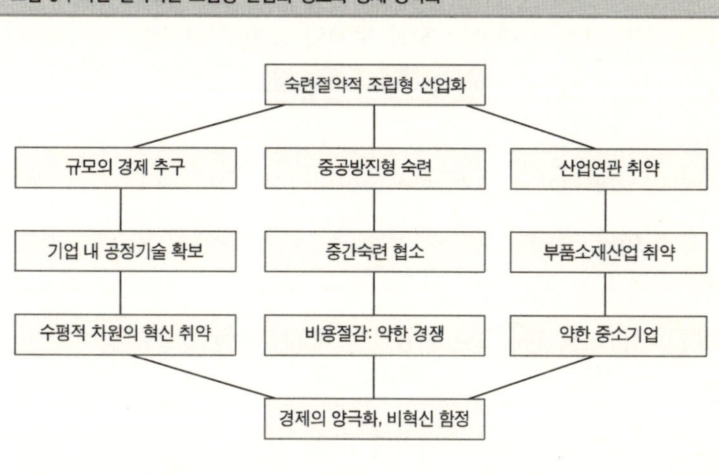

자료 : 정준호 · 이병천(2007) 수정 · 보완

3. 분배 친화적 성장을 위한 신산업정책의 탐색

전술한 바와 같이 대기업의 수출주도형 경제 드라이브의 강화,
대 · 중소기업 격차의 심화, 대외 경제변동에 대한 취약성의 증대
등이 결부되면서 외환위기 이후의 성장패턴은 숙련 절약적인 조립
형 산업화가 심화되고 있는 것으로 보인다. 이에 대처하기 위해서
는 내수기반의 확충과 부품과 소재를 생산하는 강한 중소기업의 등
장이 요구되지만, 이는 구조적으로 쉽지 않은 상황이다.

특히 산업정책은 기본적으로 사적 자본과의 긴밀한 대화를 요구할 수밖에 없는데, 사적 자본에 대한 민주적 (또는 시민적) 규율 대신에 시장규율이 지배적인 현실에서 산업정책이 경제의 양극화를 해소하는 방향으로 어떻게 기여할 수 있을까? 복지국가의 대명사인 스웨덴의 경험을 보더라도 노·사·정 사회적 합의를 가능케 한 노동의 사적 자본에 대한 일정한 견제와 균형이 가능했지만, 노동이 산업정책의 형성에는 핵심주체로 개입하지 못하고 사실상 국가와 자본 간의 합의로 종결되었다는 논의(Pontusson, 1991)를 성찰해보면 분배 친화적인 성장을 위한 산업정책의 가능성에 대해 의구심을 가질 만하다. 국가는 적극적 노동시장정책, 즉 노동자 간의 공통의 이해관계를 가질 수 있는 노동시장에 대해서는 선별적으로 개입했으나 노동은 산업에 대한 선별적인 개입에 능동적으로 참여하지 못했다는 것이다. 이는 사적 자본의 규율이 상대적으로 약하지 않았으며, 국가권력 행사의 자의성에 대해 강하게 저항했고, 산업별 성장과 구조조정 전략에 따른 노동 간 이해관계가 첨예하게 대립하였기 때문이다.

이러한 경험을 염두에 둔다면, 분배 친화적 성장을 위한 산업정책의 여지를 찾기가 쉽지 않고 그 대신에 적극적 노동시장 정책이나 사회정책의 위상이 중요해질 수밖에 없을 것으로 보인다. 하지만 생산 영역에서 생산자로서 경제시민권을 행사하고 참여하는 것은 재분배 영역만큼 중요하다. 또한 다중적인 격차가 존재하는 우리나라의 현실에서 국가의 재분배 수단만으로 생산 영역의 격차를 해소하기에는 너무나 무리이다. 이러한 현실에 대한 이해를 염두에 두고 경제주체들 간의 협력과 네트워킹을 가능케 하는 신산업정책의 가능성을 타진해 볼 필요가 있다(정준호, 2012). 이는 생산자로서 경제적 시민권의 행사와 참여를 촉진하는 정책 영역으로서 산업 정책의 위상을 강화하는 것이 바로 분배 친화적 성장의 바탕이 된다고 생각한다.

경제에 대한 새로운 인식: (신)폴라니적 시각

칼 폴라니는 경제에 대해 '형식적' 경제와 '실체적' 경제의 구분, '시장과 보호라는 이중운동'의 개념을 제시했다(칼 폴라니, 2009; Block, 2008). 그는 멩거(Carl Menger)의 경제에 대한 사유에 기반하여 경제는 다양하고 이는 상이한 기제들에 의해 작동한다는 사고를 피력하였다. 이러한 논리에 의거하면 경제는 공공 부문, 민간의 시장경제, 그리고 사회적 경제로 구분 가능하다(그림 10 참조). 칼 폴라니가 제시한 교역(거래), 재분배, 상호성 등 각기 다른 조직원리에 따라 경제들이 작동하며 이들은 상호보완적이고 견제와 균형

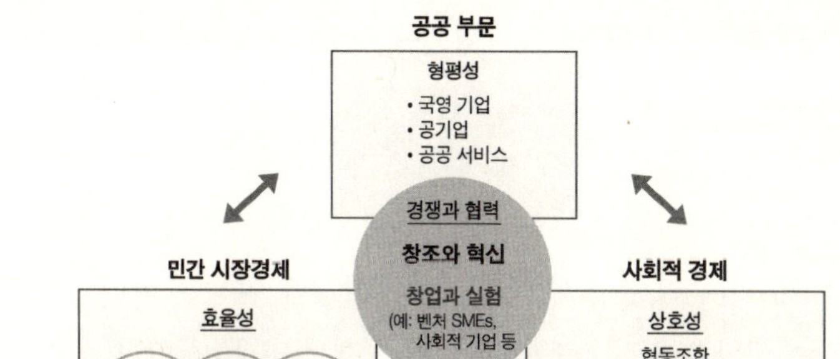

그림 10 | 생태계로서의 경제

을 유지하고 있어야 한다.

공공 부문은 기본적으로 형평성의 조직원리를 토대로 국민들에게 보편적인 재화와 서비스를 국영기업이나 공기업을 통해 제공해야 한다. 국가는 국민들로부터 세금을 징수하여 국민들에게 이를 배분하는 재분배의 작동논리에 따라 움직인다. 따라서 공공 부문은 전적으로 효율성의 논리에 함몰되지 않으며, 보편적 서비스의 제공을 통해 국민들의 욕구를 충족하고자 한다. 반면 민간의 시장경제는 효율성과 교역의 작동논리에 따라 움직인다. 이러한 시장에 대한 기존 경제담론은 경제는 상이한 사회적 과정과 분리되어 있는 대상으로 인식하고, 회계가치의 계산, 조직과 관행을 통한 경제의 재생산에만 관심을 가진다. 이는 경제 현상에 대한 '빙산의 일각(iceberg)'의 이미지와 호응하는 것이다(Gibson- Graham, 2006). 이러한 은유는 교환이 주류인 시장경제는 경제 현상의 일부에 불과하고 다른 기제들에 의해 경제들이 조직되고 있다는 것을 시사한다.

마지막으로, 사회적 경제는 전적으로 투자자의 이윤 추구를 목적으로 경제가 조직되지 않은 경제를 말하며 협동조합, 공제조합, 비영리단체, 기부재단, 사회적 기업 등을 통해 재화와 서비스를 제공하고 일자리를 창출하고 있다. 이 영역은 상호성의 원칙에 의해 경제가 조직되며, 공적 이해관계의 추구, 멤버십과 연대성의 원리 등이 경제의 운영원리로 채택된다. 가입자들의 자발적 참여, 수익 추구의 배제, 민주적 운영, 가입자 간 연대성의 원칙에 따라 사회적 기업이 운영되고 있기 때문에 사회적 경제는 고용, 사회적 결속, 지역과 농촌개발, 환경보호, 소비자 보호, 사회보장정책 등에 기여하는 것으로 알려져 있다.

이처럼 경제는 순전히 시장의 수익추구 논리가 추동하는 시장경제로만 구성되는 것이 아니라, 상이한 조직논리들에 따라 움직이는 공공 부문과 사회적 경제도 그 구성요소이다. 이들 간에 상호의존과 보완성의 관계가 중요하며, 서로는 대체관계가 아니다. 이러한 세 영역 간의 견제와 균형, 그리고 자율성이 유지되어야 하며 이는 경제를 생태계로 인식해야 한다는 것을 의미한다. 하지만 최근 영국의 보수당 연정정부는 과도한 재정적자를 줄이기 위해 '큰 사회론(Big Society)'이라는 슬로건 아래 공공 부문의 역할을 사회적 경제 부문으로 떠넘기고 있다. 또한 공공 부문의 성과를 시장경제의 잣대로 과도하게 해석하려는 일련의 현상들이 발생하고 있다. 이는 사회적 경제가 곧 진보의 전유물만이 아니고 이를 도입하고 운용하는 과정에서 관련 이해관계자들 간의 정치적 강제와 규율기제에 따라 그것의 의미가 재규정된다는 것을 보여주는 것이다.

경제를 생태계로 인식한다고 하여 상호 간의 갈등과 긴장을 배제하는 것은 아니며 이는 세 영역 간 경제조직 논리들이 상이하기 때문에 불가피할 수밖에 없다. 따라서 생태계로서의 경제는 경쟁과 협력이 동시에 작용하며 여기서 평판과 신뢰는 선별기능의 일환으로서 양적인 경쟁의 부정적인 측면을 보완하는 역할을 수행한다.

생태계로서의 경제에 대한 인식은 폐쇄가 아니라 개방체제로 경제를 이해하는 것이기 때문에 기업창업이나 경제활동의 발생과 새로운 실험을 지속적으로 용인해야 한다. 생산자로서의 경제시민권의 확대(즉, 창업과 실험)는 경제적 민주화의 중요한 부분이며 이는 대기업의 시장지배력의 중·장기적인 견제 수단으로 역할을 할 수 있다. 혁신 중소기업의 창업, 사회적 기업의 출현(즉, 기업가정신의 발현)은 이러한 의미에서 개방형 경제의 구축에 필수적인 부분이고, 이 영역에서 3자 간의 파트너십이 중요하다. 시장경제에서 혁신

중소기업은 시장지배력의 문제를 제기하고 새로운 가능성의 세계를 열어 놓을 수 있으며, 마찬가지로 사회적 기업은 비시장경제의 다양성과 개방성을 열어 놓을 수 있다. 사회적 기업은 일반적으로 영세 중소기업이며, 공통이익 추구, 연대성과 상호성, 멤버십에 의한 1인 1표의 원칙 등 소위 이해관계자 모형에 따라 조직되며 주위 환경에 유연하고 혁신적이며, 능동적 멤버십과 헌신, 자발적 참여에 기반하고 있다.

경제를 개방된 생태계로서 사고한다면, 생산자로서 시민의 경제적 참여가 활성화되어야 한다. 전술한 것처럼 생산자로서 경제적 시민권의 확대는 경제민주화의 핵심적인 과제이다. 생산자로서 시민의 경제적 참여는 작업장 수준에서의 고숙련형성(예: 일본), 정보공유, 협의(consultation), 이사회 참가 등의 공동경영(co-determination, 예: 독일), 시장진입에 의한 창업 장벽의 완화(예: 미국) 등 세 가지 수준에서 고려될 수 있을 것이다. 혁신적 중소기업과 사회적 기업의 창업을 도모할 수 있는 세 번째 유형의 경제참여는 중·장기적으로 대기업의 지배력에 대항할 수 있는 진지로서 기능할 수 있다. 이를 위해서는 공정거래 기반의 강화뿐만 아니라 리스크를 사회화할 수 있는 파산법의 정비(예: 연대보증제도의 개편)가 필요하다.

한편 칼 폴라니는 시장과 보호라는 이중운동에 주목하였다. 이를 통해 경제의 연속성과 불연속성이 구성된다. 공공 부문은 시장에 대한 완충작용과 통제시스템 구축을 위해 조세, 규제, 보조금, 공공재 공급 등과 같은 정책수단들을 도입할 수 있다. 이는 기존 국민경제의 경로의존성과 연속성을 염두에 두고 있는 공정거래 강화, 거시경제의 안정화, 공공재의 제공 등과 같이 시장기제를 강화하는 정책보다는 이러한 성장패턴에 대한 불연속성을 담아낼 수 있는 제도적 배치의 재편을 함의한다. 따라서 과도한 시장논리에 대한 공동체의 방어논리가 여기에 내장되어 있는 것이다(Block, 2008). 또한 분권화된 경제주체가 사회에 착근되어 비시장적 네트워크를 형성한다는 사고도 중요하다(Schrank and Whitford, 2009). (신)폴라니적 관점에서 산업정책은 시장과 보호 사이의 이중운동을 이어주는 정책개입으로 이해될 수 있으며, 기존 시스템과의 일정한 단절을 의미한다. 따라서 오로지 성장강화적인 것이 아니라 성장과 복지, 안전을 도모하는 것으로 사고할 수 있다. 여기서 강조되어야 할 것은 바로 이러한 과정이 집합적 발견의 과정으로서 이해되어야 한다는 점이고, 이는 혁신의 구성을 가능케 할 수 있다는 것이다. 이러한 의미에서 신폴라니적 사고에 입각한 새로운 산업정책론에서 집합적 효율성과 구성된 우위(constructed advantages)가 핵심적 어두로 등장할 수밖에 없다(정준호, 2012).

이러한 신산업정책론에서 주요 정책수단으로는 민간과 공공 사이의 연계를 구축하고 혁신의 가장 유망한 경로를 확인하고 지원하는 조정 지향적 정책과 과도한 입지경쟁에 따라 삶의 질을 악화하는 대외개방의 조절 등을 포함한다. 기존 산업정책이 주로 특정기업을 지원하여 해외 경쟁자와의 추격을 도모하는 것이었다면(Amsden, 1989; Chang, 2010), 신폴라니적인 신산업정책은 관련 행위자들의 이해관계를 조정하고 이를 통한 편익이 사회 전체에 파급된다는 가정하에 혁신창출을 도모하는 것이다. 여기서 신산업정책론의 논거는 이상적인 네트워크를 형성하지 못하여 발생하는 '네트워크 실패'에서 찾고 있다. 슈랑크와 위트포드(Schrank and Whitford, 2011)에 의하면 기회주의가 극복되고 상호 간에 역량이

있어야 정(+)의 네트워크 효과가 창출될 수 있지만, 신뢰가 부족하
거나 상호 간에 격차가 심한 경우 부(-)의 네트워크 효과가 발생하
는 네트워크 실패가 나타날 수 있다. 정책적 관점에서 전자가 문제
라면 협회, 협동조합, 중재, 갈등해결 절차 등과 같은 제도의 구축에
집중해야 되고, 후자가 문제라면 교육과 훈련, 각종 기업지원서비
스 제공, 공급자개발 프로그램 등에 집중하면 된다(Schrank and
Whitford, 2009). 예를 들면, 대·중소기업 간 상생협력이 안 되는
이유가 바로 신뢰부족과 과도한 기업 간 격차 때문이라면, 이러한
네트워크 실패를 해소하는 것이 바로 동반성장의 요체이다. 이러한
관점에서 산업정책은 여전히 유효하다. 기업 간 격차 심화가 시장
기제의 작동에 문제가 된다면 적절한 규제와 보호가 필요하다(정준
호, 2012).

신산업정책의 방향과 시사점

2000년대 이후 우리나라의 성장경로에 복선형 산업화보다는 숙
련 절약적인 조립형 산업화가 더 우세하게 각인된 것으로 보인다.
대·중소기업 간 격차의 심화, 고용창출의 제약, 대외 취약성의 심
화, 산업연관 고리의 약화 등으로 고용과 소득불안이 가중되고 있다.
(신)폴라니적인 시각은 경제의 다원성, 생태계로서의 경제에 대
한 인식, 특히 시장과 보호의 이중운동의 개념에 주목한다. 네트워
크 실패에 의하면 현재 사회적 안건으로 제기된 대·중소기업 동반
성장은 신뢰회복과 격차해소가 이루어져야 가능할 수 있다. 이를
위해서는 공정거래기반의 강화라는 시장친화적인 정책뿐만 아니라
중소기업 영역의 보호와 규제의 강화(즉, 경쟁의 구획화) 등과 같이

기존의 경로에서 이탈할 수 있는 대책이 요구된다. 또한 생산자로서 경제적 참여를 확대하기 위해 리스크를 사회적으로 공유할 수 있는 연성제약에 대한 검토(예: 파산법의 개정)가 필요하다. 이를 통해 대기업에 장기적으로 대항할 수 있는 혁신중소기업과 사회적 기업의 진지를 구축하는 것이 필요하다.

기존의 산업정책과 다른 방향을 취한다는 의미에서 신산업정책에 대한 몇 가지 시사점을 도출할 수 있을 것이다. 우선적으로 국가의 역할과 사회적인 것의 중요성에 대한 인식의 전환이 필요하다. 추격을 위한 성장 강화적 기제창출의 설계자로서가 아니라 기술혁신의 촉진자 또는 중재자로서 국가 역할의 변화가 필요하고, 이는 각종 이해관계자와의 소통을 통해 경제활동의 사회적 착근성을 강화할 필요가 있다. 이는 국가가 애덤 스미스적인 의미의 순수 공공재(예: 국방과 치안)를 제공하는 것에 국한되지 않고 사회전반의 혁신을 도모할 수 있는 분권화된 시스템의 설계와 동시에 공동체의 보호와 유지라는 의미의 공적 통제의 역할을 수행해야 한다는 것을 의미한다.

둘째, 우리나라의 성장모델에서 현장노동의 배제, 즉 숙련과 기술의 분리가 심화되고 있는데 이에 대한 고려가 필요하다. 산업정책을 성장 강화적인 기제뿐만 아니라 복지 강화적인 기제로 작동하기 위해서는 현장노동이 혁신의 동력으로 참여할 수 있는 공간의 확보가 필요하다. 연대성의 물적 기반을 형성하고, 집합적 효율성을 창출하고, 구성된 우위를 확보할 수 있는, 즉 각자가 생산의 역할(stake)을 갖는 방향으로 혁신에 대한 참여가 필요하다. 이를 위해서 현장노동의 숙련에 대한 재정의를 통해 사회적 소통을 아우르는 숙련 개념의 확장이 필요하다. 예를 들면, 덴마크의 경우 풍력산업과 태양열 에너지 등 청정에너지 산업을 성장동력으로 육성시키는 과정에서 시민들의 적극적 참여를 위해 소비자에 대한 보조금 지급 및 소규모 마을단위의 시범사업을 통해 이에 관한 기술과 숙련을 확보하였다. 그리고 노조단위의 사회적 책임의 확대를 통해 지역사회와의 소통을 강화하는 사회적 자본에 기반한 숙련 개념의 창안을 고려해 볼 수 있다.

셋째, 산업정책은 기본적으로 사적 자본과의 긴밀한 대화를 필요로 할 수밖에 없는데, 사적 자본에 대한 민주적 규율이 정착되어야 한다. 스웨덴의 경우에서조차 노·사·정 3자가 대등하게 산업정책의 형성에 개입한 것이 아니라 정부와 기업 간의 관계로 국한되었으며, 주로 적극적 노동시장정책을 통해 노동의 정책 개입이 이루어졌다. 이는 스웨덴의 사민주의 국가의 경험에서도 투자의 사회화 전략이 그렇게 쉽지 않다는 것을 보여준다. 미국의 경우 사적 자본의 헤게모니하에서 공공 부문이 벤처자본가로서 기능하는 방식을 보여준다(Block, 2008). 공공 부문이 프로그램 수혜자들에게 다른 정부기관과의 네트워크의 연계를 주선하고 주요한 정부계약자, 벤처자본가, 경영지원에 관한 특정 컨설팅 업체를 소개하는 역할을 수행하고 있다. 하지만 이는 시장을 창출한 것이 아니라 시장과의 연계에 대한 편의를 제공하는, 소위 생태적 규율 방식에 의존하고 있다. 그렇다면 우리나라의 경우 복지 강화적 기제를 추동할 수 있는 권력기반의 구축이 중요한데, 노동이 약한 상황에서 시민적·민주적 규율의 강화를 어떻게 담보할 수 있는지가 이러한 경로의 창출에서 핵심 관건이다.

마지막으로, 거시경제의 안정, 공정거래 기반의 강화, 공공재의 공급도 중요하지만 대외적 개방의 속도 조절, 보조금과 세금, 규제

등을 통한 보호를 통해 기존 산업경로와의 불연속성을 확보할 필요가 있다는 것을 염두에 두어야 한다. 이를 통해 시장과 보호라는 폴라니의 이중운동이 갖는 의미를 산업정책에 구현할 필요가 있다. 하지만 과도한 보호는 혁신의 정치·경제적 잠금(lock-in) 현상을 초래할 수 있기 때문에 정치적·경제적 '견제와 균형 내의 보호', 즉 조건부(contingent) 보호를 의미하고, 이를 위한 민주적 통제와 규율은 여기서 매우 중요하다(정준호, 2012).

■ 참고문헌

고바야시 히데오 저, 한수진 역. 2011. 『현대가 도요타를 이기는 날』, 21세기북스.

김선배·정준호·이진면. 2005. 『산업클러스터의 효율성 진단(모형) 연구』, 연구자료, 산업연구원.

김철식·조형제·정준호. 2011. "모듈 생산과 현대차 생산방식: 현대모비스를 중심으로", 『경제와 사회』 통권 92호.

이병천 엮음. 서익진. 2003. "한국 산업화의 발전양식", 『개발독재와 박정희시대』, 창작과 비평사.

이병천 엮음. 정준호. 2007. "대안적 산업발전 경로에 대한 모색: 덴마크와 핀란드 사례의 시사점을 중심으로", 『세계화 시대 한국 자본주의: 진단과 대안』, 한울. pp. 221-264.

정준호. 2012. "네트워크 실패에 기반한 신산업정책론의 가능성과 한계", 『동향과 전망』 85호, pp. 50-88.

정준호·이병천. 2007. "한국의 탈추격 시스템, 어디로 가는가: '생산-복지 체제'의 성격에 대한 시론", 『제4회 사회경제학계 공동학술대회: 시장국가냐 복지국가냐』, 발표 논문집.

조성재·정준호·황선웅. 2008. 『한국 경제와 노동체제의 변화』, 연구보고서, 한국노동연구원.

조성재·장영석·오재훤·박준식·善本哲夫·折橋伸哉. 2006. 『동북아 제조업의 분업구조와 고용관계(Ⅱ)』, 한국노동연구원.

칼 폴라니 저, 홍기빈 역. 2009. 『거대한 전환: 우리 시대의 정치 경제적 기원』, 도서출판 길.

핫토리 타미오 저, 유석춘·이사리 역. 2007. 『개발의 경제사회학』, 전통과 현대.

Amsden, A. 1989. *Asia's Next Giant: South Korea and Late Industrialization*, Oxford: Oxford University Press.

Block, F. 2008. "Swimming Against the Current: The Rise of a Hidden Developmental State in the United States", *Politics & Society*, 36(2), pp. 169-206.

Busemeyer, M. R. 2009. "Asset specificity, Institutional Complementarities and the Variety of Skill Regimes in Coordinated Market Economies", *Socio-Economic Review*, 7, 375-406.

Chang, H.-J. 2010. "Industrial Policy: Can We Go Beyond an Unproductive Confrontation?", *Working Papers* 2010/1, Turkish Economic Association.

Estevez-Abe, M., Iversen, T. and Soskice, D. 2001. "Social production and the formation of skills: a reinterpretation of the welfare state", in Hall, P. and D. Soskice (eds). *Varieties of Capitalism: the Institutional Foundations of Comparative Advantage*. Oxford: Oxford University Press, pp. 145-183.

Gibson-Graham, J. K. 2006. *A Postcapitalist Politics*, Minneapolis: University of Minnesota Press.

Lazonick, W. 2005. "The Innovative Firm", in Nelson, R. R., Mowery, D. C. and Fagerberg, J. (eds), *The Oxford Handbook of Innovation*, Oxford: Oxford University Press, pp. 29-55.

Lee, B.-C. and Jeong, J. H. 2011. "Dynamics of Dualization in Korea: From Developmental Dualization to Exclusive Dualization", A paper presented to SNUAC International Conference 2011 Global Challenges in Asia: New Development Model and Regional Community Building, 20th and 21st Oct. 2011, Seoul.

Levy, B. and. Kuo, W-J. 1991. "The Strategic Orientations of Firms and the Performance of Korea and Taiwan in Frontier Industries: Lessons from Comparative Case Studies of Keyboard and Personal Computer Assembly", *World Development* 19(4), pp. 363-374.

Pontusson, J. 1991. "Labor, Corporatism, and Industrial Policy: The Swedish Case in Comparative Perspective", *Comparative Politics*, 23(2), pp. 163-179.

Schrank, A. and Whitford, J. 2009. "Industrial Policy in the United States: A Neo-Polanyian Interpretation", *Politics & Society*, 37(4), pp. 521-553.

Schrank, A. and Whitford, J. 2011. "The Anatomy of Network Failure", *Sociological Theory*, 29(3), pp. 151–177.

3

분배 친화적 성장을 위한 사회정책

분배 친화적 성장을 위한
사회보장제도의 구축방안

_이태수

1. 서론

한국 사회 내에 최근 복지국가 확립에 대한 사회적 압력이 매우 거세지고 있다. 김대중, 노무현 두 정부하에서 시작된 국가복지의 적극적 확대가 비로소 한국 사회를 복지국가의 초기 단계에 이르게 했다는 판단이 가능하지만 여전히 그 기반이나 주체적 역량은 미비하여 복지국가로서의 한국의 복지체제는 매우 불안한 면모를 보이고 있다. 그렇지만 한국 사회가 현재 접하고 있는 사회·경제적 위기는 더 이상 성장일변도의, 성장지상주의의 정책기조로는 해결 가능하지도, 또한 바람직하지도 않다는 면에서 과감한 복지국가로의 진전은 필연적인 시대적 과제로 인식되어야 한다.

이렇게 볼 때 한국의 복지체제가 어떤 내용성을 지녀야 할지에 대한 구체적인 논의가 필요하고, 또한 복지국가의 다양한 원리와 모형 속에서 한국의 복지체제는 어떤 모습이어야 하는지 구체적인 고민사항이 아닐 수 없다. 이를 위해 다양한 이론적, 정책적 모색이 필요하고 궁극적으로는 국민과 시민사회, 정치권 사이의 다양한 합의과정을 거쳐 구체적인 성과로 발현되어야 할 것이다.

그렇다면 복지국가를 위한 다양한 정책을 설계하고 구현하는 데 있어 가장 관건이 되는 것은 과연 분배와 성장 사이의 관계를 어떻게 이해해야 하는가, 또한 과감한 복지국가를 전개함에 있어 분배와 성장의 상호성을 어떻게 조정할 것인가, 그리하여 분배 친화적인 성장을 구현하는 구체적인 정책은 무엇인가 하는 점일 것이다.

따라서 이 글은 첫째, 일반적으로 복지(분배)와 경제(성장) 간에 어떤 관계성이 있는지, 특히 분배 친화적인 성장, 성장 친화적인 분배라는 것이 가능한가를 살펴보고 둘째, 만일 분배와 성장의 상호 선순환적 관계가 인정된다면 분배정책의 핵심인 복지정책에 있어 양자 사이에 좀 더 구체적인 시사점은 무엇인지, 특히 최근 대두되고 있는 보편주의에 입각한 복지제도들이 분배와 관련하여 어떤 효과를 갖는지를 살펴보려 한다. 그리고 셋째, 위와 같은 고찰을 통해 얻어진 결과를 가지고 한국 복지국가의 설계 과정에서 복지제도, 특히 소득보장 중심의 사회보장제도는 어떻게 설계되어야 하는지를 도출하려 한다.

2. 사회복지와 소득 분배, 그리고 경제 성장

소득 분배와 경제 성장의 관계

일반적으로 소득 분배가 성장에 영향을 주는지, 아니면 성장이 소득 분배에 영향을 주는지에 대한 논의는 매우 복잡한 양상을 보이고 있다.

후자의 대표적인 이론이 쿠즈네츠(Simon Kuznets)의 '역(逆)U자 가설'인데, 성장의 전기 단계에선 경제 성장이 분배에 악영향을 미치다가 일정단계를 넘어 후기단계로 가면 성장이 분배에 긍정적인 영향을 미쳐 소득 분배 상태가 개선된다는 것이다. 그러나 전자의 경우처럼 과연 분배정책이 경제 성장에 어떤 영향을 미칠 것인가에 대한 관심은 분배정책을 중요한 정책수단으로 간주할 경우 직면하는 문제로서, 정책입안의 단계에서 매우 중요한 의미를 지녀 큰 관심의 대상이다.

그러나 후자의 경우처럼 과연 분배정책이 경제 성장에 어떤 영향을 미칠 것인가에 대한 관심은 분배정책을 중요한 정책수단으로 간주할 경우 직면하는 문제로서, 정책입안의 단계에서 매우 중요한 의미를 지니며 그만큼 큰 관심의 대상이 되어왔다. 이때 분배의 개선이 경제 성장에 어떤 영향을 주느냐에 대한 이론적 근거들은 일의적인 관계만을 입증하고 있지는 않다.

먼저 분배의 개선이 성장에 부정적인 영향을 준다는 논의는 고전학파(classicals)나 케인스(John. M. Keynes)에게서 찾아 볼 수 있는데, 고전학파들은 노동 몫의 증가가 자본의 이윤을 감소시키고 이는 자본축적을 저하시켜 결국 성장률을 떨어뜨린다는 임금기금설을 기초로 하고 있었다. 케인스 역시 자본가들의 저축성향이 투자를 낳고 성장을 가져오는 것으로 보았고 이는 장기적인 경제 성장론의 기초가 되는 가정으로 이어졌다. 따라서 이들에 의해서는 분배와 성장 간의 상충관계가 전제되는 것이었다.

그러나 스위지(Paul Sweezy)의 과소소비론은 분배의 악화가 저축률의 증가를 가져오지만 이는 소비수요의 하락을 의미하고 결국 유효수요의 부족을 낳게 되어 성장을 떨어뜨린다는 주장을 담고 있었다.

로손(Rowthorn, 1977)은 분배가 악화되어 사회 갈등이 심화되면, 노동조합의 임금인상 요구가 거세어져 인플레이션이 가속화되고 이는 통화당국의 개입으로 인해 경제 성장에 부정적인 영향을 미친다는 소위 갈등인플레이션을 주장하였고, 브루노와 작스(Bruno & Sachs, 1985)는 중앙집권적인 교섭력을 가진 국가는 그렇지 않은 국가에 비해 임금인상에 대한 요구가 거시경제적 안목을 배경으로 완화되는 효과가 있어 인플레이션이 억제된다는 견해를 밝히고 있다.

또한 작스(Sachs, 1990)나 커민스키-프레타(Kaminski-Preita, 1996)는 소득 분배의 불평등이 사회적 갈등을 일으키고 이것이 성장을 저하시켜 포퓰리즘이나 높은 수준의 정부 소비지출이 존속됨으로써 거시경제가 왜곡된다고 보고, 오히려 적극적 분배정책이 경제 성장에 긍정적인 영향을 줄 수 있음을 주장했다. 머피, 쉴레이퍼와 비시니(Murphy, Shleifer and Vishny, 1989)는 소득 분배는 내수시장의 확대를 가져와 공산품의 대중적 수요가 가능케 한다는 점을 부각시키기도 하였다.

이 외에도 알레시나-페로티(Alesina-Perotti, 1996)는 71개 국가의 1960~1985년 사이의 자료를 분석하여 정치적 불안정이라는 중간

경로를 통해 소득불평등과 경제 성장은 반비례함을 입증하기도 하였고, 오쿤(Okun, 1975), 로리(Loury, 1981), 세계은행(World Bank, 1990) 등은 가난한 사람의 건강과 교육 등의 인적자본에 대한 투자가 경제의 효율성과 성장을 저해한다는 사실을 지적하는 등 소득분배의 악화나 불평등이 경제 성장에 미치는 해악을 지적하고 있다.

표 1 | 복지수준과 경제성장의 관계 I

Study	Coverage	Period	Countries	Results: effect of 5% point reduction in WS
Landau 1985	종단면, 횡단면자료 함께 사용	Annual growth rates 1952~76	16 OECD (일본포함)	유의미한 결과 없음
Korpi 1985	종단면, 횡단면자료 함께 사용	Period 1950~73 and subperiods	17 OECD (일본제외)	경제 성장률 0.9% 하락
Weede 1986	종단면, 횡단면자료 함께 사용	1960~82 subperiods	19 OECD (일본포함)	경제 성장률 1% 상승
McCallum and Blais 1987	종단면, 횡단면자료 함께 사용	1960~83 subperiods	17 OECD (일본포함)	경제 성장률 0.5% 하락
Castles and Dowrick 1990	종단면, 횡단면자료 함께 사용	1960~85 subperiods	18 OECD (일본포함 또는 제외)	경제 성장률 0.3~4% 하락
Weede 1991	종단면, 횡단면자료 함께 사용	1960~85 subperiods	19 OECD (일본포함)	경제 성장률 0.5% 상승
Sala-i-Martin 1992	국가 간 비교	1970~85	74 전 세계	경제 성장률 0.6% 하락
Nordstrom 1992	국가 간 비교	1977~89	14 OECD (일본포함 또는 제외)	경제 성장률 0.6% 상승
Hansson and Henrekson 1994	국가간, 산업간 비교	1970~87	14 OECD (일본포함)	유의미한 결과 없음
Persson and Tabellini 1994	국가 간 비교	1960~85	13 OECD (일본포함)	경제 성장률 0.3% 상승

자료 : Atkinson(1999), Table 2.1.

그렇다면 분배와 성장과의 관계는 실증적으로는 어떤 결과를 낳고 있는가? 이에 대한 실증적 연구결과들을 일목요연하게 정리한 애킨슨(Atkinson, 1999)에 의하면, 복지국가의 규모를 분배 수준의 대변수로 삼고, 국내총생산(GDP) 성장률과의 관계를 규명하려한 기존연구들을 추적하여 종합해 볼 때 결론은 통계적으로 일관성 있는 상관관계를 발견할 수 없다는 사실이다. 즉 표 1에서와 같이 복지 수준과 경제 성장의 관계를 알기 위해 복지국가의 복지지출비를 5% 삭감하였을 때 경제 성장률에 미치는 효과를 살핀 결과 연구방법론과 연구시기, 그리고 국가들에 따라서 각기 상이한 결과들이 나타나고 있다.

결국 애킨슨이 추적한 10편의 논문 중 4개는 복지지출의 삭감이 경제 성장률의 증가를, 또 다른 4편의 논문은 경제 성장률의 하락을 가져오는 것으로 나왔고 2편의 논문은 통계적으로 유의성이 없는 것으로 나타나 종합해서 정리하면 표 2와 같다. 따라서 신자유주의자들이 주장하는 것도, 복지 친화적인 집단이 주장하는 것도 다 맞지 않을 수 있고, 아니면 부분적으로 다 일리가 있는 것이라는 결론이 가능하다.

표 2 | 복지수준과 경제성장의 관계 II

복지수준과 경제성장의 관계	Studies	Nos.
유의미한 결과 없음	Landau 1985; Hansson and Henrekson 1994	2
복지지출의 삭감이 경제 성장률의 증가를 가져온다	Weede 1986, 1991; Nordstrom 1992; Persson and Tabellini 1994	4
복지지출의 삭감이 경제 성장률의 하락을 가져온다	Korpi 1985; McCallum and Blais 1987; Castles and Dowrick 1990; Sala-i-Martin 1992	4

출처 : 이태수외(2004), p.57.

결국 소득재분배와 경제 성장과의 관계는 각기 다른 조건, 즉 나라마다, 시기마다의 각기 상황과 여건이 다르면 긍정적 관계와 부정적 관계가 각기 도출되는 것으로 보아야 한다. 그렇다면 분배와 성장 간의 긍정적 관계가 형성될 수 있는 사전적 조건이란 무엇일까? 이에 대해 이태수 등(2004)은 첫째, 분배효과를 내기 위해 일정한 경제적 성과가 우선적으로 존재해야 한다는 점 둘째, 분배에 대한 사회적 합의(consensus)를 끌어내는 성숙한 사회적 기제가 존재해야 한다는 점 셋째, 분배의 정책수단이 잘 개발되어 분배효과를 드러낼 수 있는 인프라가 발달되어 있어야 함을 지적하고 있다.

따라서 현재 한국의 사회, 경제적 위기 상황하에서 분배의 개선이 경제 성장의 효과로 연결될 수 있도록 사전 조건을 확보하는 작업이 매우 중요하다고 할 것이다. 그러나 근본적으로는 사실 복지정책이나 프로그램별로 보면 소득재분배 효과가 미시적으로 다르고, 거시적으로 복지국가 자체가 소득재분배 효과를 강력히 갖고 있는 것도 아니라는 점에서 소득재분배 효과와 복지와의 관계에 대한 좀 더 정치한 접근이 필요하다.

사회복지와 소득 분배 효과의 관계

일반적으로 사회복지제도의 소득 분배 효과는 정(正)의 관계로 나타난다고 할 수 있다. 거시적으로 보았을 때, 표 3에서와 같이 비교 국가 10개 국에 있어 사회보장 급여가 제공된 이후의 지니계수는 매우 급격하게 감소한 것을 알 수 있다.

그렇지만 개별 프로그램에 따라서는 소득재분배의 효과가 상대적으로 크거나 작을 수도 있고, 심지어 역진적일 가능성도 있다. 예컨대 공공부조제도는 소득재분배 효과가 크겠지만 사회수당과 사회보험, 퇴직금제도 등은 상대적으로 낮은 소득재분배효과를 지닐수 있다. 우리나라 건강보험과 같이 급여의 발생과 액수가 지불한 보험료 수준과 전혀 상관없이 결정되는 경우는 소득 역진적일 가능성도 충분히 내장되어 있다. 따라서 하나하나의 프로그램에 대한 논의는 더욱 구체적인 제도의 설계 방식에 따라 달라질 수밖에 없을 것이다.

표 3 | 사회보장급여와 조세 지출 이후 Gini 계수의 순위 변화

순위	국가	화폐임금상의 지니계수	사회보장급여 제공 이후 지니계수	조세지출 이후 지니계수
1	노르웨이	.385	.241	.234
2	캐나다	.387	.280	.293
3	영국	.393	.293	.264
4	독일	.407	.285	.252
5	스위스	.414	.357	.336
6	호주	.414	.336	.287
7	스웨덴	.417	.285	.197
8	미국	.425	.369	.317
9	네덜란드	.467	.329	.293
10	프랑스	.471	.344	.307

자료 : Mitchel, Income Transfers in Ten Welfare States, Avebury, 1991, p.129

이렇게 개별 프로그램의 구체적인 설계에 따라 소득재분배 효과가 달라지는 것을 일일이 추적하는 것이 쉽지 않은 상태에서 적어도 중범위에서 사회복지제도와 소득 분배의 관계에 시사점을 주는 논거가 있는데, 바로 복지제도의 대상을 자산조사(menas-test)를 거쳐 표적화하면 할수록 소득재분배 효과는 낮아지고 반면에 자산조사 없이 전 계층에게 보편적으로 적용하면 할수록 재분배 효과는 높아진다는 소위 '재분배의 역설(the paradox of redistribution)'이다. 코르피와 팔메Korpi and Palme, 1998)에 의해 주장된 이 역설은 미국, 호주, 캐나다 등 자산조사에 근거해 복지정책을 펴고 있는 잔여주의 국가들이 정책의 불평등감소 효과가 가장 낮고, 스웨덴, 벨기에, 핀란드 등과 같이 보편주의에 입각한 복지국가들은 그 효과가 가장 높다는 점(Raitano, 2008)에 주목한 것이다.

결국 보편주의에 입각한 복지국가는, 잔여주의에 기초한 복지국가에 비해 복지재원의 규모와 지출 범위가 크고 넓어, 빈곤계층에게만 제한적이고 소극적으로 운영하는 잔여주의 국가에 비해 소득재분배 효과가 더 클 수밖에 없다는 주장이다.

이상의 논의를 종합하면, 한국의 사회보장에 있어서도 복지제도를 통해 분배 친화적이고 성장에 기여하는 바를 확보하기 위해서는 보편주의에 기초한 복지국가를 지향하는 것이 바람직하다는 점을 도출할 수 있을 것이다.

3. 사회보장제도의 재설계 방향과 전략 : 보편주의 복지국가를 중심으로

보편적 복지의 개념과 역사

사전적 의미의 보편주의는 사회복지프로그램이 특정한 인구사회학적 조건만 충족시킨다면 해당하는 모든 사람들에게 제공된다는 의미로 이해할 수 있다. 소득이나 자산조사를 통해 사회복지프로그램의 대상을 선별하는 잔여주의에 대립되는 개념인 것이다. 영국의 국민의료서비스(National Health Service, NHS)와 산업화된 서구 복지국가에서 시행하고 있는 아동(가족)수당이 대표적 사례라고 할 수 있다. 사회민주주의적 관점에서 보편주의를 이해하면 두 가지 측면에서 접근할 수 있는데, 하나는 보편적 인간복지 욕구가 존재한다는 것이고, 다른 하나는 이러한 보편적 인간복지 욕구에 대응하기 위한 보편주의에 기반한 사회적 책임이 있다는 관점이다 (Ginsburg, 2003).

그러나 보편주의는 획일적인 개념정의로만 이해할 수 있는 것은 아니다. 역사적 사실은 보편적 복지욕구의 설명은 사회정치적 운동의 특정한 투쟁을 통해 형성된 것이다. 19세기부터 20세기까지 시작된 노동자의 실업, 질병, 노령의 사회적 위험에 대한 대응을 통해 보편주의 복지제도가 형성되었다고 볼 수 있다. 또한 보편주의가 단순히 보편적 인간복지의 기본적 욕구라고 규정하는 것은 보편주의를 협의적으로 이해하는 것이며, 보편적 복지의 과제는 궁극적으로 평등의 문제로 이해될 필요가 있다.

서구에 있어 보편적 복지가 등장할 수 있었던 핵심배경으로 크게 두 가지를 지적할 수 있다. 하나는 보편적 복지 형성을 위한 정교한 계획이고, 또 하나는 이것을 현실에서 실현할 수 있는 진보적인 정치집단의 역량이라 할 수 있다. 흔히 현대적 사회보장의 시초를 1880년대 말 독일 비스마르크의 사회보험법에서 찾고 있는데, 비스마르크의 사회보험법은 그 이후로 유럽 각국으로 퍼져나가 각국의 형편에 맞게 적용되어 도입되었고, 영국도 마찬가지여서 1911년에 도입된 최초의 사회보험법은 독일식 모델에 기초하고 있었다.

이러한 사회보험법들은 산업화 사회의 노동문제에 매우 적절하

게 대응함으로써 노동자들의 기본적인 사회권을 보장할 수 있었지
만 점차 시간이 흐르면서 사회문제는 더 이상 노동자만의 문제가
아닌 전 국민의 생존권과 삶의 질의 문제로 확산되었고, 사회적 불
평등과 부의 편중과 같은 문제는 노동계급을 넘어 전 사회로 확산
되어 가기 시작한 것이다. 특히 이러한 문제에 대해 최초로 정교한
해법을 내놓은 사람이 영국의 베버리지(W. Beveridge)인데, 그가
주도하여 1942년 정부에 제출한 보고서인 「사회보험과 그 관련법」
은 전 국민에게 현금급여와 의료서비스, 그리고 고용을 보장할 수
있는 방안에 대한 내용으로 구성되어 있다. 흔히 『베버리지 보고
서』라고 불리는 이 책은 출간되자마자 국민적 베스트셀러가 되었지
만, 이 책은 사회개혁가의 비평서가 아닌 정부의 위탁으로 연구되
어 그 연구 결과를 담은 정부보고서였다. 이렇듯 하나의 정부보고
서가 한 국가에서 베스트셀러가 되었다는 것은 집권당의 의지와 상
관없이 영국 국민 대부분은 보편적 복지가 실현되는 세상을 원하고
있었음의 반증이라 할 수 있다.

2차 대전이 끝나고 열린 1945년 선거에서 영국 노동당이 전쟁영
웅 처칠의 보수당을 압도적으로 누르고 승리를 하게 된 것은 영국
본토의 국민뿐만 아니라 멀리 식민지에 파병되어 있던 군인들까지
보편적 복지 실현의 희망으로 노동당을 찍었다고 볼 수 있다. 이에
노동당은 집권하자마자 베버리지 계획을 차근차근 실행에 옮기게
되어, 선거가 치러진 그해에 아동이 있는 모든 부모에게 지급되는
'아동수당' 을 도입하였다. 그 다음해인 1946년에는 노동자를 넘어
전 국민을 포괄하는 '사회보험법' 을 도입하게 된다. 그리고 같은 해
전 국민에게 무상의료를 제공하는 '국가보건서비스' 제도를 도입하
였으며 국민의 노동권 보장을 위해 완전고용을 추구하였다. 베버리

지가 꿈꾸었던 전 국민을 '요람에서 무덤까지' 보호하는 사회적 보장제도가 눈앞에서 현실화되었다.

하지만 노동당은 집권 후 6년만인 1951년 선거에서 패배하고 보수당이 다시 집권당으로 들어서게 되었다. 그처럼 웅대한 계획과 두터운 지지를 받고 집권한 노동당이 그리도 빨리 실각한 이유 중 가장 핵심적인 문제는 그 당시 영국의 재정압박이 매우 심했다는 점을 들 수 있다. 전쟁 직후 독일군의 폭격에 의해 파괴된 국가를 재건하는 것만으로도 영국 정부의 예산은 빠듯했기에 현실에서 제공되는 사회급여들의 수준이 매우 낮아 국민은 보편적 복지가 실감되지 못할 정도였다. 또한 영국 노동당 내부의 분열 등이 겹쳐 결국 노동당은 선거에서 패배하게 되었고 노동당은 그 이후 간헐적으로 집권하기는 하지만 1979년 'IMF 사태'가 터지면서 영국 국민들은 노동당에 완전히 등을 돌리고, '철의 여인'이라 불리는 보수당의 대처가 수상이 되었다. 그 후 20년간 영국은 보수당의 장기집권으로 베버리지 계획은 그 골격만 남고 속을 제대로 채우지 못한 채 오늘까지 이르게 되었다.

결국 영국의 경험으로부터 배울 수 있는 것은 먼저 보편적 복지를 위한 정교한 계획이 갖추어져야 그 이상을 실행에 옮길 수 있다는 점과 보편적 복지의 실행과정에서는 힘과 역량이 있는 정치집단이 있어야 제대로 현실화시킬 수 있다는 점이다.

베버리지가 꿈꾸었던 '전 국민을 요람에서 무덤까지' 보장하는 보편적 복지제도는 결국 영국이 아닌 스칸디나비아에서 빛을 발하게 되었고, 스칸디나비아 국가 중 가장 강력하게 보편적 복지를 구현한 국가가 바로 스웨덴이다. 1932년에 집권한 사민당은 자신의 사회주의적 이상에 근거하여 보편적 복지를 실현하고자 했지만, 보수

세력이 장악하고 있던 상원의 간섭으로 그리 큰 결과를 내놓지 못하고 있었다. 그러나 2차 대전 이후 상원마저 장악한 사민당은 본격적으로 자신들의 계획을 실행에 옮기게 된다. 특히 그 당시 도입되기 시작한 영국의 보편적 복지제도는 매우 좋은 모델로서 밑거름이 되기에 충분하였다.

1946년 모든 노인에게 동일한 액수의 연금을 무상으로 제공하는 '기초연금' 이 도입되고 1959년에는 기초연금에 더하여 지급되는 '소득비례연금' 이 시작되었다. 소득비례연금은 자신이 낸 보험료에 근거하여 연금의 액수가 정해지지만 노동자뿐만 아니라 자영업자까지도 한곳에 모음으로써 연금 내에서 부의 재분배가 이루어지도록 하였다. 1955년에는 전 국민을 포괄하는 의료보험법이 도입되어 치료비뿐만 아니라 질병 시에 생활비까지 지급하게 되었다. 이러한 보건의료제도는 1970년대에 이르러 전 국민에게 무상으로 진료를 제공하는 국민의료서비스제도로 전환되었다.

이외에도 1947년에는 아동수당이 도입되어 아이가 있는 모든 부모에게 조건 없이 일정액을 지급하였고, 1974년에는 '부모보험' 이 도입되어 여성이 출산을 한 경우 국가에서 그 급여를 줌으로써 여성들의 안정적인 고용을 보장하게 되었다. 또한 이 이외에도 사민당 정부는 완전고용을 추구하여 남성뿐만 아니라 여성들에게도 안정적인 일자리를 제공하였으며, 교육도 박사과정까지 무상으로 제공되는 공교육시스템을 확립하였다.

이상의 논의를 통해 알 수 있는 것은, 결국 보편적 복지는 언제나 전 세계의 국민들이 절실히 요구하는 희망이요, 이상이었지만 역사적 경험으로 보았을 때 보편적 복지 형성을 위한 정교한 계획을 가지고 있느냐 그리고 이를 실현할 수 있는 진보적이고 역량 있는 정치집단이 있느냐에 성패가 달렸다고 볼 수 있다. 이 두 가지 요소는 보편적 복지 구현을 위해 어느 하나 빠짐없이 함께 존재해야만 하는 필수불가결한 요소들인 것이다.

보편적 복지의 필요성

그렇다면 한국 사회에서 구체적으로 보편적 복지가 요구되는 현실적 정황은 무엇인가에 대해 정리해 보기로 하자.

첫째, 현재의 한국 사회에서 가장 절실한 과제 중 하나인 사회통합을 위해서는 보편적 복지가 필요하다. 빈부격차의 심화로 불평등이 심화하는 우리 사회에서는 사회통합의 실현이 무엇보다 절실한 사회 전체의 과제이며, 복지제도의 가장 중요한 목적 중 하나도 사회통합의 실현이다. 이와 같은 절실한 사회 전체의 과제인 사회통합의 실현을 위해서 모두에게 권리로서 혜택을 제공하는 보편적 복지가 가장 적절한 대안이라 할 수 있다. 저소득층에게만 혜택을 주는 선별적 복지는 우리 사회를 '주는 자' 와 '받는 자' 로 구분하고 '받는 자' 의 처지에 선 사람들의 존엄성을 훼손함으로써 오히려 사회통합에 방해가 되는 것이 사실이다. 예컨대 최근 논란이 되었던 무상급식의 경우 그 대상이 한창 민감한, 자라나는 아동·청소년들이라는 점에서 그들의 존엄성이 훼손되는 것은 매우 중대한 문제이다. 특히 부모의 소득수준으로 인해 아동의 권리가 좌우되는 것은 장차 하나의 독립된 인격체로 자라나야 할 아동의 교육을 위해서도 결코 바람직하지 않다. 자라나는 미래세대 안에서 부모의 경제적 능력에 따라 집단이 구분되는 것은 윤리적으로도 바람직스럽지 않으며, 사회통합이란 점에서는 더욱 바람직스럽지 않다.

둘째, 보편적 복지는 오늘날 한국 사회에서 사회적 기본권을 충실히 이행하는 것이다. 대한민국 헌법은 "모든 국민은 인간으로서의 존엄과 가치를 가지며 행복을 추구할 권리를 갖는다"(제10조)고 규정하고 또한 "모든 국민은 인간다운 생활을 할 권리를 갖는다"(제34조 제1항)고 규정하여 보편적 복지의 이념을 천명하고 있다. 헌법에 규정된 바와 같은 모든 국민의 행복추구권은 오늘날 불확실성과 위험이 크게 증가한 세계화 시대에 그 전망이 점점 불투명해지고 있으며 나아가 계층 간에 행복추구권 실현 여부의 차이마저 점점 벌어지고 있는 실정이다. 따라서 국민의 행복추구권 실현을 위해서는 사회가 일정한 책임을 수행할 필요가 있으며 이를 위해서는 행복추구에 필요한 복지혜택이 누구에게나 주어질 수 있는 사회적 기본권으로 확립되어야 하며, 이를 위해서는 보편적 복지가 적절한 대안이다.

셋째, 예방적·적극적 복지를 위해서도 보편적 복지가 필요하다. 오늘날과 같은 세계화 시대에는 전통적인 복지와 함께 예방적이고 적극적인 복지의 중요성이 증가하고 있다. 특히 우리나라처럼 개방경제체제하에서는 예방적·적극적 복지가 더욱 중요한데, 보편적 복지체제가 이에 기여하는 바가 크다. 가난함을 증명해야만, 혹은 가난에 빠진 후라야만 혜택을 받게 하는 선별적 복지체제는 소극적인 대응책일 뿐만 아니라 근본 원리상 예방적인 복지가 불가능하다. 누구나 필요하면 언제든지 혜택을 받을 수 있게 하는 보편적 복지야말로 예방적·적극적 복지를 실현할 수 있다.

넷째, 장기적인 측면에서의 비용 효과성도 보편적 복지가 유리하다. 흔히 저소득층을 선별하여 이들에게만 혜택을 제공하는 선별적 복지가 비용 효과적이라고 생각하기 쉬우나 이는 단기적인 측면에서만 그러할 수 있으며 장기적인 관점에서는 반드시 그렇다고 할 수 없다. 선별적 복지를 위해서는 정기적으로 저소득층을 조사·감독하는 절차가 필요한데 이에 소요되는 비용은 복지혜택에 소요되는 직접비용에 비해 대단히 크며 장기적으로는 매우 엄청난 비용이 소요된다. 즉 직접비용 대비 간접비용의 비중이 매우 큰 것이다. 또한 저소득층만을 위한 선별적 복지혜택을 제공하게 되면 그 혜택을 받지 못하지만 저소득층보다는 조금 더 잘 사는 사람들과 선별적 복지혜택을 받게 된 사람들 사이에 계층역전현상이 일어나 이들의 근로동기가 저하될 우려가 있는 등 무형의 비용도 매우 클 가능성이 있다. 또한 선별적 복지에서는 저소득층에게 '받는 자'라는 유·무형의 낙인과 차별 효과를 초래함으로써 혜택이 필요한데도 혜택을 받지 않으려는 저소득층이 발생하게 되고 따라서 문제를 악화시킬 우려가 있다. 문제가 악화된 후에 개입하는 것보다는 문제가 악화되기 전에 개입하는 것이 문제해결 비용을 훨씬 더 절감할 수 있다. 보편적 복지는 직접비용은 선별적 복지보다 많이 들지만 저소득층을 선별하는 등의 절차가 필요 없기 때문에 간접비용이 최소화될 수 있다. 또한 모두가 혜택을 받기 때문에 근로동기 저하 등의 우려도 없으며 낙인효과나 차별 효과도 없어 문제해결에 조기 개입이 가능하다.

다섯째, 세계화 시대에 경쟁력 제고를 위해서도 보편적 복지가 유리하다. 보편적 복지는 복지혜택과 관련하여 모든 사람에게 소득수준에 관계없이 똑같은 기회를 부여하므로 기회균등의 원리에 부합한다. 기회균등의 원리는 경쟁의 규칙을 공정하게 하며 이는 사회통합을 제고시켜 세계화 시대가 초래하는 환경변화에 대응할 우리 사회의 기초체질을 튼튼히 할 수 있게 된다.

분배 친화적 보편적 복지의 10대 정책 제언

그렇다면, 현재 한국 사회에서 도입을 고려해 볼 만한 분배 친화적 보편적 복지 프로그램은 어떤 것이 있을지 살펴보기로 하자. 여기서는 지난 2010년 6.2 지방선거에 임박하여 시민사회단체가 보편적 복지프로그램으로서 제시한 정책을 포함하여 대표적인 10대 정책만을 예시하기로 한다(이태수, 2010).

① 교육의 실질적 무상화

대한민국의 헌법 제31조 제3항 "의무교육은 무상으로 실시하여야 한다" 는 조문에 의거하여, 교육과정에서 학부모가 부담해야 하는 실질적인 필수비용을 전액 무상으로 하는 것이 타당성을 가진다 하겠다. 현재 교육과정에서 요구되는 필수적인 지출로는 수업료, 급식비, 학습기자재 구입비, 교복비 등이 있으나 의무교육인 초·중등교육과정에서 이 가운데 오로지 수업료면제만을 적용하고 있다. 이런 가운데 보호자들은 자녀의 학습교재, 부교재, 학습준비물 구입비 및 특별활동비 등에 어려움을 겪고 있으며, 학습준비가 제대로 이루어지지 않는 경우도 있다. 따라서 초·중등학교 공공준비물의 학부모 부담정도에 대한 실태조사를 실행하여 이에 따른 구매비용을 전액 교육청에서 부담토록 한다.

또한 교복 공동구매지원단을 구성하고 이곳에서 선택한 교복에 대하여 지방정부에서 구매하여 매년 중학교에 입학하는 신입생에게 동·하복을 지원하는 것도 가능하다. 이때 지방교육청은 교복 공동구매율을 지역교육청 및 학교 평가 시 반영함으로써 공동구매에 대한 관심을 고취시키고, 지역교육청·학교·학부모 대표를 주축으로 교복 공동구매지원단을 조직한다.

② 무상보육의 실시

저출산의 가장 중요한 이유 중 하나가 육아에 대한 과도한 부담이며, 유의미한 정책적 해결 방안으로 보육관련 사회적 지원체계의 미비가 지적되고 있다. 참여정부에서 시작된 적극적인 육아지원정책의 확대에도 불구하고, 아직도 학부모들의 서비스 만족도는 매우 낮은 상태이며 보육료 지원액의 차이에서 비롯되는 낙인의 문제와 표준 보육료 이외의 추가 징수금 부담의 문제, 보육시설의 질 관리 문제, 안전하게 믿고 맡길 수 있는 시설의 부족 등은 해결되지 않거나 오히려 악화되는 추세이다. 특히 시간연장형 보육시설이나 24시간 보육시설 등 부모들의 요구에 맞추어 서비스를 제공하는 시설은 여전히 부족하고, 보건복지부의 평가인증을 통과한 시설이 29,084개(전체의 86.8%, 2009. 12)에 이르나 실제로 안심하고 믿고 맡길 수 있는 시설이 적은 것도 큰 문제이다.

따라서 우선 공보육시설의 확대가 필요하다. 정부가 민간시설을 낮은 가격에 인수하거나, 정부에 기부채납을 조건으로 운영권을 부여하는 등 신설뿐 아니라 임대, 인수 등 다양한 방법으로 공공시설의 비중이 증가되어야 한다. 민간시설의 경우, 정부가 관련 설비 및 시설을 지원하고 이사회에 참여하여 결정권한을 행사하는 방식으로 공공시설로 전환하여 30%의 공공시설 비중을 달성하는 것이 필요하다.

그러나 가장 중요한 것은 정부의 예산지원으로 학부모의 소득에 관계없이 누구나 보육료 부담이 없도록 실질적인 무상보육제도를 도입하는 것이다. 어린이집에서는 입소료, 현장학습비, 특별활동비

등의 이름으로 보육료 외에 추가비용을 거두어[1] 기타 운영비, 필요
경비, 기타 경비 등의 항목[2]으로 지출하여 운영자 및 개설자의 수
익을 보전하는 방식으로 활용하고 있다. 따라서 지방자치단체의 조
례 제정 및 지자체 장의 고시를 통해 필요경비 등의 추가 징수금을
받지 않도록 규제하여 실질적인 학부모의 비용 부담을 경감시키고,
대신 법정 보육료 지원액 외에 추가로 필요한 부분은 지방정부에서
재정을 부담하도록 할 수 있다.

③ 사회적 일자리를 통한 청년·여성 실업해소

청년실업의 심각한 수준을 완화하고 여성의 경제활동참가율을
증진시켜 지역사회와 경제를 회생시키고 가정경제를 온존시키는
데에 정부의 역할과 기능이 주요하게 부각되고 있다. 따라서 정부가
사회적 일자리를 통해 이들 청년과 여성의 안정적이면서도 전문
적·준전문적 직업을 창출하는 것이야말로 가장 적극적인 복지이
다. 한국의 사회서비스 고용비중은 2007년 기준 13%로, 스웨덴
33%, 프랑스 27%, 독일 24%, 영국 28%, 미국 25% 등 OECD 평균
21.3%에 비해 매우 낮은 수준이며, 특히 보건 및 사회복지는 1/3
수준이다. 사회서비스 부족은 공익을 추구하고 공동체를 통합하는
사회가 아니라 시장에 의한 경쟁과 배제로 고통 받는 중산층과 서민
이 고통받는 사회로 귀결된다. 사회서비스의 확충은 탈산업화, 탈가
족화, 고령화, 양극화, 여성평등에 따른 사회적 욕구를 반영하는 것
이며, 지식정보화 및 숙련직 중심의 노동시장 재구조화에 따른 청년

---

[1] 실태조사에서 월 6만 원 내외로 높게 나타났다.

[2] 실태조사에 따르면, 국공립 시설 이외의 민간시설의 경우 상호 경쟁이 되므
로 실제 추가비용을 징수하는 기관은 전체 조사대상의 10%에 불과했다.

층의 노동시장진입 실패를 줄이는 일자리 창출 전략임과 동시에 여성의 노동시장 참여를 촉진하는 가장 보편주의적인 전략이다.

구체적인 방안으로는 첫째, 복지, 보건, 보육, 교육 등 공공성이 높은 사회서비스는 공공서비스형 일자리로 확충한다. 안정적인 사회서비스 공급과 사회서비스 기반확충에 목적을 둔 사회서비스 일자리를 지역사회에서 창출하는 것이다.

둘째, 청년층을 위한 적극적 노동유인 및 교육훈련 강화 및 경과적, 시장형 일자리를 제공한다. 이때 사회적 기업과 같은 지속 가능한 그리고 개인의 발전 가능성이 있는 지역사회 일자리를 제공할 수 있다.

셋째, 경력단절 여성을 위한 여성친화적, 즉 고용안정과 함께 고용형태가 유연한 사회서비스 일자리를 창출한다. 일과 가정의 양립을 위해 여성에게 유리한 고용형태의 일자리를 제공해야 한다.

넷째, 최소 노동자 평균임금의 1/2수준의 임금 보장이 필요하다. ILO의 좋은 일자리 권고기준인 노동자 평균임금의 1/2 수준을 공공부문 및 비영리 부문 사회서비스 일자리의 기준으로 삼을 필요가 있다.

④ 노인의 건강, 일자리, 여가의 종합적 보장

노인들의 욕구와 관련하여 건강, 일자리, 여가 등이 가장 핵심이다. 특히 농어촌지역은 전체 인구의 20% 이상이 노인인구인 초고령사회에 해당하는 곳이 점차 늘어나고 있어 이들에 대한 건강, 일자리, 여가를 해결할 수 있는 종합적이고 다양한 접근이 이루어져야 한다. OECD 발표에 의하면 2009년 현재 노인계층은 빈곤율이 무려 45%에 달할 정도로 심각한 소외 상태에 놓여 있음을 직시할 필요가 있다.

이러한 문제를 해소하기 위해 보편주의적 노인복지가 필요하다. 우선 노인 건강관리 사업 기능을 강화하기 위해서 전국 4만 여개의 경로당에 등록된 134만 명의 노인들이 이용하는 경로당을 활용할 수 있다. 특히 보건소 및 보건지소의 방문간호인력의 활동지소로서의 기능을 추가하면 매우 유용한 인프라로서 경로당이 기능하게 되며, 효과적인 노인건강 관리 사업 수행의 성과를 올릴 수 있을 것이다.

둘째, 노인장기요양보험의 재정을 확대하여 현재의 장기요양보험 등급자의 본인부담 완화와 등급자의 범위 확대, 보험급여의 확대가 시급하게 이루어져야 한다.

셋째, 노인 일자리 사업의 확대가 필요하다. 앞으로의 인구구조는 노인인구가 증가하는 한편 유년인구(0~14세)와 생산연령인구(15~64세)는 상대적으로 감소하는 추세여서 일할 사람이 부족하여 노인인력의 자원화가 불가피하게 요구되고 있다. 노인에 대한 일자리는 양적 증가도 중요하지만 일자리를 통해 받는 급여 수준의 현실화 등 질적인 면에서의 개선도 매우 중요하다.

⑤ 공공임대주택 확대와 주거복지 강화

우리나라 대부분의 지역에서 주택보급률은 100%가 넘고 있지만 서민들의 주택문제와 부담비중은 매우 높은 실정이다. 소득대비 주택가격비율(PIR)이나 임대료의 비율(RIR)이 매우 높은 수준이고, 도시지역의 경우 자가보유와 공공임대주택 거주 비율을 포함해도 절반에 가까운 국민들이 전·월세 등 불안한 주거생활을 나타내고 있다.

유력한 주거복지정책 수단인 공공임대주택 공급은 서구 국가들에 비해 현저히 낮은 수준이어서 공공임대주택 재고율은 장기공공임대주택 기준으로 4%선이며, 전체 공공임대주택을 포함해도 10%가 되지 않아 주요 유럽 국가들이 20% 이상을 차지하는 것에 비해 매우 낮은 상황이다. 서구 국가에서는 특히 공공임대주택의 비율이 낮은 경우 주거비보조 제도를 여러 가지 형태로 진행하고 있으나 우리나라는 서울 등 일부 지자체에서 극히 선별적인 형태로 극소수에게만 금융지원이 이루어지고 있다.

따라서 먼저, 공공임대주택의 확충이 필요하다. 중앙정부에서 제시한 2012년까지 12% 확충 목표 이상으로 공공임대주택 확충 계획을 재설정하는 것이 필요하며, 임대단지의 건설 외에도 기존주택 매입임대, 기존주택 전세임대 등을 통한 다양한 형태의 공공임대주택 확보가 요망된다.

둘째, 주거비보조 제도의 시행이 필요하다. 현재 국민기초생활보장제도 수급자 대상의 주거급여 외에 서울시 등 일부지방자치단체에서 공공임대주택 입주자에 대한 관리비 보조, 임대보증금 융자, 차상위계층에 대해 민간임대료 보조, 전세자금 융자 등 주거비 보조 프로그램을 시행하고 있으나 그 규모나 대상자가 너무 적어 전시적 프로그램에 머무르고 있는 상황이다. 공공임대주택의 입주대상은 되지만 임대료 및 관리비를 부담하기 어려워 입주치 못한 계층에 대해 주거비(임대료)를 보조하는 것을 최우선으로 하여 다자녀 가구, 노부모동거 가구, 장애인 가구 등 정책적 우선순위 설정하여 활용해야 한다. 민간임대의 경우 가옥주에게 최저주거기준 미만의 주택환경개선이나 노후한 주택의 보수에 대해 공공이 금융지원을 하고, 그 조건으로 임차인에 대한 적절한 임대료(전세금) 수준을 설정하거나 급격한 향상을 통제하는 프로그램을 활용하는 것도 가능하다.

⑥ 건강관리 사업의 강화를 통한 시민건강증진

고령화와 더불어 만성질환의 증가 등은 급격한 의료비 증가와 주민건강의 악화 등의 문제를 초래하고 있으나 현재 우리나라의 의료제도는 병이 생긴 이후에 치료하는 것 중심으로 되어 있고, 사전예방이나 건강증진 등에는 국가적인 지원체계가 없다. 전국 47,000여 개의 병·의원들은 대부분 질병에 대한 치료가 주요 영역이며, 예방보건이나 건강검진은 국민건강보험의 급여항목에서도 빠져 있어 90% 이상이나 되는 민간의료기관은 물론 공공의료기관조차도 제대로 제공을 하지 못하고 있다.

이를 위해 첫째, 국민을 대상으로 생애주기별 건강관리 서비스가 제공되어야 한다. 급격하게 증가하는 성인들의 만성질환 관리 및 고령화에 대비한 노인건강 관리뿐 아니라, 자라나는 어린이와 청소년을 대상으로 하는 건강관리, 여성 건강, 장애인 건강 등 대상자별로, 사업 부문별로 건강관리서비스를 제공하도록 한다.

둘째, 인구 5만 명 당 1개소의 주민건강센터형 도시형 보건지소 설치가 필요하다. 이들 보건지소에의 인적 구성은 필수적인 인원의 진료담당 인력뿐 아니라, 센터당 30명 수준의 방문보건 사업과 건강관리 전문요원으로 확대하여 실질적으로 도움이 될 수 있도록 추진하고, 개원의들과 단순진료 기능으로 경쟁하는 것이 아니고, 기본진료 기능+예방보건 사업 기능을 중심으로 역할을 배치하여 지역주민에게 신뢰받을 수 있게 운영되어야 한다.

셋째, 영세사업장 근로자를 위해서는 산업보건센터를 구축해야 한다. 경제가 어려워지면 가장 먼저 어려움을 겪는 계층의 하나가 중소기업에 근무하는 근로자들이다. 지금까지는 산재상의 직업병 관리 중심이었다면, 앞으로는 산업장에서 평상시의 건강관리를 통해 질병의 발생을 예방하고, 조기치료와 조기재활을 하며, 금연, 절주, 운동 등 일상에서 건강한 생활습관을 지키도록 하여 중증질환으로 이환되는 것을 방지해야 한다.

넷째, 아동에 대한 필수보건의료가 제공되어야 한다. 참여정부에서 시행했던 5세 미만 아동에 대한 본인부담금경감 사업 등이 건강보험 재정악화를 이유로 철회된 상태에서 자녀가 2~3명이 되는 경우에는 아동들의 병원비도 부담이 아닐 수 없다. 전체 아동에 대한 무상의료를 궁극적으로 지향하되, 단계별로 법정 전염병을 포함하여 국가 필수예방접종에 대해서는 정부에서 100% 지원하는 방안을 빠른 시일 내에 실시해야 한다.

다섯째, 보호자 없는 병원의 도입이 요구된다. 지역의 공공의료기관부터 시작하여 간병인파견 사업, 간호사추가지원 사업 등을 통해 보호자 없는 병원을 실현하도록 한다.

⑦ 아동수당 제도의 도입

최근의 아동수당 도입 논의는 출산율 제고라는 측면에서 제기되고 있는 경향이 있다. 아동수당을 통한 유자녀가족의 소득보장은 출산에 대한 긍정적인 유인을 제공하는 것이 분명하지만, 아동수당 본연의 취지는 출산율 제고와는 다른 측면을 가지고 있다. 일반적으로 아동수당의 취지는 아동이 있는 유자녀가족의 소득을 보전해 줌으로써, 자녀양육에 따른 가구 부담을 완화하는 것에 있다고 할 수 있다. 이를 통하여 유자녀가족과 아동이 빈곤해지는 것을 예방

표 4 | OECD 국가의 아동수당 규모

(단위: 원, %)

국가	아동수당[1]	DPI 대비	총소득대비
오스트리아	435,789	12.4	13.1
호주	481,813	16.1	13.4
벨기에	319,680	10.6	8.2
캐나다	196,197	7.9	7.0
체코	95,197	12.3	12.1
덴마크	311,145	18.5	6.6
핀란드	269,440	10.1	7.7
프랑스	140,693	5.3	4.4
독일	394,240	11.6	9.0
아일랜드	356,053	10.3	10.5
이태리	142,827	6.8	5.9
일본	81,300	2.9	2.4
룩셈부르크	589,760	13.7	13.7
멕시코	0	0.0	0.0
네덜란드	183,040	5.8	4.5
뉴질랜드	147,043	7.0	6.0
노르웨이	309,965	7.7	6.1
폴란드	71,040	5.5	5.0
슬로바니아	35,721	6.2	6.0
스페인	0	0.0	0.0
스웨덴	261,857	9.6	7.4
스위스	361,015	8.1	7.3
영국	229,779	6.4	5.2
미국	0	0.0	0.0
OECD 평균[2]	257,790	9.3	7.7

주: 1) 아동 2인을 기준으로 아동수당 규모를 작성함.
   2) 아동수당제도가 도입되지 않은 미국, 스페인, 멕시코를 제외한 평균임.
자료: OECD(2006), Taxing Wages: 김수정(2006)에서 재인용.

하고, 아동의 건전한 발달과 육성을 도모한다는 측면에서 제도의
필요성과 타당성이 존재한다고 할 수 있다.

표 4와 같이 서구에서는 이미 아동수당 제도가 보편적 복지의 핵
심제도로 자리 잡고 있다. 우리나라도 아동수당 제도의 도입은 시
급히 행해져야 한다. 특히 이 제도의 도입을 둘러싸고 선별주의에
입각하여 저소득층의 아동에게만 아동수당을 주는 방안이 주장되
고 있기도 하지만 단계적인 과정의 하나로 이러한 방안을 고려한다
하더라도 기본적으로는 보편주의에 입각한 아동수당 제도가 필요
하다.

⑧ 사회보험의 강화

4대 보험인 건강보험, 국민연금, 산재보험, 고용보험이 여전히 충
실한 사회적 위험대응책으로서의 구실을 하지 못하고 있는 것이 현
실이다. 공통적으로 비정규직이나 영세 자영자 등의 사각지대 존재
와 낮은 급여수준 또는 보장성 수준이 문제로 대두되고 있어 전형적
인 보편주의적 제도로서의 기능에 충실히 부합한다고 볼 수 없다.
이러한 한계는 제도 자체의 설계 문제와 재정확보의 미흡으로 인한
것이라고 할 수 있다. 보험료율에 대한 인상이 용이하지 않고 그
과정이 사회적 합의를 통해 실질적 민주주의 원칙을 고수한다고 볼
수도 없으려니와 정부의 재정투여도 매우 미진하여 각각의 기금이
안정적으로 확보되고 있다고 볼 수 없다. 세부적으로 보면 건강보험
제도에는 수가체계 등 비용지불체계나 공공의료체계의 확보가 미
진하여 제도 운영 자체가 문제시되고 있으며, 국민연금제도는 최근
급여율의 상당한 인하를 통해 노후소득의 보장이란 측면에서 결함
을 드러내고 있다. 또한 고용보험은 급여지급 기간이 너무 짧다는

것, 고용지원의 성격을 지니고 있는 적극적 노동시장프로그램(Active Labour Market Program)의 효과가 부진하다는 한계가 있다.

따라서 각 제도는 급여대상의 포괄성과 급여수준의 적정성이란 측면에서 적극적인 개선책을 마련해야 하고 이를 위한 국고의 투여를 포함한 재원마련책을 동시에 강구하여야 한다.

⑨ 복지전달체계의 획기적 강화

보편적 복지와 지역현실에 맞는 자체복지 사업의 실현을 위해 적정규모의 인력과 조직, 시설을 통해 최적의 효과를 내도록 적정한 복지전달체계의 구축도 매우 긴요한 과제이다.

현재 지방자치단체의 경우 사회복지담당 조직은 주민생활지원국 산하에 주민생활지원과와 사회복지과 등으로 편재되어 있다. 가장 결정적으로는 지방정부에서 사회복지를 전담하는 공무원 수가 절대부족하다. 2010년 현재 사회복지행정수요의 폭증으로 사회복지전담공무원 1인당 담당 가구가 약 300~400가구로 추정되며, 생활보호대상자 담당 가구 수는 1인당 약 100가구를 담당하고 있다. 이것은 일본의 67가구, 벨기에, 노르웨이 60~100가구 등과 비교했을 때 일상적인 복지업무뿐만 아니라 현 정부에서 추진하고 있는 사례관리서비스는 거의 불가능한 여건이다.

또한 민간사회복지 인프라 역시 부족하기는 마찬가지이다. 사회복지서비스를 수행하는 가장 대표적인 기관인 종합사회복지관은 전국적으로 414개(2008. 12. 31)에 불과하고, 노인을 위한 보편적 서비스를 행하는 노인복지(회)관은 전국에 228개(2008. 12. 31), 장애인을 위한 보편적 서비스를 행하는 장애인복지관은 전국 166개(2009년 현재), 아동을 위해서는 전국 2개소에 머무는 아동복지관,

그리고 가족복지를 행하는 전국 140개소의 건강가정지원센터(2010 년 현재) 등이 현실이다. 이는 종합사회복지관은 인구 12만 명당 1개소꼴이며, 노인복지(회)관은 3만 명당, 장애인복지관은 1만 5천 명당 1개소씩 배치된 상태임을 뜻한다.

따라서 지역사회에 빈곤층의 발굴, 자원연결, 사례관리 등은 물론, 일반주민들의 육아, 자녀상담, 자활능력 배양, 한부모가족 지지, 청소년 학교적응 지원, 장애인재활, 독거노인 방문, 일반노인여가 프로그램운영, 아동상담 및 치료, 장애인상담, 그 외 지역사회 주민들의 지역공동체 참여 촉진, 지역사회의 통합 유인은 물론 복지정보 제공 및 상담 기능을 행하는 다양한 복지인프라의 넓고 촘촘한 배치는 지역사회를 중심으로 모든 주민들의 보편적인 욕구를 충족하는 데 필수적이다.

⑩ 공정과세를 통한 대규모 복지재원의 확보

복지재원의 확보는 보편주의 복지국가 실현을 위한 핵심적 수단이자 과제이다. 현재 우리나라 복지지출 수준과 조세부담 수준은 경제수준에 전혀 부합하지 않는다. 홍헌호(2011)에 따르면, 2009년 현재 OECD의 33개 회원국 중에서 경제수준이 비슷한 11개국(한국 포함)의 평균 국민부담율(사회보장기여금 포함)은 GDP 대비 29.8%로 25.6%인 우리보다 4.2% 포인트 높고, 공공복지지출 비율은 GDP 대비 15.6%로 7.5%인 우리보다 8.1% 포인트 높다. 이를 현재 대한민국 GDP 규모(2011 경상GDP 1,162조 원)에 적용하면 우리 국민들은 경제수준이 비슷한 12개국들보다 49조 원 세금을 덜 내고 있으며, 또 다른 한편에서는 94조 원에 달하는 복지혜택을 누리지 못한다는 점을 의미한다. 경제수준이 비슷한 OECD 국가들 평균치와 비교해 보더라도 대한민국이 경제수준에 맞는 복지국가를 실현하기 위해서는 94조에 달하는 공공복지 지출의 확대가 필요하며, 이를 위한 재원조달 방안이 마련되어야 한다고 주장할 수 있다.

표 5 | 경제수준이 비슷한 OECD 11개국 조세부담율과 공공복지 지출 비중

국가	2009년 1인당 GDP (미 달러) [2009]	2009년 조세부담율 (%) [2009]	2007년 GDP 대비 공공복지지출 비율(%) [2007]
멕시코	8,134	17.5	7.2
터키	8,711	24.6	10.5
칠레	9,516	18.2	10.6
폴란드	11,302	34.3	20.0
헝가리	12,914	39.1	23.1
슬로바키아	16,282	29.3	15.7
한국	17,074	25.6	7.5
체코	18,256	34.8	18.8
포루투갈	21,970	35.2	22.5
슬로베니아	24,111	37.9	20.3
이스라엘	26,874	31.4	15.5
평균	15,922	29.8	15.6

자료 : OECD, IMF의 가장 최근 자료. 홍헌호(2011)에서 재인용.

이러한 전제하에 복지재원을 대대적으로 확보하는 길은 여러 가지가 있다. 먼저 조세체계의 합리적 개혁만으로도 많은 재원을 확보할 수 있다는 점에 유념할 필요가 있다. 보편주의 복지국가로 가기 위해 조세 기반 합리화는 필수적인바, 지하경제와 불로소득의 근절, 소득파악률 제고와 같은 세정 혁신을 통해 과세기반을 확대하고 재벌과 대기업에 막대한 특혜를 부여했던 과도한 조세감면제도를 대폭 축소하는 등 세제혁신을 통해 상당한 재원을 확보할 수 있다. 대규모 재개발, 재건축에서 발생하는 막대한 규모의 개발이 익에 대해서도 환수장치를 정비해 공적재원으로 활용해야 한다. 아울러 오랫동안 경제개발이란 미명하에 토목건설 사업에 막대한 공적 재원을 쏟아 붓고 불필요한 남북관계의 긴장 조성으로 군비확대 등에 상당 규모의 국가재원이 동원되어온 사실을 상기할 때 재정지출 구조의 조정을 통해서도 상당한 복지재원 확보가 가능한 점도 보편주의 복지국가로 가는 길에 반드시 고려되어야 할 점이다.

다음으로 직접세의 비중을 높이고, 담세능력이 높은 계층에 대한 누진적 세율 조정, 자산과세에 대한 강화 등 공정과세의 원칙에 입각한 조세개혁을 통해 보편주의 복지국가로 갈 수 있는 추가적인 재원확보 방안도 고려해야 한다. 특히 전 국민에게 일시에 일률적인 부담을 부과하는 것이 아닌, 저출산 고령화와 같은 새로운 위기에 대응하기 위해 세목을 신설하여 응급한 복지수요에 적절하고 강력하게 대응하는 방법에 대해서도 가능성을 열어 놓아야 한다.

4. 결론

이상의 논의를 통해 한국 사회에서 보편주의에 입각한 사회보장 제도의 구축은 재분배의 역설에 의거하여 소득재분배 효과를 강화할 것이며, 이는 결국 경제 성장을 견인할 수 있음을 살펴보았다. 아울러 이에 걸맞은 보편적 복지 프로그램을 예시하여 보았다.

그러나 이러한 설계는 여전히 논리적 기반과 현실부합성이란 측면에서 미약한 토대를 갖고 있다. 논리적 기반이란 측면에서 볼 때,

현재 한국의 복지사가 일천하고 제도의 운영수준이 낮아 복지의 분배효과나 성장기여도 등과 같은 거시적 효과분석을 행할 수 있는 기반이 갖추어지지 않은 한계가 있다. 또한 현실부합성이란 측면에서 볼 때에는 제도 실행과 관련된 전문 관료집단의 능력과 이를 견인할 시민사회와의 협치(governance)의 미약함이 부각된다.

이러한 한계들에도 불구하고 궁극적으로는 분배 친화적인 성장을 행할 수 있는 다양한 정책프로그램의 실현에는 무엇보다도 복지정치(welfare politics)에서 보편적 복지를 지지하는 조직화된 세력이 주도권을 갖는 것이 가장 결정적인 지점이라 할 것이다. 결국 한국적 상황에서 복지와 소득 분배, 그리고 경제 성장이 어떻게 관계성을 갖는 것인지에 대한 실증은 아직은 논리적 수준보다도 경험적 단계를 거친 뒤에 그 가능성이 비로소 열린다고 할 것이다.

따라서 한국 사회에서 보편주의에 입각한 복지국가의 구현은 아직은 당위의 차원에 머문다고 볼 수 있고 이것을 실증의 차원으로 이행시키는 데에는 여러 가지 제약조건이 있는 상황이다.

■ 참고문헌

윤홍식. 2010. "보편주의 복지를 위한 보편주의 원칙",『보편적 복지와 6.2 지방선거 토론회 자료집』, 참여연대 사회복지위원회.
이태수·유종일·박찬용·김연명·문진영. 2004. "복지와 경제의 선순환에 대한 연구", 보건복지부·꽃동네현도사회복지대학교.

이태수. 2010. "6.2 지방선거와 보편적 복지", 『보편적 복지와 6.2 지방선거 토론회 자료집』, 참여연대 사회복지위원회.

홍헌호. 2011. "보편적 복지를 위한 재정확보 전략", 참여연대 내부 워크숍 자료.

Alaszewski, A. and Walsh, M. 1996. "Typologies of Welfare Organizations". *BRITISH JOURNAL OF SOCIAL WORK*. VOL:25. ISSUE:6. p. 805.

Alesina, A. and Perotti, R. 1998. "The Welfare State and Competitivenes". *AMERICAN ECONOMIC REVIEW*. VOL:87.ISSUE:5. p. 921.

Atkinson, A. B. 1995. "Is the Welfare State necessarily an obstacle to economic growth". *EUROPEAN ECONOMIC REVIEW*. 0014-2921 (1995)39:3/4L.723;1.

Ginsburg, N. 2003. "Socialist perspective". in Pete Alcock. Angus Erskine and Margaret May eds. *Social Policy* (2nd ed.). pp. 92-99. UK: Blackwell Publishing.

Jenkins, S. P. 2001. Daly Mary. "The Gender Division of Welfare. The Impact of the British and German Welfare States". *The British Journal of Sociology*. VOL 52; PART 2: pp. 354.

Korpi, W. and J. Palme(1998). "The paradox of redistribution welfare state institutions. inequality. and poverty in the Western countries". *American Sociological Review*. 63(October): pp. 661-687.

Raitano, M. 2008. "Welfare state and redistribution: the role of universalism and targeting". Specific Targeted Research Project. Sixth Framework Programme-Priority 7. Citizens and Governance in a Knowledge-based society. Deliverable D13. Report on WP6-task 6.5.

분배 친화적 성장을 위한
사회서비스 정책

_남찬섭

1. 서론

최근 몇 년간 한국의 사회서비스는 대단히 빠른 속도로 확대되었다. 이러한 확대는 참여정부 기간에 본격적으로 나타났지만 그 경향은 이미 1990년대부터 시작되고 있었다. 예컨대, 지출 규모만 보더라도 1990년부터 1997년까지 공공 사회지출의 연평균 증가율은 19.4%였지만 같은 기간 시설보호와 재가복지의 연평균 증가율은 37.0%에 달했다(고경환 외, 2011에서 계산).[1] 사회서비스의 이러한

---

[1] 사회지출의 하위항목으로 사회서비스는 시설보호와 재가복지 외에 근로복지, 보건의료, 주거복지, 교육복지를 포함하지만 여기서는 전통적으로 사회서비스라 여겨지는 시설보호와 재가복지의 지출만 보았다. 또한 본문의 증가율 추이에서 최종연도를 2004년으로 설정한 것은 2005년부터 사회서비스

확대는 시설이나 인력 면에서도 나타난다. 사회복지시설 중 사회복지관은 1990년에 88개소였으나 1995년에 297개소로 5년 만에 2.4배나 증가했으며, 2009년에는 419개소로 증가했다. 사회복지 생활시설은 1985년에 544개소이던 것이 1990년에 686개소, 1995년에 778개소로 증가했고 2009년에 3,770개소로 증가했다. 또한 사회복지사 자격증 교부자는 1989년에 1,622명이었으나 1995년 18,586명으로 증가했으며 2009년에는 68,578명으로 증가했고, 사회복지전담 공무원도 1990년 324명에서 1994년 3,000명으로 증가했고 2009년에는 10,334명으로 증가했다(보건복지부, 각 년도).

사회서비스가 이처럼 급속히 확대된 배경은 여러 가지로 생각할 수 있다. 먼저 객관적으로는 사회서비스 수요가 증가했다는 사실을 들 수 있다. 저출산·고령화가 사회문제로 본격적으로 인지된 것은 2000년대에 들어와서이지만 합계출산율은 1983년에 이미 2.08로 인구대체출산율(2.1) 이하로 떨어졌으며 1998년에는 1.47까지 떨어졌고 그와 함께 노인 인구도 지속적으로 증가하고 있었다. 이로 인해 사회서비스 확대의 객관적 압력은 상당히 오래전부터 존재해왔고 이것이 1990년대 초에 재가복지나 시설보호가 빠르게 확대된 객관적 배경으로 작용했던 것이다.

이러한 객관적 압력은 2000년대에 들어와 본격적으로 인식되기 시작하여 정부, 특히 국민의 정부와 참여정부에 의해 의식적인 노력을 통한 사회서비스 확대라는 대응으로 나타나게 되었다. 그런데 정부의 의식적인 노력은 객관적 압력에 대한 반응에 의해서도 형성

___

재정의 지방이양이 단행되어 중앙정부의 지출에 변동이 생겼기 때문이다. 1990년부터 2009년까지의 연평균 증가율은 공공 사회지출이 16.7%, 시설보호와 재가복지가 24.7%이다.

되지만 다른 한편으로 사회적 합의를 필요로 하는 것이기도 하다. 특히 한국처럼 가족에게 돌봄의 책임을 지워오고 사회서비스를 중요시하지 않았던 경우에는 사회서비스 확대를 위한 사회적 합의가 더욱 필요하다. 그리하여 참여정부는 사회서비스의 확대를 추진하면서 위에서 말한 저출산·고령화를 근거로 내세우기도 했지만 그와 동시에 사회서비스를 확대하면 일자리를 창출할 수 있고 나아가 성장과 분배에도 기여할 수 있다고 주장하여 사회적 합의를 이끌어내기 위해 노력했으며 집권 후반기에는 사회투자국가론을 내세워 그것을 실현하기 위한 일환으로 사회서비스에 대한 투자확대가 필요하다고 주장하기도 했다.[2]

사회서비스는 진공 속에 존재하는 것이 아니라 사회의 다른 부문과 상호작용하면서 존재하기 때문에 사회서비스 확대를 일자리창출론이나 사회투자론으로 접근하는 것도 나름대로 합리적인 것이다. 하지만 일자리 창출은 사회서비스가 본래 가진 목적이라고 할 수는 없으며 사회투자적 성격 역시 사회서비스가 가진 여러 속성 중의 한 가지이다. 어떤 제도가 그것을 둘러싼 사회의 다른 부문과 상호작용한다고 할 때 그 상호작용은 해당 제도가 본래 가진 목적을 달성하는 것을 통해 이루어지는 것이 그 상호작용의 본질이라 할 것이다. 사회서비스를 통해 일자리를 창출하는 것이 중요하다는 것은 아무도 부인하지 않지만 사회서비스가 그 본래의 목적을 달성하지 못한다면 일자리 창출도 결국에는 효용을 잃을 것이다. 또한 사회서비스가 사회투자적 성격을 가질 수 있다는 점도 부인할 수

---

[2] 사회서비스 일자리 창출에 대해서는 국민경제자문회의(2007)와 노대명(2006), 대통령자문 빈부격차·차별시정위원회(2005) 등 참조. 또한 참여정부 시기 나온 사회투자국가론에 대해서는 한국사회복지학회, 2007 참조.

없지만 그것만 강조된다면 사회서비스는 그 본래 목적의 일부만을 달성하게 될 수도 있다.

사회서비스가 가진 본래적 목적은 사회구성원들이 사회적 관계에서 갖게 되는 사회적 욕구를 충족시키는 것이라 할 수 있는데 이와 같은 사회적 욕구의 충족이 이루어지기 위해서는 사회서비스에 의한 혜택을 누구에게 배분할 것인지, 또 어떻게 배분할 것인지 등이 합리적으로 결정될 수 있어야 하며 이는 사회서비스의 적절한 제도화를 필요로 한다. 그리고 이러한 제도화를 통해 사회서비스의 혜택이 합리적으로 배분될 때 사회서비스는 사회 전체의 분배를 개선하는 데에도 기여할 수 있을 것이다. 나아가 생산적인 인구뿐만이 아니라 비생산적인 인구까지 보듬음으로써 사회 전체의 성장에도 기여할 수 있을 것이다.

그간 사회서비스 확충 시도는 한국 사회에 이미 구축되어온 사회서비스의 오래된 비합리적인 제도적 구조가 낳고 있는 문제에 대한 인식이 부족한 상태에서 이루어져 사회서비스의 제도적 구조를 개혁하는 데에는 소홀하였다. 과거와 달리 사회서비스의 규모가 크게 확대된 상황에서 사회서비스의 제도적 구조는 그 자체로도 매우 중요한 사안이 되었으며 분배와 성장에 기여할 수 있느냐의 여부와 관련해서도 단순히 일자리창출론이나 사회투자론으로 대체되어 논의될 수 없는 대단히 중요한 사안이 되었다. 이 글은 이러한 문제의식을 바탕으로 일자리창출론 및 사회투자론과 함께 사회서비스의 제도화의 문제점과 그 개선방안에 중점을 두어 살펴본다.

2. 사회서비스의 개념[3]

오늘날 한국에서 사회서비스라는 용어는 여러 가지 다른 의미로 사용된다. 우선 산업분류상 공공행정·국방, 사회보장행정, 교육서비스, 보건 및 사회복지사업, 기타 공공·개인서비스 일부를 포함하는 대단히 넓은 의미로 사용하는 경우가 있다(예컨대, 국민경제자문회의, 2007; 우천식·이진면, 2007 등). 이런 개념은 주로 사회서비스를 일자리 창출 입장에서 접근하거나 사회투자적 관점에서 접근하는 경우에 나타나는 경향이 있는데 이는 일자리 창출이라는 목적의 극대화나 사회투자적 성격의 극대화를 지향하는 입장에서는 합리적인 개념화일 수 있다. 이런 식으로 사용되는 사회서비스는 '공공서비스로서의 사회서비스' 혹은 단순히 줄여서 '공공서비스'라 부를 수 있을 것이다. 다른 한편으로 사회서비스는 특히 영국의 경우 복지국가가 실시하는 제도 전반을 가리키기도 한다. 이 경우 사회서비스는 소득보장·보건·고용·주택·대인서비스 전체를 의미하게 된다. 이런 의미의 사회서비스는 '사회행정으로서의 사회서비스' 혹은 '사회행정서비스'라 할 수 있을 것이다.

하지만 최근 서구에서도 고령화로 인한 가족구조 및 기능의 변화가 중요한 문제로 떠오르고 그에 대한 대응이 중요해지면서 위에서 본 두 개념화(즉, '공공서비스'와 '사회행정서비스')보다 좀 더 좁은 의미로 사회서비스를 개념화하는 흐름이 있다. 이런 방식의 개념화

---

3) 최근(2012년 1월) 사회보장기본법이 개정되어 사회서비스도 복자·보건의료·교육·고용·주거·문화·환경 등을 포괄하는 매우 넓은 개념으로 수정되었다. 이 글에서는 이에 대해 다루지 않았지만 개정 사회보장기본법에 따라 수정된 사회서비스 정의 및 그 함의에 대해서는 한국사회복지학회·한국사회서비스학회(2012)와 남찬섭(2012) 등을 참조하라.

는 사실상 매우 오래된 전통을 이어받은 것이어서 과거부터 이른바 사회복지서비스라 불리던 제도체계와 거의 유사한 것을 가리킨다. 사회서비스를 이런 의미로 개념화하면 그것은 위에서 말한 공공서비스로서의 사회서비스 중에서는 일차적으로 사회복지사업을 가리키며 또한 기타 공공 및 개인서비스 중 사회화된(사회화의 정도는 각기 다르지만) 일부 서비스도 포함할 수 있다. 그리고 사회행정서비스로서의 사회서비스 중에서는 주로 대인서비스(personal social services)를 가리키며 이 경우 대인서비스는 전통적인 사회복지서비스(=사회복지사업)만이 아니라 최근에 등장하고 있는 이른바 돌봄서비스(care)까지 포함한다. 이와 같은 의미의 사회서비스는 '사회복지서비스로서의 사회서비스' 혹은 줄여서 '사회복지서비스' 라 할 수 있을 것이다.

이와 같은 '사회복지서비스로서의 사회서비스' 는 다음과 같은 특징을 갖는다(Bahle, 2003). 첫째 사회서비스는 재화의 생산이 아니라 인간(personal)을 대상으로 한 서비스이며, 둘째 사회서비스는 신체적 혹은 지적 욕구가 아니라 사회적 욕구(social needs)의 충족을 목표로 하는 서비스이고, 셋째 사람들 간의 직접적인 사회적 상호작용을 매개로 수행되는 서비스이며, 넷째 단순한 사적(私的, private) 관계를 넘어서는 사회적 의미(social significance)를 갖는 서비스여서 사회서비스에서의 서비스 행위는 그 사회의 가치와 규범에 의해 지배되는 사회적 맥락 속에 융합되어(embedded) 있게 된다. 따라서 이와 같은 특징을 고려할 때 사회서비스는 "사회적 가치와 규범에 의해 형성된 일정한 사회적 맥락 속에서 사회적 욕구의 충족을 위해 직접적인 대인관계를 매개로 하여 제공되는 대인서비스" 라 할 수 있다.

이와 같은 사회서비스는 위에서 말한 것처럼 전통적으로 사회복지서비스라 불리었고 한국에서는 법률상으로는 사회복지사업으로 지칭해왔다. 이는 사회서비스는 사회복지서비스와 거의 동일한 의미를 갖기 때문이다(석재은 외, 2006). 그런데 최근 한국에서는 이처럼 거의 동일한 의미를 갖는 사회서비스와 사회복지서비스를 분리시키려는, 혹은 더 나아가 두 가지를 서로 대립시키려는 경향이 나타나고 있다. 두 용어를 분리 내지 대립시키려는 경향에서 사회서비스는 저출산·고령화 경향에 대비하여 새롭게 확대된 서비스, 수요자 중심적 서비스, 보편주의적 서비스를 대변하는 것처럼 규정하며, 반면에 사회복지서비스는 과거부터 행해오던 전통적인 서비스, 공급자 중심적인 서비스, 선별주의적 서비스를 대변하는 것처럼 규정하는 경향이다. 그리하여 최근 한국에서 사회서비스는, 서비스 내용으로는 돌봄서비스와 연관되고 서비스 제공방식으로는 바우처와 연관되는 경향을 보이고 있다. 이처럼 사회서비스를 개념화하는 것은, 위에서 본 첫째의 공공서비스로서의 사회서비스와 둘째의 사회행정으로서의 사회서비스, 그리고 셋째의 사회복지서비스로서의 사회서비스에 더하여 넷째의 개념화로 분류할 수 있을 것이다. 이 마지막 넷째 의미의 사회서비스는 '바우처로서의 사회서비스'라 할 수 있을 것이며, 이것은 제도포괄범주로 보면 가장 좁은 범주의 제도를 포함한 것이다.

그동안 한국에서는 사회서비스를 넓은 의미의 개념화 두 가지(공공서비스, 사회행정서비스)와 좁은 의미의 개념화 두 가지(사회복지서비스, 바우처)의 네 가지 의미로 혼용하여 사용해왔다. 최근 좁은 의미의 두 가지 개념화를 마치 서로 다른 것인 것처럼 분리·대립시키려는 경향이 나타나게 된 것은 한국이 사회서비스를 본격적으로 발전시킨 타이밍의 독특성 때문이다. 즉 신자유주의적인 기조에 의한 복지국가 재편이 진행되고 저출산·고령화가 이미 본격화한 이후에 사회서비스의 본격적 발전이 시도되었고, 그 시도가 바우처 방식의 도입 등을 기조로 추진되었다는 독특성과 사회서비스 확대와 관련된 부처 간의 입장 차이 등[4])에 의해 나타난 것이다.

사회서비스의 개념과 관련된 이 글의 기본입장은 사회서비스를 위에서 본 네 가지 의미 중 셋째의 의미, 즉 전통적인 사회복지서비스의 의미와 동일하면서 최근에 등장하고 있는 바우처와 돌봄서비스도 포함하는 의미로 보는 입장이다. 하지만 일자리창출론이나 사회투자론을 다룰 때에는 그 입장에서 말하는 넓은 의미로, 즉 공공서비스로서의 사회서비스라는 의미로 사회서비스라는 용어를 사용한다.

3. 분배 친화적 성장과 사회서비스

이 글에서 말하는 좁은 의미의 사회서비스(사회복지서비스로서의 사회서비스)와 분배 혹은 성장 간의 관계를 직접적으로 논한 연구는 거의 없으며 주로 넓은 의미의 사회서비스 그 중에서도 주로

---

4) 여기서 부처 간 입장 차이를 자세히 살펴볼 수는 없지만, 대체적인 흐름을 살펴보면 다음과 같다. 국민의 정부 때에는 행정안전부가 사회서비스라는 용어를 선호하였고 복지부는 사회복지서비스라는 용어를 선호하였다가 참여정부에 이르면 복지부도 사회서비스라는 용어를 사용하기 시작하였다. 물론 사회서비스라는 동일한 용어를 사용하더라도 두 부처가 가리키는 제도의 내용에는 차이가 있다. 행정안전부는 주로 주민서비스라고 표현할 수도 있는 제도(사회복지사업을 포함하여)를 가리키는 경향이 있고 복지부는 바우처 등에 의해 새롭게 확대된 제도를 가리키는 경향이 있다.

복지국가 제도 전반과 분배 혹은 성장 간의 관계가 논의되어왔다.
이는 일반적으로 사회서비스(사회복지서비스로서의)가 사회보장제
도에 비해 지출규모가 작고 또 혜택의 형태도 주로 현물급여 형태
여서 이것이 사회 전반의 분배나 성장에 미치는 영향을 실증적으로
검증하기가 쉽지 않기 때문이라고 생각된다.

한국의 맥락에서 사회서비스가 분배나 성장에 미치는 영향과 관
련해서는 앞서 언급한 것 같이 이를 주로 산업분류에 기초한 넓은
의미의 공공서비스로서의 사회서비스를 상정하고 이것과 성장 혹
은 분배 간의 관계를 접근해왔다. 이런 접근의 대표적인 것으로는
서론에서 말한 것처럼 일자리창출론과 사회투자론의 두 가지가 있
는데 아래에서는 이 두 접근에 대해 간략히 살펴본다.

일자리창출론적 접근

앞서 언급한 바와 같이 참여정부 시기에 사회서비스의 확충이 본
격 추진되면서 그에 필요한 사회적 합의는 주로 일자리창출론적 시
각으로 접근되었다. 이런 접근의 대표적인 예는 이른바 동반성장론
에서 찾아볼 수 있다. 동반성장론은 과거 고도성장기에 창출되던
고용규모를 기대하기 어렵고 제조업의 고용창출 효과가 약화됨에
따라 앞으로 서비스업에서 새로운 일자리를 기대할 수밖에 없으며
이러한 고용창출이 기대되는 산업의 하나로 사회서비스 산업을 들
고 있다(국민경제자문회의, 2007).

실제로 사회서비스업(공공서비스로서의 사회서비스)의 고용창
출 효과는 타 산업에 비해 높은 편이다. 2007년 기준으로 사회서비
스업의 취업유발계수는 17.17명으로 제조업의 10.02명과 전산업의

14.49명보다 높다(이진면, 2010). 여기서 말하는 사회서비스업은 공공행정·국방, 교육, 보건·의료, 사회복지(사회보장 포함), 위생, 문화, 가사서비스를 모두 포함하는 것으로 앞서 말한 공공서비스로서의 사회서비스와 동일한 개념인데, 이 중 사회복지[5]의 취업유발계수는 30.02명으로 상당히 높으며 교육의 취업유발계수도 21.63명으로 매우 높다.

표 1 | 주요 산업별 취업유발계수

(10억원당, 2007년 기준)

全산업	제조업	사회서비스				
			공공행정·국방	교육	보건·의료	사회복지
14.49	10.02	17.17	13.40	21.63	16.10	30.02

주 : 원자료에는 사회서비스에 위생, 문화, 가사서비스가 포함되어 있으나 본 표에서는 제시하지 않음.
자료 : 이진면 (2010).

하지만 사회서비스업의 취업자 비중은 낮은 편이어서 2005년 기준 사회서비스 고용비중은 OECD 평균이 23.2%인데 비해 한국은 13.1%에 불과하다. 또한 한국은 유사한 국민소득 수준에서 사회서비스 고용비중도 낮은 편이어서, 예컨대 1인당 국민소득 1만 8천 달러일 때 한국의 사회서비스 고용비중은 12.7%로 아일랜드 20.3%, 뉴질랜드 20.5%, 영국 21.2%, 핀란드 26.6%보다 낮다(국민경제자문회의, 2007).

---

[5] 이 경우 사회복지는 사회복지서비스를 가리킨다. 본문 표 1의 사회복지도 마찬가지로 사회복지서비스를 가리킨다.

표 2 | OECD 국가의 사회서비스 고용비중

	2000	2001	2002	2003	2004	2005
한국	11.2	11.2	11.7	12.6	12.7	13.1
OECD 평균	20.6	22.0	22.3	22.8	23.1	23.2

자료 : 국민경제자문회의(2007).

이처럼 고용창출 가능성은 높은 반면 고용비중이 낮은 사회서비스가 성장과 분배에 기여할 수 있는 경로는 여러 가지가 있다. 첫째 사회서비스는 고용창출력이 높기 때문에 여타 산업에서 구조조정으로 인해 발생하는 전직자(轉職者)들에게 새로운 일자리를 제공할 수 있다(국민경제자문회의, 2007). 둘째, 의료나 교육은 인적자원을 유지하거나 새로운 인적자원을 양성하는 역할을 하여 동반성장의 핵심요소인 인적자원 개발에 필수적인 역할을 할 수 있으며 사회복지는 경쟁과정에서의 여러 사회적 위험들을 줄여주는 역할을 함으로써 경제주체들이 리스크가 다소 크더라도 높은 수익을 창출할 수 있는 사업에 뛰어들 수 있도록 도와주는 역할을 할 수 있다(국민경제자문회의, 2007). 즉, 사회서비스는 혁신을 지원할 수 있다는 것이다. 이 둘째의 논리는 사회투자론과도 일맥상통한다. 셋째, 사회서비스는 저출산·고령화 사회에 대처하기 위한 여성고용률 제고에 큰 역할을 할 수 있다(국민경제자문회의, 2007). 이는 사회서비스는 전통적으로 여성의 취업이 많았다는 점에서, 그리고 가정에서 이루어지던 돌봄노동을 사회화함으로써 여성들의 노동시장 참여를 촉진할 수 있다는 점에서 그러하다. 넷째, 사회서비스의 확충을 통해 노동 양극화와 소득 양극화를 해소하고 사회연대성을 강화할 수 있다(노대명, 2006).

사회투자론적 접근

한국에서 사회서비스의 확충을 정당화하는 근거로 일자리창출론에 뒤이어 등장한 것이 사회투자론이다. 사회투자론이 말하는 내용은 사실상 국민의 정부 시기에도 언급되고 있었으나 하나의 담론으로 본격적으로 등장한 것은 참여정부 후반기인 2007년 경부터였다.[6]

사회투자론은 전통적인 복지국가가 지구화·탈산업화 및 저출산·고령화 경향으로 인해 본격화한 이른바 신사회 위험에 적절히 대처하지 못한다는 인식하에 등장한 것으로 신사회 위험에 대한 새로운 대처 전략을 통칭하는 것이다(김연명, 2007). 이런 점에서 사회투자론은 특정 정책을 가리킨다기보다는 지구화·탈산업화 시대 및 저출산·고령화 시대에 복지국가가 가져야 할 새로운 성격에 관한 담론이자 실천전략이라 할 수 있다. 그렇지만 현실에서 사회투자론은 그것이 주장하는 지향성을 대표하는 몇 가지 정책들로 나타나게 된다. 즉, 그것은 대체로 ①근로연계복지와 적극적 노동시장정책 등의 활성화정책(activation policy), ②아동과 여성친화적 정책 등의 사회서비스, 그리고 ③자산형성정책 등의 세 부류로 나타난다(김연명, 2007). 이 중 이 글에서 다루는 사회서비스와 가장 관련이 깊은 정책은 둘째의 것이라 할 수 있으며, 셋째의 자산형성정

---

6) 국민의 정부 시기에 나온 생산적 복지 구상에는 사회복지가 인적자본에의 투자적 성격을 가진다는 점을 강조하면서 이를 사회투자라고 지칭하였다(대통령비서실 삶의 질 향상 기획단, 1999). 원래 사회투자론은 영국에서 '제3의 길'의 일환으로 주창된 것으로, 복지국가정책 전반의 지향성을 새롭게 하기 위한 담론으로 등장한 것이며, 사회서비스에만 국한하여 적용되는 것은 아니다. 국민의 정부 시기에도 그러하였지만 참여정부 후반기에 등장한 사회투자론도 사회서비스에만 국한하여 사용된 것이 아니며 한국의 복지국가정책 전반의 재조정과 연관지어 사용된 것이었다.

책도 그 대상이 주로 아동이라는 점에서 관련이 있다고 할 수 있다.

이와 같은 사회투자정책 역시 몇 가지 경로를 통해 성장과 분배에 기여할 수 있을 것으로 기대되었다. 첫째, 사회투자정책은 인적자본에 투자할 여력이 적은 저소득층을 지원함으로써 전체 사회구성원의 인적자본투자의 양과 질을 개선할 수 있다. 둘째, 노동시장 개입 및 적절한 사회안전망 제공으로 위험부담을 용이하게 하여 개별 경제주체의 혁신활동을 유인한다. 셋째, 개방과 구조조정, 노동시장 개혁 등은 경제의 성장잠재력 확충을 위해 필수적이지만 위험과 피해를 유발하는데 이에 대한 적절한 사회적 보호장치를 제공함으로써 성장 및 경쟁촉진적 정책에 대한 사회적 수용 능력을 제고한다. 넷째, 사회갈등에 따른 직접적인 재원유실을 줄이고 정치사회적 안정성을 높여 인적·물적 자원의 투자를 촉진한다(국민경제자문회의, 2007; 우천식·이진면, 2007). 다섯째, 사전적이고 예방적이며 취업촉진적인 사회정책을 통해 노동시장 양극화에 대응하고 저소득층의 사회적 배제를 예방하며 저출산·고령화 시대에 대비하여 인적자본의 생산성을 향상시킬 수 있다(김연명, 2007).

평가

일자리창출론과 사회투자론은 사회서비스를 넓은 의미로 접근하는 경향이 있다. 즉, 이 두 접근은 공공서비스로서의 사회서비스가 상대적으로 높은 고용창출력 혹은 사회투자적 성격을 가지기 때문에 성장과 분배에 기여할 수 있다고 주장하는 공통점을 갖는다. 그리고 이 글에서 주로 다루는 사회복지서비스로서의 사회서비스도 공공서비스처럼 고용창출력과 사회투자적 성격을 갖는 것으로 주장되고 따라서 성장과 분배에 기여할 수 있는 것으로 주장되는 공통점을 갖는다. 또한 두 접근에 의한 정책은 성장과 분배에 기여하는 경로에 있어서도 서로 유사점이 많다. 즉, 사회서비스 정책의 대상이 될 사회구성원 개개인의 인적자본의 양과 질을 향상시키고 혁신을 지원하며 양극화에 대처할 수 있는 것으로 주장되고 있는 것이다. 그리고 일자리창출론과 사회투자론은 특히 한국의 맥락에서 사회서비스에 대한 자원배분을 증가시키고 제도를 확대하는 데 크게 기여하였다. 하지만 일자리창출론적 접근과 사회투자론적 접근은 다음과 같은 몇 가지 문제를 갖는 것도 사실이다.

첫째, 일자리 창출은 사회서비스가 본래적으로 갖는 목적이 아니라 부수적인 목적이라는 점에서 비롯되는 문제이다. 부수적인 목적이 강조되면 본래적 목적이 소홀히 다루어질 우려가 있다. 실제로 동반성장론에서는 사회복지서비스는 높은 숙련도를 요하지 않기 때문에 실직자들이나 전직자들에게 새로운 일자리를 제공할 수 있을 것이라고 주장하기도 한다(국민경제자문회의, 2007). 하지만 이러한 주장은 특수한 전제, 예컨대 대인관계를 매개로 하는 서비스는 숙련된 노동을 필요로 하지 않는다는 전제가 성립할 때에만 가능한 주장이다.

사회서비스는 직접적인 대인관계를 중요한 구성요소로 하는데 이때의 대인관계는 일회적인 대인관계도 아니며 이미 일정한 혈연관계나 다른 친분관계 속에 있는 사람들 간의 대인관계도 아니다. 그 대인관계는 낯선 사람과 형성되어 일정 기간 동안 지속되는 대인관계이다. 따라서 그것은 친구나 가족 간의 관계와도 다르며 또한 형식적 감정노동의 친절한 대인관계(많은 낯선 사람을 일회적으로 만나는 노동에서의 친절성)와도 다르다. 또한, 사회서비스에서의 대인관계는 민원서비스나 형식적 감정노동에서의 대인관계가 갖는 성격과도 다른 특수성이 있다. 민원서비스나 형식적 감정노동에서도 대인관계가 불가피하게 따르지만 그 경우 대인관계는 문제 해결을 위한 수단 내지 절차로서의 의미만을 갖는다. 하지만 사회서비스의 대인관계는 문제 해결을 지향하며 문제 해결을 위한 수단이기도 하지만 다른 한편으로 대인관계 자체가 문제 해결 과정이기도 하다. 그리하여 사회서비스에서는 그것을 위한 대인관계에 속하게 된 사람들(공급자와 수요자) 간의 정서적·감정적 상호작용이 발생하게 되며 특히 공급자에게는 수요자에 대한 정서적·감정적 개입을 요구하게 된다.

따라서 사회서비스에서의 대인관계는 낯선 사람과의 사이에서 일정 기간 동안 형성된다는 점에서 공식성을 갖지만 다른 한편으로 그 자체가 문제 해결 과정의 일부라는 점에서 정서적·감정적 개입을 요구하는 비공식성도 가지며, 동시에 이 두 요소, 즉 공식성과 비공식성 간의 조화가 매우 중요하다. 예컨대 공급자가 행하는 정서적·감정적 개입이 일정한 수준을 넘어서게 되면 이는 비공식성이 지나치게 강화되어 공식성을 파괴하게 되고 반대로 수요자가 공급자에 대해 정서적·감정적 개입을 지나치게 해도 그것은 사회서비스 대인관계의 공식성을 파괴하게 된다. 이 두 경우는 모두 대인관계 자체를 파괴하여 결과적으로 사회서비스가 목표로 하는 문제 해결 자체를 무산시키게 된다(공식성이 지나치게 강조되는 경우도 마찬가지이다). 사회서비스의 대인관계가 필요로 하는 공식성과 비공식성의 조화는 선험적으로 이론화하기 어려운 경우가 많지만 그렇다고 해서 이것이 높은 숙련도의 불필요함을 말하는 것은 아니다(친절교육 몇 번 한다고 해서 사회서비스의 대인관계를 숙련되게 형성할 수 있는 것은 아니다). 오히려 그 반대인 경우가 더 많다.

동반성장론에서 사회복지서비스는 높은 숙련도를 요하지 않는다고 하는 것은 사회서비스의 대인관계가 갖는 특수성에 대해 무지해서이거나, 아니면 정서적·감정적 개입은 숙련도를 요하지 않는다는 편견에 의해서 나타난 주장일 가능성이 높다. 그리고 이런 식의 주장이 그동안 한국 사회에서 사회서비스를 바라보는 시각을 지배한 주장이기도 하다. 문제는 일자리창출론적 접근으로는 이런 식의 주장을 극복하기가 어렵다는 데에 있다. 일자리창출론은 사회서비스를 일자리 창출의 관점에서 접근하는 것이며, 사회서비스의 대인관계를 어떻게 제도화할 것인가에 대해서는 고려하기가 어렵다. 그리하여 일자리 창출에서는 양질의 일자리창출은 목표로서 자주 언급되지만 그것을 위해 투입되는 자원은 비용으로 인식될 가능성이 높다. 참여정부 이후 사회서비스가 크게 확충되었고 그에 따라 종사자들도 크게 늘어났지만 그들의 열악한 노동조건이 새롭게 문제가 되고 있는데(요양제도 공익성 확대를 위한 요양기관모임, 2011 참조) 이렇게 된 원인의 일부는 사회서비스를 일자리 창출이라는 관점에서 접근한 데에도 있다. 사회서비스의 일자리가 적절한 근로조건을 보장하지 못할 때 그것은 성장에도 기여하기 어려우며 분배에도 기여하기 어렵고 나아가 사회서비스가 본래 목적으로 하는 문제 해결에 기여하기도 어려울 것이다.

둘째, 사회투자론은 근본적으로 거대담론이기는 하지만 현실적으로는 몇 가지 정책을 중심으로 나타나며 그 중에서도 사회서비스와 관련해서는 아동정책이나 여성정책으로 나타난다. 이 두 정책이 인적자본에의 투자라는 데 대해서는 아무도 이의를 제기하지 않을 것이다. 그런데 문제는 사회서비스는 이런 정책의 대상자들인 아동이나 여성만을 대상으로 하지 않는다는 데에 있다. 사회서비스의 대상자에는 장애인도 포함되며 노인도 포함된다. 그래서 사회투자론적 관점에서 사회서비스에 접근하는 것은, 그것이 사회서비스의 한 가지 속성을 올바르게 부각하는 장점이 있는 것은 사실이지만 사회서비스의 다른 속성, 즉 생산적이지 못하다고 흔히 간주되는 인구집단을 유지시키는 속성은 간과할 우려가 있다.

물론 사회투자론이 말하는 바를 좀 더 확대하여 노인이나 장애인에게도 이 논리를 적용할 수 있다. 예컨대 거동이 불편한 노인이나 장애인을 사회적 보호장치를 통해 돌봄서비스를 제공함으로써 나머지 가구원들이 그만큼 생산적인 활동에 종사할 수 있게 되고 또 가구소득의 상당부분을 인적자본 투자에 사용할 수 있다는 논리가 그것이다. 하지만 이런 논리도 사회서비스를 직접적으로 제공받아야 하는 노인이나 장애인에 초점을 둔 것이 아니라 그 가구원에 초점을 둔 논리로 사회서비스의 본질적인 목적의 달성과는 거리가 있다. 노인이나 장애인이 사회서비스를 받아야 하는 것은 그들이 서비스를 필요로 하기 때문이라는 것이 일차적인 이유이지 그 가구구성원들이 생산적인 존재가 되어야 하기 때문은 아니다(물론 이 이유도 중요하기는 하지만).

결국, 일자리창출론이나 사회투자론은 사회서비스가 본래적으로 갖는 목적을 본격적으로 고려하지 못하는 한계가 있다. 사회서비스 역시 사회의 다른 부문과 상호작용하며 특히 경제 성장이나 분배의 개선과 중요한 관계에 있는 것이지만 사회서비스가 본래적으로 갖는 목적이 적절히 고려되지 못한다면 성장과 분배에의 기여도 한계가 있을 것이다. 사회서비스가 본래적으로 갖는 목적을 적절히 달성하기 위해서는 사회서비스가 필요로 하는 대인관계가 적절히 제

도화될 수 있어야 하며 사회투자론을 쉽게 적용하기 어려운 인구집
단에 대한 사회서비스의 제공이 그 자체로 정당화될 수 있어야 한
다. 그리고 사회서비스가 적절한 수준에서 제도화될 때 사회서비스
는 사회가 사회서비스에 투입해준 자원을 적재적소에 배분할 수 있
을 것이며 이를 통해 궁극적으로 사회 전체의 경제 성장과 배분개
선에도 기여할 수 있을 것이다. 이제 아래에서는 사회가 사회서비
스에 투입해준 자원의 효과적·효율적 배분과 이를 통한 성장과 분
배에의 기여를 위한 사회서비스의 제도화에 대해 살펴본다.

4. 사회서비스의 제도화

사회서비스 제도화의 네 가지 요소

사회서비스는 사회적 가치와 규범에 의해 형성된 일정한 사회적
맥락 속에 존재하기 때문에 그것이 작동되기 위해서는 사회적 승인
과정이 필요하다. 즉, 사회서비스가 사회적으로 규제되고 통제되는
일정한 방식을 구축할 필요가 있는 것이다.[7] 이 방식의 구축은 곧
사회서비스가 제도화(institutionalization)된다는 것을 의미한다.

일반적인 의미에서 제도화란 다음 네 가지 문제의 해결에 관련된
것이다(Lepsius, 1990; Bahle, 2003에서 재인용). 첫째의 문제는 역
할의 할당 문제인데 이것은 어떤 행위자를 제도 내에 포괄하며 그
행위자에게 어떤 역할을 부과할 것이며 그들 간의 관계는 어떻게
설정할 것인가의 문제이다. 둘째는 자원의 할당 문제인데 이것은

---

[7] 앞서 말한바 공식성과 비공식성의 조화가 중요한 사회서비스의 대인관계를
적절히 형성시키기 위해서도 그에 관련된 사회적 승인과 규제가 필요하다.

특정 제도에 자원을 얼마나 어떻게 할당할 것인가의 문제이다. 셋째는 통제 및 관리운영체계의 문제인데 이것은 제도의 법적·행정적 규제체계를 어떻게 구축할 것인가의 문제이다. 넷째는 정당성 확보의 문제로 이것은 제도화와 관련된 위의 세 가지 문제를 해결하는 모든 과정을 어떻게 정당화할 것인가의 문제이다. 이들 네 가지 문제의 해결은 사회서비스 제도화에서도 예외가 아니다.[8]

표 3 | 사회서비스를 둘러싼 제도적 맥락의 구성요소와 내용

제도적 맥락의 구성요소	내용
역할의 할당	누가 공급자가 되며 누가 수혜자가 될 것인가? 그리고 이들 각자는 어떤 역할을 부여받게 할 것이며 이들 간의 관계는 어떻게 규정할 것인가?
자원의 할당	자원을 얼마나 어떻게 할당할 것인가?
통제 및 관리운영체계	법적·행정적 규제체계를 어떻게 구축할 것인가?
정당성 확보	위 세 가지 요소에서 특정 방식의 선택을 하게 되는 근거는 무엇인가?

자료 : Bahle (2003)에서 수정.

① 역할의 할당

사회서비스에서 역할의 할당이란 곧 누가 공급자가 되며 누가 수혜자가 될 것인가 그리고 이들 각자는 어떤 역할을 부여받게 할 것이며 이들 간의 관계는 어떻게 규정할 것인가의 문제를 말한다. 어떤 나라이든지 사회서비스의 공급자가 되는 데에 필요한 자격요건을 정하게 되며 마찬가지로 사회서비스의 수혜자가 되기 위해서 필요한 수급요건도 정하게 된다. 하지만 역할의 할당 문제와 관련하

---

[8] 바흘은 사회서비스의 제도화와 관련해서 본문에서 말한 네 가지 외에 특정 사안이 사회문제로 규정되어야 한다는 조건을 사회서비스 제도화의 전제조건이라고 하여 사실상 다섯 가지를 이야기했지만(Bahle, 2003), 여기서는 이 조건에 대해서는 논의하지 않는다.

여 더욱 중요한 것은 공급자와 수혜자 간의 관계를 어떻게 정할 것인가 하는 문제이다. 공급자와 수혜자(수요자) 간의 관계를 정하는 문제는 곧 사회서비스 전달체계를 정하는 문제이다(Bahle, 2003).

그런데 이 문제와 관련해서는 서비스공급을 서비스 생산과 서비스 조정의 두 가지로 구분한 사베스(E. S. Savas)의 논의가 유용한 것으로 보인다. 그에 따르면, 서비스 생산(production)이란 욕구충족에 필요한 서비스를 직접 산출하고 서비스 업무를 직접 수행하는 것을 의미하며, 이에 비해 서비스 조정(provision or commission)이란 수요자와 생산자를 연결하는 것, 즉 수요자에게 생산자를 배정하거나 생산자에게 수요자를 배정하는 것을 의미한다(Savas, 1994)[9]. 이렇게 보면 우리가 흔히 말하는 사회서비스의 직접공급은 사회서비스의 생산이고 따라서 사회서비스의 직접공급을 담당하는 민간비영리 기관들은 사회서비스의 생산자가 된다. 그리고 사회서비스의 생산자인 민간기관들과 지역주민들이 사회서비스를 매개로 연결(어떤 형태의 연결이든)되도록 하는 것은 서비스의 조정에 해당한다. 전통적인 서비스 전달체계 개념규정(Gilbert · Terrell, 2007)에서는 공급자를 생산자와 조정자로 구분하지 않는 경향이 있다. 이는 생산자와 수요자 간의 관계체계를 구축하는 조정역할은 서비스의 직접공급을 담당하는 생산자에게 부여될 수도 있고 별도의 조정자에게 부여될 수도 있기 때문이다. 조정역할을 누구에게 부여하든 중요한 것은 조정역할이 명확하게 설정되어 있어야 생산자와 수요자 간의 관계가 제도화될 수 있다는 점이다.

---

[9] 사베스(1994)는 원래 수요자와 생산자의 연결에 관련된 것을 제공(provision)이라고 하였다. 그런데 제공이라는 용어는 우리말에서 공급과 혼란될 우려가 있고, 또 사베스 자신이 제공을 커미션(commission)이라고 부르기도 하였으므로 여기서는 이를 서비스 조정이라고 부르기로 한다.

그러면 서비스 조정, 즉 서비스 생산자와 서비스 수요자 간의 연결은 무엇을 기준으로 이루어지는가? 그것은 무엇보다도 서비스 수요자가 가진 욕구를 기준으로 이루어져야 한다고 할 수 있다(Dean, 2010). 욕구는 다소 그 개념이 모호한 점이 있지만 대체로 사회서비스가 예정하고 있는 돌봄서비스 등의 혜택을 받을 객관적·주관적 필요를 의미한다고 할 수 있다. 사회서비스에서 서비스 조정이 욕구를 기준으로 이루어지기 위해서는 우선 욕구를 평가하고 판단하는 체계가 제도화되어 있어야 하고 이를 위해서 욕구를 평가할 주체가 누구인지 그 주체가 무엇을 기준으로 욕구를 평가할 것인지가 정해져서 제도화되어 있어야 하며, 그 다음으로 이렇게 평가된 욕구와 그것을 충족시킬 서비스를 연결시키는 체계가 제도화되어 있어야 한다.

이것의 제도화를 위해서는 법적 권위와 조직적 능력이라는 두 가지 요소가 갖추어져야 한다(Jewell, 2007). 특정 행위자에게 욕구평가의 권한을 부여하고 그것을 바탕으로 욕구와 서비스를 연결시킬 권한을 부여하기 위해서는 그 행위자에게 어떤 형태로든 권위가 부여되어야 한다. 과거에는 민간기관이 이러한 권위를 부여받은 경우도 있었으나, 오늘날 사회가 다양화하고 국가의 역할이 커진 상황에서는 민간기관의 우월성에 대한 범사회적인 자발적 승인을 기대하기는 어려우며 그보다는 법률에 의해 제도적으로 권위를 보장하는 것이 보다 적절하다. 하지만 법적으로 권한과 책임이 부여되어 있더라도 그것을 부여받은 행위자가 그 권한과 책임을 실제로 집행할 재정적·행정적 능력을 갖추고 있지 못하다면 그것은 실효성을 보장받지 못한다. 예컨대, 서비스와 욕구를 연결하여 특정 생산자로 하여금 특정 서비스를 특정 수요자에게 제공토록 했다고 할 때,

그 생산자에게는 서비스의 직접공급에 따른 비용이 발생하게 될 뿐
만 아니라 서비스 직접공급 과정에서 각종 문제에 부딪힐 수도 있
게 되는데 이 비용을 지원할 수 없거나 그 문제들을 해결해줄 수
없다면 서비스와 욕구의 연결은 실효성을 발휘하지 못하게 된다.
　지금까지의 논의를 종합하면 사회서비스 제도화에서 역할의 할
당은 서비스 조정체계의 구축을 가장 중요한 요소로 하는 것이며,
이 조정체계의 구축은 욕구평가와 욕구와 서비스의 연결에 관련된
법적 권위와 조직적 능력의 확보를 의미한다. 또 이 조정체계의 구
축이 전통적으로 말하는 서비스 전달체계에서 가장 중요한 요소라
고 할 수 있다. 어떤 면에서 사회서비스의 공급자는 누가 될 것인지
와 수혜자는 누가 될 것인지는 조정체계의 구축이 적절히 이루어진
다면 그에 따라 부수적으로 결정될 수 있는 문제라고 할 수 있다.

② 자원의 할당

　자원의 할당은 사회서비스에 얼마만큼의 자원을 어떻게 할당할
것인가의 문제를 말하는 것으로 사회서비스에 투입되는 재정규모
와 재정체계의 문제라 할 수 있다. 재정규모의 문제는 사회서비스
와 그 외 다른 정책 간의 상대적 우선순위에 의해 결정되며 또한
사회서비스 내에서는 그에 속하는 여러 서비스 간의 상대적 우선순
위에 의해 특정 사회서비스에는 더 많은 재정이 할당될 수 있다.
재정규모의 문제도 중요하지만 재정체계도 대단히 중요하다. 특히
재정체계는 재정지원주체(예컨대, 보조금을 지급하는 중앙정부)의
권한과 감독을 강화하는 방식으로 이루어질 수도 있고 피지원자(예
컨대, 보조금을 받는 지방정부)의 재량을 강화하는 방식으로 이루
어질 수도 있어서 사회서비스의 통제 및 관리운영체계와도 밀접한

관련성을 갖는다. 또한 재정체계는 공급자(특히 생산자)와 수요자 간의 관계에도 중요한 영향을 미칠 수 있다. 예컨대, 노인장기요양서비스를 사회보험방식으로 운영하거나 기타 다른 사회서비스를 바우처방식으로 운영하는 경우 그것은 생산자와 수요자 간의 관계에 변화를 초래할 수 있다.

③ 통제 및 관리운영체계

통제 및 관리운영체계는 사회서비스와 관련된 법적·행정적 규제체계를 어떻게 구축할 것인가의 문제인데 이는 곧 사회서비스 전반의 통제 권한을 누가 갖는가를 의미한다. 이 통제 권한의 주체에 있어서는 특히 중앙정부와 지방정부 간의 관계가 중요하다. 역사적으로 서구에서도 사회서비스는 지방정부(주로 자치시)에 의해 제공되어 왔으며 중앙정부가 사회서비스의 공급에 본격적으로 관여하기 시작한 것은 2차 대전 이후이고, 그 경우에도 나라에 따라 그리고 서비스 분야에 따라 차이는 있지만 지방정부에 대한 중앙정부의 개입은 현금급여를 위주로 한 제도에 비하면 약한 편이다(Alber, 1995; Bahle, 2003). 최근에 와서 분권화와 시장화가 강조되고 있지만 그것을 지향한 정책의 실제 결과는 나라에 따라 차이가 있다(Bahle, 2003).

④ 정당성 확보

이것은 역할의 할당과 자원의 할당, 그리고 통제 및 관리운영체계와 관련하여 한 사회가 마련한 규칙을 어떻게 정당화할 것인가의 문제이다. 다시 말해서 공급자와 수혜자를 특정 방식으로 정하고 자원을 특정 정도로 할당하고 사회서비스의 통제와 관리운영체계를 특정 방식으로 구축한 근거가 무엇이며 그것이 사회적으로 어떻게 승인되는가의 문제인 것이다. 이 정당성 확보의 문제는 그 사회가 사회서비스에 대해 가진 사회적 가치와 규범으로부터 크게 영향을 받는다. 이런 점에서 정당성 확보는 매우 중요한 문제이지만 사회서비스 내에서의 자원배분과 직접적인 관련성은 작기 때문에 이하의 논의에서는 정당성 확보라는 요소는 제외하기로 한다.

한국 사회서비스의 제도적 구조

이제 사회서비스의 제도적 구조를 구성하는 위의 네 가지 요소에 비추어 한국의 사회서비스는 어떻게 제도화되어 있으며 어떤 제도적 특성을 가지고 있는지에 대해 살펴보기로 한다.

① 역할의 할당: 조정체계가 결여된 민간중심적인 생산구조

한국에서 사회서비스의 주된 생산자는 민간비영리 기관이다(문순영, 2005; 이봉주·김용득·김문근, 2008; 이현주·강혜규 외, 2003). 그리하여 사회서비스의 직접공급은 대부분 민간비영리 기관에 의해 이루어지고 있다. 하지만 이것이 민간비영리 기관에 대한 사회적 승인이나 신뢰에 의한 것은 아니다. 전통적으로 한국 정부는 사회서비스에 대해 지극히 소극적이었고 그리하여 한국 사회서비스에서 민간비영리 기관들은 정부의 복지책임 전가의 대상이었다. 이러한 이유와 그 외 여러 가지 이유로 민간비영리 기관들은 정부에 대해 재정적인 면에서나 행정적인 면에서 종속적이며 나아가 정부가 책임져야 할 서비스를 대행하여 생산하는 이른바 종속적 대행자의 역할을 부여받고 있다(이봉주·김용득·김문근, 2008). 그리고 서비스 대상자들은 대체로 선별주의적인 정책에 의해 가난한 한계계층인 경우가 많다. 최근에, 특히 참여정부 이후에 서비스 수혜자를 좀 더 보편주의적인 방식으로 결정하려는 변화가 나타나고 있다.

역할의 할당과 관련하여 한국 사회서비스가 가진 특징은 서비스 조정체계가 결여되어 있다는 점이다. 한국에서는 사회서비스의 주된 생산자인 민간기관들이 개별적으로 서비스 이용자들의 이용자격을 심사하고 각 기관의 재량적 판단에 의하여 서비스제공 결정을 하고 있다(이봉주·김용득·김문근, 2008). 하지만 민간기관들의 이러한 행위는 그들이 서비스의 직접공급자로서 현장에서 직면하는 필요성에 의해 개별적으로 이루어지는 것이지 민간기관의 우월성에 대한 사회적인 승인이나 신뢰에 바탕을 둔 것은 아니다. 한국의 민간기관들은 서구처럼 자선조직협회의 전통을 가진 것도 아니며, 인보관 운동의 역사를 가진 것도 아니어서 도덕적·철학적 우월성을 승인받아본 경험이 없다. 그렇다고 해서 정부가 민간기관들이 현장에서 직면하는 필요에 의거하여 즉자적 차원에서 그리고 개별기관 차원에서 행하는 조정역할을 법적으로 승인하여 거기에 권위를 부여하는 것도 아니다. 욕구를 어떻게 평가·판단하고, 평가된 욕구를 어떻게 서비스와 연결할 것인지, 그리고 그러한 욕구평가와 서비스의 연결을 어떤 주체가 담당하며 그 주체는 어떤 권한과 책임을 가지고 그 일을 할 것인지가 제도화되어 있지 않은 것이다. 그리하여 한국의 사회서비스에서 국가는 개별 서비스 제공기관에 대해 운영비용을 지원할 뿐이며 구체적인 서비스의 전달내용과 과정이 국가적인 틀에 의해 갖추어지지 못한 상태이다(이봉주·김용득·김문근, 2008). 결국, 한국 사회서비스에서 역할의 할당과 관련된 제도화는 서비스 조정체계가 결여된 가운데 정부에 대해 종속적 대행자의 지

위를 부여받은 민간비영리 기관을 중심으로 한 직접공급이 이루어
지며 그 대상은 선별주의적 기준에 의해 정해지는 구조를 특징으로
하고 있다.

② 자원의 할당: 부족하면서도 적절히 분배되지 못하는 통제우선적인 재정체계

한국에서 사회서비스에 투입되는 자원은 늘 부족할 뿐만 아니라
서비스 생산자에게 양질의 근로조건을 보장할 수준도 되지 못하는
경우가 많다. 정부는 민간기관 종사자들에게 낮은 수준의 호봉을
기준으로 일률적인 인건비를 지원하고 있으며 이를 정부의 정책적
물가상승률에 따라 매년 인상시켜 왔을 뿐이다.

더욱 중요한 문제는 욕구충족에 필요한 적절한 자원량이 어느 정
도인지를 정부가 추계할 능력을 사실상 갖고 있지 못하다는 점이다
(남찬섭, 2009). 이것은 서비스 조정체계가 구축되어 있지 않은 데
따른 필연적인 결과이다. 욕구를 기준으로 운용되어야 할 사회서비
스에서 욕구를 평가할 체계나 욕구와 서비스를 연결시킬 체계, 그
리고 그와 관련된 권한과 책임체계를 구축하지 않고 있기 때문에
한국 정부는 스스로가 투입한 자원이 욕구를 어느 정도 충족시켰는
지를 사실상 파악할 수 없으며 나아가 향후 어느 정도의 자원을 투
입해야 욕구를 어느 정도 충족시킬 수 있는지도 추계할 수 없는 처
지에 있다. 이로 인해 사회서비스에 투입된 자원이 서비스 생산자
들 사이에서도 어느 정도 효과적이고 공평하게 배분되고 있는지를
파악할 수도 없는 상황이다. 한국 정부는 늘 자원할당에서 효율성
을 주장하지만, 그것은 사회서비스에 투입되는 자원총량의 크기를
일정한도 내로 제한한다는 의미에서의 효율성일 뿐 그 자원이 욕구

를 얼마나 효과적·효율적으로 충족시키는지 또 그 자원이 서비스 생산자들 사이에 얼마나 공평하게 배분되고 있는지라는 측면에서의 효율성은 아닌 것이다. 그리하여 사회서비스에 할당되는 자원은 늘 부족하면서도 적절히 배분되지 않는 문제점을 안고 있고 이 문제에는 사각지대와 중복지원이 공존하는 형태로 나타나고 있다.

또한 한국 사회서비스의 재정체계는 욕구충족을 지원하거나 욕구충족을 위해 서비스를 생산하는 민간기관을 후원하고 민간기관의 역할을 격려하기보다는 민간기관의 재정행태를 통제하는 데에 우선순위를 두는 경향이 있다. 이 역시 근본적으로는 사회서비스 조정체계가 구축되어 있지 않기 때문에 나타나는 결과이다. 한국 정부는 조정역할을 한 경험도 없고 조정체계를 구축하고 있지도 않기 때문에 사회서비스에 투입된 재정이 찾아가야 할 적재적소가 어딘지를 파악할 능력이 없다. 그리하여 민간기관의 서비스 생산기능을 내용적으로 지원하고 격려할 능력이 사실상 없는 것이다. 또한 사회서비스를 생산하는 민간기관에 대한 재정지원 방식도 대단히 관료적이고 경직적이다. 민간기관들은 전년도에 책정된 개별기관별 관리운영비 총액을 그해에 분기별로 나누어 받고 있는데 이에 관련된 정부의 감독은 정부가 지원한 재정이 욕구를 얼마나 표적화하여 충족시켰는가를 기준으로 하기보다는 일반 행정에서의 회계규칙을 기준으로 한 것인 경우가 많다. 이런 점에서 한국 사회서비스의 재정체계는 통제우선적인 재정체계의 특징을 갖는다.

③ 통제 및 관리운영체계 : 분절된 행정체계

사회서비스 통제체계로서의 행정체계는 중앙정부와 지방정부 간의 관계를 중심으로 형성되어 왔는데, 이것은 분절성을 특징으로 한다. 이 분절성은 다시 두 가지로 나누어볼 수 있다.

첫째는 사회서비스에서 거의 언제나 지방정부는 중심적인 행위자에서 배제되어 있다는 사실이다. 사회서비스는 그 특성상 지역 단위의 공급을 특징으로 하고 이에 따라 사회서비스의 공급에는 지방정부의 역할이 중요하지만 한국의 지방정부는 그 역사에서나 그 업무에서나 사회서비스를 중심적인 기능으로 설정해오지 않아 사회서비스 공급에서 중심적인 역할을 수행할 역량이 결여되어 있다. 지방정부가 그런 역할을 하지 못한다면 민간 부문이라도 역사적·지적·철학적 전통을 가지고 사회적 승인을 얻을 수 있어야 하는데 그렇지도 못하다.

둘째는 사회서비스 공급에서 중심적인 역할을 담당해야 할 지방정부는 그 조직과 인력을 사회서비스와는 기능적으로 별 관계가 없는 행정안전부에 의해 통제받고 있다(남찬섭, 2009). 어떤 점에서 한국의 사회서비스가 안고 있는 최대의 모순은, 그 본질상 지역을 단위로 기획·공급되어야 할 사회서비스에 있어서 이를 담당해야 할 지방정부 자체가 가장 큰 걸림돌이면서 동시에 이러한 지방정부가 사회서비스를 담당하는 보건복지부가 아니라 행정안전부의 통제를 받고 있다는 사실, 다시 말해서 사회서비스의 현대화를 위해서는 지방정부와 행정안전부라는 조직과 인력에 의존하지 않을 수 없지만 이들은 사회서비스의 역량과 마인드를 모두 결여하고 있고 그나마 사회서비스의 내용을 어느 정도 채울 수 있는 보건복지부는 조직과 인력을 통제할 수 없다는 사실에 있다.

최근 사회서비스의 변화와 그 함의

한국 사회서비스에서 서비스의 공급 확대만이 아니라 제도적 구조의 변화시도를 본격적으로 시작한 것은 참여정부 기간이라 할 수 있다. 참여정부 기간의 이런 시도 가운데 사회서비스의 제도적 구조와 관련하여 가장 중요한 시도는 2005년에 단행된 사회서비스 재정의 지방이양이다. 사회서비스 지방이양은 지방균형발전이라는 큰 틀에서 추진된 것으로 이 자체는 올바른 방향이라 할 수 있다. 또한 지방균형발전을 위해 사회서비스 재정의 분권이 추진된 취지도 공감할 수 있다. 이런 점에서 사회서비스 지방이양이 효과를 발휘한다는 것은 사회서비스에 관한 지방정부의 재정자율성이 확보됨과 동시에 지방정부가 독자적인 기획능력을 가지고 사회서비스를 기획하고 제공할 수 있는 능력이 확보됨을 의미하는 것이 될 것이다(대통령자문 정책기획위원회, 2008 참조). 그리고 이것은 앞에서 살펴본 사회서비스의 제도적 구조를 구성하는 네 가지 요소 중 자원의 할당과 통제·관리운영체계의 근본적인 변화를 의미할 것이다. 아래에서는 사회서비스 지방이양의 영향에 대해 살펴보고 그 다음으로 지방이양에 대한 반작용에 대해 살펴본다.

① 사회서비스 지방이양의 영향

▶ 자원할당의 변화

사회서비스의 지방이양과 관련하여 많은 연구자들은 지방 간 재정력 격차에 따른 불균형 심화를 문제로 지적하였다(박병현, 2008; 이인재, 2006). 최근의 한 분석에 따르면 지방정부의 재정자립도와 사회복지지출 간에는 사회서비스 지방이양 이전에도 음의 관계가

있었으나 이것이 지방이양 이후 더욱 커진 것으로 나타났다(국회
예산정책처, 2009).[10] 재정자립도가 낮은 지방자치단체일수록 빈곤
자와 노인, 장애인의 비중이 높다는 점에서 이 결과는 지방이양이
사회서비스에 있어서의 균형발전을 결과한 것이 아니라 오히려 반
대로 불균형을 초래했음을 보여준다.

　또한 지방이양 이후 지방정부의 재정자율성이 확보되었다기보다
는 사회서비스 욕구증가에 대한 국가와 지방의 재정책임 분담의 불
균형이 심화된 것으로 보인다. 지방이양 이전인 2002년에 지방자치
단체 사회복지지출은 8조 6천억 원이었으나 지방이양 이후인 2007
년에는 17조 3천억 원으로 증가하였다. 그런데 이 기간 동안 자치단
체의 부담이 훨씬 빠르게 증가하였다. 지방이양으로 분권교부세에
편입된 과거의 국고보조금은 2002년부터 2004년까지 연평균 20.4%
씩 증가하였고 그에 해당하는 자치단체지출은 16.6%씩 증가하여
국고보조금의 증가속도가 더 빨랐다. 이는 저출산·고령화 등으로
사회복지 수요가 증가하였기 때문이며 서론에서 본 것처럼 사회서
비스 지출이 1990년대부터 이미 빠르게 증가하기 시작한 것과도 관
련이 있다. 하지만 지방이양 이후 분권교부세는 연평균 8.2% 증가
했을 뿐이며 지방비는 연평균 무려 29.2%씩 증가했다. 또한 지방이
양 사업으로 분류되지 않은 사업의 경우에도 국고보조금은 지방이
양 이후 연평균 14.9%씩 증가했지만 지방비는 연평균 17.5%씩 증
가했다. 또한 분권교부세를 중앙정부 부담분으로 간주하고 자치단
체 사회복지지출을 중앙정부 부담분과 자치단체 부담분으로 구분

---

10) 지방자치단체의 구분 없이 이 관계를 분석한 경우 지방이양 이전인 2004년
　　에는 재정자립도와 사회복지지출 간에 회귀계수가 -0.0508이지만 지방이양
　　이후인 2007년에는 -0.2276으로 크게 증가한 것으로 나타났다.

할 경우에도 지방이양 이후 자치단체 부담분이 훨씬 더 빠른 속도로 증가했다. 더욱이 2005년 지방이양 이후 지방이양 사업으로 분류된 과거의 국고보조 사업에서 국고보조금이 연평균 20.4%씩 증가하고 있었는데 이것이 지방이양 사업인 분권교부세 사업으로 전환된 후 증가율이 8.2%로 하락한 사실은 사회서비스의 지방이양이 사회서비스 욕구의 증가로 늘어날 가능성이 있는 중앙정부의 지출을 억제하려 한 경제부처의 의도에 활용당한 것이 아닌가 하는 의심마저 자아내게 한다.

표 4 | 지방이양 전후 지방정부 사회복지지출의 국고부담과 지방부담의 추이

(억 원, %)

		2002	2003	2004	2005	2006	2007	기간별 연평균 증가율		
								'02~'04	'04~'07	'02~'07
	총계	86,481	94,264	106,678	128,858	153,220	172,825	11.1	17.4	14.9
국고 보조 사업	계	70,378	74,459	87,513	95,051	115,884	135,485	11.5	15.7	14.0
	국고보조금(A)	49,488	51,554	61,027	64,977	78,690	92,495	11.0	14.9	13.3
	지방비(B)	20,890	22,905	26,486	30,074	37,194	42,990	12.6	17.5	15.5
지방 이양 사업	계	9,247	10,434	12,951	16,820	19,201	22,482	18.3	20.2	19.4
	분권교부세(C)[1]	4,215	4,912	6,107	5,531	6,955	7,734	20.4	8.2	12.9
	지방비(D)	5,032	5,522	6,844	11,289	12,246	14,748	16.6	29.2	24.0
중앙정부 부담분(A+C)		53,703	56,466	67,134	70,508	85,645	100,229	11.8	14.3	13.3
지방정부 부담분(B+D)		25,922	28,427	33,330	41,363	49,440	57,738	13.4	20.1	17.4

주 1 : 2004년 이전은 국고보조금.
자료 : 국회 예산정책처(2009)에서 수정.

게다가 사회서비스의 지방이양으로 경상비적 성격의 중앙정부 보조금(주로 민간기관에 대해 지원되는 관리운영비)이 모두 지방부담분으로 넘어가면서 보건복지부는 지방에 대한 재정적 통제력을 상실하게 되었다. 앞서 본 것처럼 한국 정부는 서비스 조정체계를 구축하지 않은 상태에서 개별 민간기관에 대해 관리운영비를 지원하는 재정체계를 가지고 이를 통해 지방정부와 지방의 민간기관들에 대해 통제력을 행사해 왔는데 이 관리운영비가 대부분 지방정부가 집행하는 분권교부세로 넘어가게 되어 보건복지부는 지방에 대한 재정지원을 통한 통제를 행사하는 데 큰 어려움에 봉착하게 되었다.

하지만 그렇다고 해서 이것이 통제우선적인 재정체계를 변화시킨 것은 아니다. 지방이양 이후에도 민간기관에 대해 지방정부가 지원하는 재정지원 방식은 지방이양 이전과 거의 동일하기 때문이다. 여전히 관료적이고 경직된 방식의 재정지원이 이루어지고 있는 것이다. 이런 경직된 재정지원 방식은 서비스 조정체계가 구축되지 않는 한 바뀌기 어려운 문제이며 이것은 지방이양과는 크게 관련이 없다. 따라서 지방이양 이후에도 통제우선적인 재정체계에는 큰 변화가 없다고 할 수 있다. 결국 사회서비스의 지방이양은 지방 간 불균형과 중앙과 지방 간 재정분담의 불균형, 그리고 통제우선적인 재정체계를 바꾸는 데에는 별 성과를 거두지 못했고 지방에 대한 보건복지부의 통제력만 약화시키는 결과를 초래하였다.

▶ 통제 및 관리운영체계의 변화

사회서비스 행정체계와 관련하여 한국에서는 행정안전부와 보건복지부의 이해관계가 늘 갈등해 왔다. 이것은 사회서비스에 대한 기능적 책임은 보건복지부에 있지만 그 기능을 실제로 실행하는 데 필요한 인력과 예산은 행정안전부의 통제하에 있기 때문에 발생하는 것이었다. 보건복지부는 1992년에 개정된 사회복지사업법에 따라 독자적인 사회복지전달체계를 구축하기 위해 몇 차례 시도해왔는데, 1990년대 중후반의 보건복지사무소 시범사업과 참여정부 시절인 2004년부터 시도된 사회복지사무소 시범사업이 그 대표적인 예이다. 보건복지부의 이런 노력은 사회서비스의 분절된 행정체계를 보건복지부로 일원화하려는 시도였다고 할 수 있다.

이러한 보건복지부의 노력이 1990년대 중반부터 지속적으로 전개되어 오던 상황에서 전격적으로 단행된 사회서비스의 지방이양은 적어도 사회서비스의 통제 및 관리운영체계의 면에서 보면, 기능적으로 사회서비스를 담당하고 있지는 않지만 그에 관련된 조직과 예산, 인력을 통제할 수 있는 행정안전부와 기능상 사회서비스를 담당하고 있는 보건복지부로 분절된 행정체계를 그대로 유지하는 선택이었다. 물론 참여정부는 지방이양을 단행한 이후 지방의 공공복지전달체계 구축을 위해 주민생활지원체계 구축을 시도하여 이른바 8대 서비스를 공공복지전달체계로 하여금 수행토록 하는 등 나름대로 많은 노력을 기울였는데 이들은 그 이후에 진행된 공공복지전달체계 개편의 방향을 제시하는 데 기여한 면이 있지만, 당시에는 큰 성과를 거두지 못하였다. 주민생활지원체계 구축은 지방정부의 사회서비스 역량을 강화하려는 것이었다는 점에서 지방이양과 방향에서는 조화로운 시도였지만 성과를 내기에는 기간이 너무 짧았고 또한 무엇보다 한국 사회서비스가 가진 행정적 분절구조를 감안할 때 보건복지부로부터 성의 있는 협조를 얻기 어려운 것이었다.

▶ **사회서비스 지방이양의 다른 영향들**

사회서비스 지방이양은 자원의 할당과 통제 및 관리운영체계에

직접적으로 관련되지만 사회서비스의 제도적 구조 중 역할의 할당
이나 정당성 확보와도 관련이 있다. 먼저 역할의 할당과 관련하여
사회서비스 지방이양은 조정체계가 결여된 민간 중심적 생산구조
라는 성격에는 큰 변화를 주지 못하였다. 이는 사회서비스 지방이
양 자체가 역할의 할당을 변화시킬 의도를 명시적이고 계획적으로
가진 것이 아니었기 때문이다. 지방이양은 단지 사회서비스는 지방
에서 공급되어야 한다는 당위성을 가지고 있었던 정도였고 이에 기
초하여 주민생활지원서비스체계의 구축을 시도한 정도였다. 주민
생활지원서비스체계 구축은 서비스 조정체계의 구축을 이른바 공
공 부문 사례관리라는 이름으로 표현하고 있었지만 그것을 생산자
와 수혜자의 연결체계라는 식으로 구체적으로 구상하고 있었던 것
은 아니었다. 또한 민간 중심적인 생산구조에는 아무런 변화가 없
었고 이는 앞으로도 그러할 가능성이 높다.

② 지방이양에 대한 반작용의 영향

지금까지 본 것처럼 사회서비스 지방이양은 사회서비스를 둘러
싸고 그전부터 형성되어온 제도적 구조를 변화시키는 데 큰 기여를
하지 못하였다. 오히려 지방이양 그 자체보다는 지방이양이 가져온
영향에 대한 반작용이 사회서비스의 제도적 구조를 더 크게 변화시
키고 있다. 이 후자의 변화는 전체적으로 보아 지방이양의 본래 의
도를 살리는 방향으로 전개되고 있다기보다는 그 반대방향으로 전
개되는 것으로 보인다. 특히 이 변화는 통제 및 관리운영체계와 관
련하여 나타나고 있다.

▶지방이양에 대한 반작용과 통제 및 관리운영체계의 변화

앞서 본 것처럼 한국 정부는 욕구평가 그리고 욕구와 서비스의 연결을 담당할 조정체계를 구축하지 않은 상태에서 재정지원을 매개로 사회서비스 생산자들을 통제·관리해 왔다. 이런 상황에서 단행된 지방이양은 사회서비스에 대한 기능적 책임을 맡고 있는 보건복지부의 통제력(재정지원을 매개로 한 통제력)을 크게 감소시키는 결과를 낳았다. 그런데 이것은 참여정부의 복지확대기조와 연관되어 보건복지부를 딜레마에 처하게 만들었다. 참여정부는 저출산·고령화로 인한 사회서비스 욕구증가에 대응하여 사회서비스의 확대를 강하게 추진했지만, 사회서비스 확대에 일차적인 책임을 진 보건복지부는 사회서비스의 지방이양으로 지방정부에 대한 통제력을 크게 잃게 되어 그 목표를 추구하는 데 필요한 수단이 상당정도로 감소된 모순된 상황에 처하게 된 것이다.

이러한 딜레마를 해소하기 위해 보건복지부가 채택한 것 중의 하나가 바우처이다. 물론 바우처는 2003년에 개정된 사회복지사업법에 이미 포함되었기 때문에 보건복지부가 직면한 딜레마의 해결을 위해 도입된 것이라고만 보기는 어렵다. 또한 바우처는 참여정부가 강조한 수요자 중심적 서비스라는 기조에 의해 도입된 측면도 있다. 그렇다고 하더라도 바우처가 지방이양과 조화로운 기조를 가진 것은 아니다.

바우처는 개념상 수요자 측 보조금이기는 하지만(Daniels and Trebilcock, 2005; 남찬섭, 2008) 재정방식이 기본적으로 국고보조 방식으로 운영되기 때문에[11] 중앙집중적인 성격을 가지며 따라서

---

[11] 지방이양 이후인 2008년 2월에 개정된 「보조금의 예산 및 관리에 관한 법률 시행령」에는 가사간병도우미 사업, 장애인활동지원, 산모신생아도우미 사업,

지방에 대한 통제력을 회복하는 데 유리하다. 또한 2003년에 개정된 사회복지사업법에 도입된 중요한 제도로 바우처제도 외에 서비스신청제도도 있는데 이 두 제도는 그 이후 거의 사문화되다시피한 상태로 방치되어 있었다. 하지만 지방이양 이후 복지부로부터 주목받은 것은 서비스신청제도가 아니라 바우처제도였다. 사실 지방이양의 기조와 조화로운 것은 서비스신청제도이다. 이 제도는 사회서비스 욕구가 있는 자로 하여금 자치단체에 사회서비스 제공을 신청하게 하고 이 신청을 받은 자치단체는 욕구조사를 실시하여 사회서비스 제공 여부를 결정하고 만일 사회서비스 제공이 결정되면 신청자를 참여시킨 가운데 개별서비스 계획을 수립하여 그에 따라 사회서비스를 제공토록 한 것이었다. 이것은 사회서비스에서의 조정역할을 제도화할 수 있게 하는 법적 근거가 될 수 있을 뿐만 아니라 지방정부의 복지기획 능력을 향상시키려는 지방이양의 의도와도 조화로운 제도이다. 하지만 복지부는 서비스신청제도는 사문화된 채로 방치하고 동일하게 사문화되었던 바우처제도만 부활시켰다. 지방이양으로 지방에 대한 통제력을 상실한 복지부로서는 서비스신청제도보다는 바우처제도가 더 매력적이었을 것이다. 이런 점에서 바우처제도의 도입은 지방이양에 대한 복지부의 반작용의 한 결과라 할 수 있다. 게다가 바우처는 수요자중심서비스에 부합하는 성격을 가지고 있는 데다 참여정부 당시 예산당국도 바우처방식에 대해서는 비교적 호의적인 태도를 가지고 있었던 관계로 그 이후 급속도로 확대되었다.[12) 복지부는 바우처제도를 도입하면서 수요

지역사회서비스투자 사업 등이 보조금지급 대상사업으로 추가되었는데(동법 시행령 제4조 제2항 및 별표1) 이들은 모두 바우처 사업들이다.

12) 2007년에 복지부의 바우처 사업은 4대 바우처라 하여 노인돌봄사업, 장애인

자중심서비스를 적극적으로 표방하고 있지만(유주헌, 2008; 이재원, 2007), 실제로 바우처는 재정방식의 면에서 국고보조방식으로 운영되기 때문에 지방정부를 보조금의 단순전달자로 전락시키고 복지부가 지방의 민간기관과 직접 상호작용하는 기존의 방식을 부활시킨 것이라 볼 수 있다.

지방이양에 대한 반작용의 또 한 가지 예로는 노인장기요양보험의 관리운영기구가 국민건강보험공단(이하 "건보공단")으로 정해진 것을 들 수 있다. 노인장기요양보험제도 역시 참여정부 이전에 도입이 결정되었기 때문에 노인요양보험 자체가 지방이양의 결정과 관련이 있지는 않다. 하지만 노인요양보험의 관리운영기구 결정은 지방이양 이후에 이루어졌기 때문에 그것은 지방이양과 관련이 있다. 노인요양보험은 지방이양의 흐름과는 이중적인 관계를 갖는다. 첫째, 노인요양보험은 재정방식이 사회보험방식이기 때문에 관리운영을 지방정부에 맡기기에는 어려운 점이 있다. 둘째, 그럼에도 불구하고 노인요양보험이 제공하는 혜택은 노인돌봄서비스이기 때문에 저출산·고령화와 관련된 사회서비스의 입장에서 보면 상당히 중요한 제도이다. 따라서 이미 지방이양이 결정된 상황이라면 그리고 지방이양의 의도가 지방정부의 사회서비스 능력을 향상시키려는 것이고 사회서비스에서 노인돌봄서비스가 중요한 지위를 차지하는 것이라면, 노인요양보험의 관리운영기구로 지방정부와 건보공단을 둘러싸고 진지한 토론이 있음직하지만 그런 일은 없었으며 복지부 역시 지방정부를 관리운영기구의 대안으로 고려하지 않았

<hr>

활동보조 사업, 산모신생아도우미 사업, 지역사회서비스혁신 사업의 네 가지였으나, 현재는 노인돌봄종합서비스, 장애인활동보조, 산모신생아도우미지원, 지역사회서비스투자 사업, 가사간병도우미 사업, 장애아동재활치료 사업, 시청각장애 부모자녀 언어발달 지원의 7대 바우처로 확대되었다.

다.13) 노인요양보험이 사회보험방식으로 운영된다는 점이 그 관리 운영기구를 지방정부로 정하기 어렵다는 주장의 강력한 근거가 되는 것이기는 하지만 지방이양으로 지방에 대한 통제력을 상실한 복지부 입장에서는 그런 근거가 아니더라도 저출산·고령화에 대응하기 위한 사회서비스의 중요한 부분인 노인돌봄서비스의 관리운영을 지방정부에 맡길 이유를 찾기 어려웠을 것이다. 건보공단은 복지부 산하조직인데다 그 자체가 중앙집중적인 방식으로 운영되는 조직이어서 지방정부가 관할지역에 소재한 건보공단 지사에 협조를 요청할 수는 있지만 통제할 수 있는 것은 아니다.

지방이양과 상충하는 정책적 선택은 장애인활동지원서비스에서도 나타났다. 장애인활동지원서비스는 자립생활운동으로부터 유래한 것으로 장애인의 입장에서 보면 권리보장서비스라 할 수 있지만 사회서비스의 입장에서 보면 장애인에 대한 재가복지서비스의 중요한 일부라 할 수 있다. 참여정부는 2007년에 시범사업이라는 명칭을 붙이긴 했지만 전국적으로 활동지원 사업을 확대·실시함으로써 그전까지 자치단체 차원, 혹은 자립생활기관 차원에서 자발적·산발적으로 이루어져오던 활동지원서비스를 사실상 이때부터 본격적으로 출범시켰다. 그런데 이 활동지원 사업의 재정방식은 바우처방식이다. 활동지원 사업의 확대는 장애계가 강력하게 요구한 것이기도 하지만 이미 지방이양이 결정되어 있었고 또 일부 지자체들은 2007년 이전부터 활동지원 사업에 부분적으로나마 관여하고 있었으며 이 사업이 장애인 재가복지서비스로 새롭게 부각된 중요한 제

---

13) 또 반대로 노인요양보험이 이미 사회보험방식으로 도입되기로 결정되었고 그런 상황에서 그 관리운영기구를 지방정부로 정하기가 어려운 것이라면, 지방이양을 결정할 때 이것이 진지하게 고려되었어야 했지만 참여정부는 그렇게 하지 않았다.

도라면 이를 국고보조 방식인 바우처 방식으로 도입한 것은 참으로 납득키 어려운 선택이다. 게다가 이명박 정부 들어와서는 활동지원 사업을 개편하여 장애인활동지원법(2011년 10월 시행)을 제정하면서 이 법률에 의한 활동지원 사업의 관리운영기구를 국민연금공단으로 결정하였다. 더욱이 이명박 정부는 장애등록·심사업무를 개편하면서 이 업무의 실제 집행도 국민연금공단에 맡겼다.[14]

지방이양은 사회서비스의 통제 및 관리운영체계와 관련해서 보면 사회서비스에 대한 지방정부의 기획력과 통제력을 증대시키고 그것을 통해 지역밀착형 서비스를 가능케 하는 것을 주목적으로 한다고 볼 수 있다. 하지만 지금까지 본 것처럼 지방이양이 결정된 이후 전개된 상황은 지방이양의 기조와 조화롭지 못한 정책적 선택이 확산되는 방향이었다. 중앙집중적인 국고보조 방식의 바우처가 도입되고 이후 급속히 확대되었으며, 심각한 고령화에 직면한 지방정부 입장에서 보면 대단히 중요할 수 있는 노인돌봄서비스가 비록 사회보험방식이라는 이유가 있기는 하지만 별다른 진지한 검토가 없는 채로 건보공단이 관리운영하는 것으로 결정되었고, 장애인재가복지서비스의 한 방법으로 새롭게 부각되었고 장애계도 대단히 중요하게 여긴 활동지원 사업이 그 제공방식과 관련하여 대안에 대한 어떤 진지한 검토도 없이 바우처 방식으로 결정되었으며 여기서

---

14) 국민연금공단이 장애인활동지원 사업과 장애인 등록·심사 업무를 관리·운영하는 것으로 결정된 데에는 지방이양에 대한 반작용 외에 그와는 별 관계가 전혀 없는 엉뚱한 동기에서도 기인한 것으로 보이는데 그것은 바로 사회보험료 징수업무의 건보공단으로의 일원화 결정이다. 즉, 사회보험료 징수업무의 건보공단 일원화로 향후 자격관리 업무까지 건보공단으로 일원화될 가능성이 있는 상황에서 국민연금공단의 존립문제가 부상할 것이 예상되었는데 장애인활동지원 사업이나 장애인 등록·심사 업무가 국민연금공단에 맡겨지게 된 데에는 이런 문제에 대처하기 위한 목적도 있었다고 보인다.

더 나아가 이명박 정부에서는 그 관리운영기구가 국민연금공단으로 결정되었다. 즉, 지방이양 이후의 상황의 전개는 사회서비스에 대한 지방정부의 통제 및 관리운영 권한을 강화하는 방향이 아니라 그와 정반대로 중앙정부(복지부)의 통제 및 관리운영 권한을 강화하는 방향으로 이루어진 것이다.

이렇게 하여 지방이양 이후 한국의 사회서비스는 지방이양된 부분과 중앙화된 부분의 두 가지로 분절된 구조를 갖게 되었다. 이 분절된 구조는 지방이양 이후에도 여전히 존재하는 행정안정부와 보건복지부라는 분절된 행정체계와 통제우선적인 재정체계에 부가적으로 얹어지고 있는 것으로 보인다. 한국의 사회서비스는 기존에도 지방단위로 공급되어야 하는 성격을 가진 사회서비스를 지방정부가 감당하기에 역량이 부족하다는 점, 그리고 조직과 인력은 행정안전부의 통제를 받아야 하지만 서비스 내용은 보건복지부가 관장한다는 점의 두 가지 점에서 분절되어 있었는데 지방이양 이후의 반작용으로 인해 이러한 분절구조 위에 지방이양된 서비스와 중앙집중화된 서비스 간의 분절이라는 새로운 분절이 생겨나게 되었다. 지방정부는 지방이양된 서비스에 대해서는 통제권을 행사할 수 있을지 몰라도 중앙집중화된 서비스에 대해서는 통제권을 행사하기 어려우며 바우처관리 기구나 건보공단, 연금공단도 마찬가지이다. 그리하여 지역 차원에서 보면 통제 및 관리운영체계가 이분화되었고 이 두 부문을 전체적으로 조율할 수 있는 주체는 존재하지 않게 되었다.

그리고 이처럼 지방이양된 서비스와 중앙집중화된 서비스라는 분절구조가 하나 더 새롭게 생김으로서 과거에 없던 용법의 변화까지 나타나고 있다. 이 용법의 변화에 대해서는 앞에서 이미 언급한 바이지만 이 변화는 현실을 일정정도 반영하는 것이다. 보건복지부는 지방이양된 서비스에 대해서는 통제력을 많이 상실한 데다 지방이양된 서비스를 기획하고 담당해야 할 지방정부는 아직 역량이 부족하다. 한편 보건복지부는 바우처와 노인장기요양보험, 장애인활동지원 사업 등을 통해 지방의 민간기관들과 직접 상호작용함으로써 그리고 이와 관련된 사업지침을 만듦으로써 민간기관들과 지방정부의 행태를 어느 정도 통제하고 있다. 앞에서 언급한 용법의 변화는 이러한 현실을 반영한 것이다. 그리하여 지방이양되었지만 지방정부의 역량 부족으로 여러모로 아직 부족한 서비스에 대해서는 사회복지서비스라고 지칭하는 경향이 나타나고 있으며 반면에 중앙집중화되어 보건복지부가 직·간접적으로 영향력을 행사할 수 있고 저출산·고령화에 대응하여 새롭게 부각된 서비스에 대해서는 사회서비스라고 지칭하는 경향이 나타나고 있는 것이다. 어떤 면에서는 바우처제도를 관리하는 기구[15]와 노인요양보험을 관리하는 건보공단의 지사 조직 그리고 장애인활동보조 사업 및 장애인 등록·심사 업무를 담당하게 된 국민연금공단 지사 조직은 변형된 사회복지사무소라고도 볼 수 있을 것이다.

▶ 지방이양 이후의 변화와 서비스 조정체계

앞에서는 주로 지방이양의 기조와 상충하는 정책적 선택에 대해 살펴보았다. 그러나 지방이양 이후 지방정부의 기획력을 향상시키려는 시도가 없었던 것은 아니다. 앞서 언급한 것처럼 참여정부는 비록 집권 후반기이긴 했으나 2007년부터 주민생활지원체계 구축

---

15) 이 기구는 당초 사회서비스관리원이었다가 2011년 5월 보건복지정보개발원으로 통합되었다.

을 추진하여 공공복지전달체계 확립을 시도를 하였으며, 이명박 정부 들어와서는 희망복지전달체계나 민생안정지원체계 구축 등의 시도가 있었다. 참여정부의 시도는 공공복지전달체계 구축을 위한 시도로서는 그 이후 진행된 노력의 방향을 제시한 것이라는 점에서 나름의 의미가 있는 것이었지만 집권 후반기에 추진되어 큰 성과를 얻지는 못하였다. 이명박 정부 들어 추진된 시도들도 성과가 그리 두드러지고 있지는 않다. 이는 근본적으로 조정 역할의 제도화 필요성에 대한 인식이 낮았기 때문에 나타난 결과라 생각된다.

지금까지 살펴본 내용을 요약한다면 다음과 같이 정리할 수 있을 것이다. 첫째, 한국의 사회서비스는 서비스 조정체계가 결여된 민간 중심적인 생산구조로 되어 있으며, 사회서비스에 투입되는 자원이 부족하고, 분절된 행정체계와 통제우선적인 재정체계를 가지고 있다.

둘째, 이러한 제도적 구조를 반영하여 사회서비스에서의 국가와 민간의 관계는 기본적으로 민간 부문의 종속적 대행자를 특징으로 하고 있다. 좀 더 구체적으로 사회서비스 생산은 비영리 민간 부문을 중심으로 이루어지고 있으면서 비영리 부문은 정부공급을 대행하고 있고 비영리 부문에 대한 정부의 통제는 강한 편이다.

셋째, 지방이양 이후 나타난 변화가 사회서비스의 제도적 맥락의 기본적인 구조를 바꾼 것은 아니지만 몇 가지 중요한 변화가 나타나기도 했다. 행정체계의 분절은 지방이양된 서비스와 중앙집중화된 서비스의 분절이라는 새로운 분절로 더욱 악화되고 있고 이로 인해 서비스 조정체계가 구축될 필요성은 더욱 증가하고 있다. 그리고 이러한 변화를 반영하여 서비스 생산에서 영리 부문의 비중이 증가하고 있고, 비영리 부문은 기존의 관료적 통제에 더하여 중앙정부에 의한 시장적 통제까지 부과 받고 있다.

③ 최근의 시도와 그 함의: 사회복지통합관리망

최근에 사회복지통합관리망(이른바 "행복e음")을 중심으로 시도되고 있는 공공복지전달체계 개편은 상당히 많은 변화를 가져오고 있고 또 대대적으로 추진되고 있기 때문에 여기서 간략하게나마 살펴보고자 한다. 사회복지통합관리망(이하 "사통망")[16]은 2009년 6월의 사회복지전달체계 개선종합대책에서 비롯된 것으로 그 이전에 행정안전부가 관리하던 새올행정시스템에서 사회복지 업무를 보건복지부로 이관하여 2009년 12월부터 도입된 것인데, 이전에 시도되었던 공공복지전달체계 개편 시도와는 다소 차별성이 있는 장점을 비교적 많이 가진 것으로 보인다.

사통망은 '상담·신청 – 조사 – 보장결정 – 급여 및 서비스 – 변동·사후관리'의 절차로 이루어지는 공공복지행정 업무를 고도로 전산화한 것으로 그 하위에 '복지급여통합관리시스템'과 '상담·사례관리시스템', 그리고 '사회복지시설정보시스템'의 세 가지 전산체계를 두고 있다(강혜규, 2011; 보건복지부, 2011). '복지급여통합관리시스템'은 현재 지자체가 집행하는 약 120여 개의 복지급여 및 서비스 이력을 개인별·가구별로 통합·관리할 수 있도록 한 것으로 복지수급자별 자격과 서비스정보를 비교하여 부정·중복지원을 차단하고 누락된 서비스 안내를 가능케 하였다.[17] 특히 수급자 선정 및 사후

---

[16] 사회복지통합관리망의 구축을 위해 정부는 2009년 6월 사회복지사업법을 개정하여 사회복지 업무의 전산화를 명시하였고 그 업무를 담당할 전담기구의 설치도 명시하였다. 이 전담기구가 보건복지정보개발원이다.

[17] 과거 새올행정시스템은 기본적으로 급여중심 관리체계를 가지고 있었다. 그리고 정부는 부정수급 및 부적정수급을 방지하기 위해 복지급여통합관리시

관리를 위해 조회가 필요한 공적자료를 기존의 10개 기관 15종에서 27개 기관 218종으로 크게 확대하였다. 또한 공적자료를 조회하여 그 결과를 신청자의 정보로 입력하면 전산상에서 법령상의 기준과 비교하여 수급자 선정여부 결과를 곧바로 알려주고 또한 최저생계비 등 선정기준이 변동되면 이 역시 전산상으로 알려주도록 하였고 신청서류도 크게 간소화하였고 선정결과 통지양식도 일원화하는 등 기계적 반복업무의 효율화를 기하였다(강혜규, 2011). 또한 '상담·사례관리시스템'과 '사회복지시설정보시스템'을 통해 현금급여 중심의 복지만으로 대응하기 어려운 복합적인 문제를 가진 대상자에게 필요한 서비스를 다양한 원천으로부터 동원·연결하게 함으로써 사례관리를 제도화할 수 있는 기반도 일정정도 마련하였다(강혜규, 2011). 이와 함께 지자체 복지행정체계도 개편하여 자산조사 등은 시·군·구의 통합조사팀에서 수행토록 하고 읍·면·동 전담공무원들은 이른바 '찾아가는 서비스'를 수행토록 하였다. 또한 사례관리 업무의 원활한 수행을 위해 서비스연계팀을 두고 민생안정지원요원 등의 인력도 보강하였다.[18)

하지만 이러한 몇 가지 장점에도 불구하고 사통망이 지역차원의 서비스 전달체계를 얼마나 개혁할 수 있을지는 불분명한 것으로 보인다. 우선 아직까지 사통망은 현금급여를 중심으로 구축되어 있다.

스템의 구축과 함께 모든 현금성 복지급여를 단일계좌로 통합한 '복지관리계좌'를 도입하였으며, 지방자치단체 예산집행의 모든 단계에 예산집행실명관리카드를 작성하는 '예산집행실명제'도 도입하였다(국회 예산정책처, 2011).

18) '찾아가는 서비스'나 서비스연계팀은 사실상 참여정부가 추진했던 주민생활서비스 지원체계 구축에서 이미 포함되었던 내용들이다. 이런 점에서 사통망은 전산체계가 이전의 경험을 반영하여 상당히 획기적으로 개선된 점을 제외하면 참여정부의 공공복지전달체계 구축 시도의 연장선상에 있는 것이라 할 수 있다.

물론 전산망은 지속적으로 갱신될 수 있기 때문에 현금급여 중심성이 탈피될 가능성을 배제할 수는 없다. 그런데 현금급여의 경우에는 신청자의 자산을 공적자료로 조회하여 법령상 기준과 비교하여 전산상으로 수급자격을 판단할 수 있지만 사회서비스는 기본적으로 비물질적 욕구를 대상으로 하는 것이기 때문에 신청자의 자산상태만으로는 그 수급자격을 판단하기 어려우며 가정방문이나 상담 등을 통해 획득한 비물질적 정보가 함께 고려되어야 수급자격을 판단할 수가 있다. 이 때문에 사회서비스는 그 근본 성격상 표준화가 어려우며 상담 등을 통해 얻은 정보를 전산에 입력하고 관리하기도 쉽지 않다. 이런 점에서 사통망은 현금급여에 있어서는 상당한 효과를 발휘할 수 있겠지만 사회서비스에서는 그 효과가 회의적이다.

더욱이 이 글에서 지적한 것처럼 한국의 사회서비스는 욕구평가 및 욕구와 서비스의 연결을 꾀하는 조정역할이 제도화되어 있지 않은 상황이다. 오프라인상에서 제도화되지 않은 조정역할이 온라인상에서 시스템을 구축한다고 해서 제도화될 가능성은 높지 않다. 또한 '사회복지시설정보시스템'을 구축한다 하더라도, 이 시스템에 포함될 사회복지시설의 범위를 어디까지 할 것인지의 문제는 논외로 하고, 시·군·구 서비스연계팀에 권한과 책임이 부여되어 있지 않다면 관할지역 내에 있는 사회복지시설에 관한 정보를 조회하거나 지역주민에게 시설을 소개해줄 수 있을 뿐 실제 시설의 서비스 이용을 보장해줄 수 있는 것은 아니다. 만일 그렇게 된다면 그런 시스템을 구축하는 의미가 무엇인가에 대한 회의가 확산될 수도 있다.

또한 현금급여에 있어서 업무효율이 증대된 것은 사실이지만 이 역시 예상치 못한 다른 결과도 낳고 있다. 현금급여와 관련하여 수급자격 판단이 전산상으로 자동적으로 이루어지며 이는 결국 중앙의 기준이 그대로 적용된다는 것을 의미하여 그렇지 않아도 기계적이었던 자산조사 업무가 더더욱 기계적인 업무가 되어버렸다. 이로 인해 자산조사 업무가 갖는 다른 의미, 즉 자산조사 자체는 부정적인 이미지를 갖는 업무지만 그것을 통해 가정방문이 이루어지고 그럼으로써 상담 등의 다른 긍정적인 업무가 수행될 가능성이 있는데 그런 가능성이 완전히 배제되어 버렸다. 또한 자산조사 등의 업무가 시·군·구의 통합조사팀으로 일원화되었지만 여전히 공적자료의 미비 등으로 인해 현장확인 조사는 읍·면·동에 부과됨으로써 읍·면·동의 전담공무원들도 사실상 '찾아가는 서비스'를 하기가 여전히 쉽지 않은 데다 이들은 현장확인 조사를 통해 파악된 정보를 사통망에 입력할 권한을 갖고 있지 않아 시·군·구와 읍·면·동 간에 책임소재를 둘러싼 갈등도 일부 나타나고 있다(강혜규, 2011; 국회예산정책처, 2011). 또한 조사 업무가 시·군·구의 통합조사팀으로 일원화되고 조회대상 공적자료가 크게 늘어나 전산의 효율화에도 불구하고 통합조사팀의 업무량은 줄어들지 않았고 여러 가지 급여와 관련된 조사업무가 통합조사팀에 집중되고 그에 의해 수급자격 여부가 결정됨으로써 통합조사팀에 전반적인 업무집중이 발생하는 현상도 나타나고 있다. 또 공적자료 조회가 예전에 비해 획기적으로 개선되었다고는 하지만 예컨대 국세청자료는 신청자가 복지급여를 신청한 시점보다 6개월 내지 멀게는 1년 전 자료여서 시의성이 떨어지는 문제를 안고 있다.

그리고 무엇보다 사통망이 안고 있는 가장 큰 문제는 건보공단이 관리운영하는 노인요양보험이나 연금공단이 관리운영하는 장애인 활동지원서비스에 대해서는 단순히 정보를 조회할 수 있을 뿐 서비스연계 등과 관련하여 권한을 행사하기가 어렵다는 점이다. 물론 조정역할이 제도화되지 않은 현 상황에서 서비스연계팀이 관할지역의 민간복지 기관에 대해서도 서비스연계 권한을 행사하는 것이 쉽지는 않지만, 노인요양보험과 장애인활동보조는 지방정부와는 아무런 관계가 없는 기관에 의해 완전히 별도로 운영되는 제도이기 때문에 설사 시·군·구의 서비스연계팀에 조정권한이 주어진다 해도 건보공단과 연금공단에까지 권한을 행사하게 하기는 어려울 것이다. 다만 바우처 사업이 사통망의 관리체계에 포함된 것은 의미가 있는 것으로 보인다. 그러나 바우처 사업이 포함되었다는 사실이 지역의 복지전달체계를 통합화하는 데 어느 정도나 기여할 수 있을지는 좀 더 두고 봐야 할 것으로 보인다.[19] 이런 점에서, 사통망은 아직 시행 초기 단계여서 좀 더 지켜보아야 할 점도 있지만, 현금급여를 통합적으로 관리하는 데에는 상당한 장점을 지닌 것으로 보이는 반면 지방이양 이후 분절된 사회서비스 전달체계를 통합하는 데에는 큰 효과를 발휘하지 못할 것으로 보인다.

5. 결론

한국의 사회서비스는 참여정부 이후 본격적으로 확대되었고 이 과정에서 일자리창출론과 사회투자론에 의해 사회서비스 확대가 정당화되었다. 그리고 일자리창출론과 사회투자론은 한국 사회에

---

19) 이와 관련하여 한 가지 의문스러운 점은, 장애인활동지원 사업의 관리운영 기구는 국민연금공단으로 정해졌는데 이 사업도 바우처여서 사회복지통합 업무에 포함되어 있다는 점이다. 연금공단의 관리운영과 사통망에 의한 관리가 향후 어떻게 조화를 이룰지는 지켜볼 필요가 있는 것 같다.

서 언제나 후순위로 간주되어오던 사회서비스를 중요한 사회제도
로 승격시키는 데 크게 기여하였을 뿐만 아니라 사회서비스가 한국
사회의 성장과 분배에 중요한 기여를 할 수 있다는 점에 대한 사회
적 합의를 형성시키는 데에도 일정하게 기여하였다.

　하지만 일자리창출론과 사회투자론은 사회서비스의 본래적 목적
에 관련된 것이 아니거나 사회서비스가 가진 속성 중 일부만을 표
현하는 한계로 인해 문제점도 가지고 있다. 더욱이 사회서비스의
규모 자체가 과거와 비교할 수 없을 정도로 커진 현재의 상황에서
는 일자리창출론과 사회투자론처럼 사회서비스가 사회의 다른 부
문에 기여할 수 있는 점을 강조하는 것 못지않게 사회가 사회서비
스에 투입해준 자원이 사회서비스 내에서 적절히 배분될 수 있도록
제도적 구조를 합리화하는 일도 대단히 중요해졌다.

　하지만 한국의 사회서비스에 과거부터 존재해온 비합리적인 제
도적 구조는 지방이양과 그 이후의 여러 변화에도 불구하고 근본적
으로는 변화하지 않았다. 최근에 시도되고 있는 사통망이 현금급여
와 관련해서는 상당히 획기적인 변화를 가져오는 것으로 보이고 또
실제로 일부 중요한 변화를 초래하고 있지만 사회서비스와 관련해
서는 그 효과가 회의적이다. 역할의 부과와 관련하여 조정역할의
제도화는 여전히 미진한 상태이다. 하지만 지방이양 이후 지방이양
된 서비스와 중앙집중화된 서비스 간의 분절로 인해 조정역할 제도
화의 필요성이 증가하고 있으며 최근의 시도, 특히 사통망에 의한
공공복지전달체계 개편 시도로 인해 서비스연계팀의 권한과 책임
이 강화될 소지가 다소간 생겨나고 있는 것으로 보인다. 그러나 그
렇다고 해도 지방이양 이후 분절된 서비스 전달체계를 통합화하기
에는 여러 가지 어려움이 있을 것으로 보인다. 또한 자원의 할당과

관련해서 통제우선적인 재정체계도 큰 변화는 없는 것으로 보인다. 통제 및 관리운영체계에 있어서는 중앙정부 차원에서 행정안전부와 복지부 간의 분절구조는 그대로 존속되고 있으며, 거기에 지방이양 이후 지방이양된 서비스와 중앙화된 서비스 간의 분절구조가 새롭게 나타나고 있다. 물론 바우처제도가 사통망에 의한 통합관리에 포함된 점은 다행한 일이지만 이것으로 분절된 서비스 전달체계가 어느 정도나 통합될 수 있을지는 아직까지 회의적이다.

　주지하다시피 한국 사회는 저출산·고령화 등으로 사회서비스 욕구가 지속적으로 증가할 것이며 이에 따라 사회서비스의 공급량 확충도 필요하지만 동시에 사회서비스가 적재적소의 욕구에 배분되어 그 목적을 적절히 달성토록 효과성도 제고해야 할 과제에 직면해 있다. 사회가 사회서비스에 투입해준 자원을 사회서비스가 적재적소에 배분하지 못한다면 설사 일자리 창출이 이루어지고 사회투자론이 말하는 효과를 내더라도 사회적 욕구의 충족이라는 사회서비스의 본래 목적이 적절히 달성되지 못할 것이며 이는 궁극적으로 사회서비스가 성장과 분배에 기여하는 데에도 한계로 작용할 것이다. 이러한 한계에 봉착하지 않기 위해서는 일자리 창출과 사회투자를 강조하는 것 못지않게 사회서비스의 적절한 제도화에 주목해야 한다. 사회서비스의 제도화를 위해 가장 시급한 것은 조정역할을 제도화하는 것이며 이를 위해서는 사회서비스 욕구는 단지 경제적 기준만의 적용만으로 판단할 수 없다는 사실을 인식하는 것이 중요하다. 사회서비스 욕구는 비물질적 욕구이기 때문에 그 수급자격의 결정 역시 비물질적 기준에 의해 판단될 필요가 있다. 그리고 이것이 가능하려면 법적 권한과 책임, 그리고 조직적 능력이 보장되어야 한다. 또한 조정역할을 제도화함에 있어서는 중앙정부 차원

에서 행정안전부와 복지부로 이원화된 구조와 지방이양 이후 나타
난 분절된 서비스 전달체계의 구조, 그리고 경직적이고 통제우선적
인 재정체계의 개혁 문제도 함께 고려될 필요가 있다.

■ 참고문헌

강혜규. 2011. "공공전달체계의 정보화: 사회복지통합관리망의 운영과
　　　전달체계 개선의 기대효과." 한국사회복지행정학회 춘계학술대회
　　　발표논문, 4월.
고경환·장영식·강지원 · 김진욱 · 최성용 · 정영애. 2011.『2009년도 한국
　　　의 사회복지지출추계와 OECD국가의 장애인소득보장체계 비교』,
　　　보건복지부·한국보건사회연구원.
국민경제자문회의. 2007.『동반성장을 위한 새로운 비전과 전략』(증보
　　　판).
국회 예산정책처. 2011.『사회복지전달체계 개선종합대책 평가』, 사업
　　　평가 11-03.
국회 예산정책처. 2009. "사회복지분야의 분권화에 따른 지방재정 영향
　　　분석."『경제현안분석』제46호.
길버트·테렐(Gilbert, Neil and Terrell, Paul), 남찬섭·유태균 역.
　　　2007(2005).『사회복지정책론: 분석틀과 선택의 차원』, 나눔의
　　　집.
김연명. 2007. "사회투자정책과 한국 사회정책의 미래."『한국사회의 미
　　　래와 사회투자정책』, 한국사회복지학회 · 한국사회정책학회 · 한
　　　국행정학회 · 한국산업사회학회 공동.
남찬섭. 2012. "개정 사회보장기본법의 사회서비스의 의미와 개념적 긴

장.” 『한국사회복지학』 64(3), 79-100.

남찬섭. 2009. “최근 사회복지서비스 변화의 함의와 전망: 지방이양, 바우처, 노인장기요양보험으로 인한 변화를 중심으로 한 탐색적 고찰.” 『상황과 복지』 28, 7-49.

남찬섭. 2008. “한국 사회복지서비스에서 바우처의 의미와 평가: 바우처 사업의 사회적 맥락을 중심으로.” 『상황과 복지』 26, 7-45.

노대명. 2006. “사회서비스부문 고용창출을 위한 정책과제.” 『일자리창출을 위한 국가 고용전략과 비전』, 대통령자문 사람입국일자리위원회·대통령자문 빈부격차차별시정위원회·한국노동연구원·한국보건사회연구원.

대통령비서실 삶의 질 향상 기획단. 1999. 『새천년을 향한 생산적 복지의 길』, 퇴설당.

대통령자문 빈부격차·차별시정위원회. 2005. 『양극화 해결을 위한 ‘동반성장’ 전략 개발』.

대통령자문 정책기획위원회. 2008. 『참여정부의 재정분권: 재정분권 추진과정의 생생한 기록』, 참여정부 정책보고서, 3-19.

문순영. 2005. 『한국의 민간비영리 사회보건복지부문에 대한 이해』. 한국학술정보(주).

박병현. 2008. “노무현정부의 복지재정분권정책에 따른 지방정부 사회복지재정 실태분석 및 정책적 개선방안.” 『한국사회복지학』 60(1), 159-185.

보건복지부. 2011. 『2011년 사회복지 통합업무 안내』.

보건복지부. 각 년도. 『보건복지통계연보』.

사베스(E. S. Savas). 박종화 역. 1994(1987). 『민영화의 길』, 한마음사.

석재은·김수정·여유진·남찬섭. 2006. 『사회서비스 제도화모형 구축에 관한 연구』, 대통령자문 빈부격차·차별시정위원회 연구용역보고서, 한림대학교 산학협력단.

요양제도 공익성 확대를 위한 요양기관 모임. 2011. 『장기요양보험제도 이해 및 법개정을 위한 공동워크샵』.

우천식·이진면. 2007. “사회투자의 경제 성장 효과: 전망과 과제.” 『한국사회의 미래와 사회투자정책』, 한국사회복지학회 · 한국사회정책학회 · 한국행정학회 · 한국산업사회학회 공동.

유주헌. 2008. "사회서비스 바우처제도 도입에 따른 사회복지관의 위상과 대응방향." 한국지역사회복지학회 춘계학술대회 자료집, 4월, 87-100.

이봉주·김용득·김문근. 2008. 『사회복지서비스와 공급체계: 쟁점과 대안』, EM 커뮤니티.

이인재. 2006. "사회복지재정 분권정책의 평가와 개선과제." 『동향과 전망』 68, 299-332.

이재원. 2007. "사회서비스 전자바우처 사업 성과와 전망." 『사회서비스 전자바우처 시행 100일 정책토론회』, 보건복지부·사회서비스관리센터, 33-79.

이진면. 2010. "사회서비스산업의 현황 분석과 발전방안." 『한국 사회서비스정책 세미나』, 국회사회서비스포럼·한국사회서비스학회.

이현주·강혜규·서문희·정경희·유동철·정재훈·이승경·노언정·현명이. 2003. 『공공부조와 사회복지서비스의 체계분석 및 재편방안』, 한국보건사회연구원.

한국사회복지학회·한국사회서비스학회. 2012. 『사회보장기본법 개정에 따른 사회(복지)서비스 정책 쟁점과 과제』, 정책포럼자료집.

한국사회복지학회·한국사회정책학회·한국행정학회·한국산업사회학회 공동. 2007. 『한국사회의 미래와 사회투자정책』.

Alber, Jens. 1995. "A Framework for the comparative study of social services." *Journal of European Social Policy*, 5(2): 131-149.

Bahle, Thomas. 2003. "The changing institutionalisation of social services in England and Wales, France and Germany: Is the welfare state on the retreat?" *Journal of European Social Policy*, 13(1): 5-20.

Daniels, Ronald J. and Michael J. Trebilcock. 2005. *Rethinking the Welfare State: The Prospect for Government by Voucher*. Routledge.

Dean, Hartley. 2010. *Understanding Human Need*. Policy Press.

Jewell, Christopher J. 2007. *Agents of the Welfare State: How Caseworkers Respond to Need in the United States, Germany, and Sweden*. Palgrave Macmillan.